ŒUVRES COMPLÈTES

DE M. DE

LAMARTINE

TOME PREMIER

MÉDITATIONS POÉTIQUES

PARIS

CHARLES GOSSELIN, FURNE ET Cie

ÉDITEURS

M DCCC XLII

ŒUVRES COMPLÈTES

DE M. DE

LAMARTINE

IMPRIMERIE DE H. FOURNIER ET Cᵉ, 7 RUE SAINT-BENOIT.

M. Le président du Tribal
de commerce
du Havre
Seine Infre

Paris 1er février 1849

Monsieur,

Les rapports de bienveillance intellectuelle et quelquefois cordiale qui s'établissent naturellement entre l'écrivain et le lecteur, m'autorisent peut-être à vous adresser et à vous recommander le prospectus ci-joint de mes Œuvres Choisies retouchées, augmentées, commentées et rééditées par moi-même.

Si je n'ai pas trop présumé, Monsieur, de votre indulgence pour ces faibles écrits, j'ose vous prier de lire ce prospectus, de le répandre autour de vous, de vouloir bien recueillir les noms des Souscripteurs qui répondront à cette pensée et de me les transmettre.

Je n'ai pas besoin Monsieur, de vous dire que votre nom inscrit sur les pages de ce travail littéraire, le sera surtout dans mon Souvenir.

A. de Lamartine

P.S. Je vous prie d'adresser les lettres et listes de souscription, franc de port, à M. de Lamartine N° 82 rue de l'Université, à Paris.

PROSPECTUS

DES ŒUVRES CHOISIES

DE M. DE LAMARTINE.

Dans des circonstances honorables pour l'écrivain, les amis de M. de Châteaubriand et les amis de la haute littérature se formèrent en Société d'Éditeurs, achetèrent ses œuvres pour populariser son génie. M. de Lamartine n'a point de titres à une telle munificence de la nation et de l'amitié. Si elle lui avait été offerte, il l'aurait refusée, par un juste sentiment de réserve et de modestie; il préfère en appeler à lui-même et à ses propres efforts. Nous vivons sous la loi du travail : reconnaître cette loi et s'y soumettre en pleine publicité, ce n'est point s'abaisser, c'est se conformer honorablement à son époque.

En conséquence, M. de Lamartine, redescendu libre des affaires publiques et pouvant se livrer en partie maintenant aux soins de ses affaires privées, se fait sans hésiter, et dans l'intérêt d'autrui, publicateur de ses propres œuvres. Il s'adresse au public, non comme écrivain, mais comme éditeur de ses livres.

Voici la combinaison de cette édition par l'auteur lui-même.

1°

Les œuvres choisies et épurées de M. de Lamartine se décomposent ainsi :

Méditations poétiques, augmentées de 12 nouvelles méditations, avec un commentaire de l'auteur lui-même, à chaque méditation, indiquant la date, le lieu et les circonstances qui se rattachent à chacune de ses poésies. . . . . 2 vol. in-8.

Harmonies religieuses, avec commentaires, de même . . . . . 2 vol augmentés de 8 nouvelles harmonies.

Poèmes de la mort de Socrate et de Child Harold . . . . . 2 vol.
  et recueillements poétiques.
Jocelyn, avec prologue et commentaires inédits . . . . . 2 vol.
La tribune de M. de Lamartine ou études oratoires et politiques, 2 vol.
Voyage en Orient (revu) . . . . 4 vol.

En tout. . . 14 volumes.

M. de Lamartine s'adresse aux amis de la poésie et des lettres, et leur offre de souscrire et de faire souscrire à cette entreprise, à laquelle ils s'associent, de la manière suivante :

On souscrit à volonté pour les œuvres choisies en entier, ou pour deux, quatre, six, huit, dix volumes, à 6 francs le volume.

Le souscripteur ne paie rien d'avance.

Il a soin d'indiquer, dans la souscription signée de lui, quels sont les ouvrages qu'il désire.

Il joint son adresse à cette indication.

Sous peu de jours l'impression des ouvrages commencera. Ils seront adressés aux souscripteurs au fur et à mesure de leur publication.

On ne tirera qu'autant d'exemplaires qu'il y aura de souscripteurs.

Les noms des souscripteurs seront inscrits au dernier volume de la publication, pour rappeler des amis à l'auteur et un noble concours à la postérité.

M. de Lamartine, éditeur de cette grande édition d'élite, prie les amis des lettres à Paris, dans les départements et à l'étranger, de se mettre immédiatement en rapport avec lui, et de lui adresser les souscriptions (*franco de port*) 82, rue de l'Université, à Paris.

Les volumes leur seront adressés de Paris par M. de Lamartine, par les voies les moins coûteuses. Le prix du transport sera ajouté au prix des volumes.

Le montant de la souscription sera adressé à M. de Lamartine, en mandats par la poste et sans frais.

Paris, février 1849.

Typog. Benard et Comp., pass. Caire, 2.

SUR

CETTE NOUVELLE ÉDITION.

Deux grands écrivains, disons plus juste, deux grands poètes se partagent la France aujourd'hui, M. de Chateaubriand et M. de Lamartine. Tous les deux ils ont parlé à l'ame des peuples ce langage de passion et de vertu que les peuples entendent si bien; tous les deux ils ont réveillé, à peu de distance l'un de l'autre, le sens moral assoupi parmi nous. Quel enchantement ce fut pour notre époque quand, au milieu de tant d'insupportable décadence, ou de plus insupportable innovation, elle se sentit plus délicieusement étonnée par *les Martyrs* et les *Méditations poétiques!* C'est une si grande consolation pour un peuple qui ne croit plus à rien, de croire encore à ses poètes! La poésie, dernière religion des peuples qui n'en ont plus!

A cette ressemblance morale qui unit si intimement nos deux grands écrivains, il faut ajouter une autre ressemblance qui n'échappera à personne. Tous les deux ils ont foi à la royauté comme ils ont foi à l'Evangile. Pour eux le malheur est une religion consacrée à deux fois. Pour eux, un trône détruit est comme un autel renversé, une chose digne de respect et de larmes, comme si elle était debout! Le chrétien s'assied sur les débris de cet autel, et il prie. Il s'agenouille au trône renversé, par cela même qu'il est renversé, et il se souvient. Alors, à force de débris et de ruines, il se trouve que le poète devient homme d'état. Lui seul possède l'intelligence de ces désastres au-delà des désastres vulgaires. Vous vous souvenez du discours de M. de Chateaubriand à la chambre des pairs, quand il fit ses adieux à la pairie; vous savez par cœur la dernière ode de Lamartine pour sauver les prisonniers de Vincennes! Quelle éloquence des deux côtés! quel noble courage! quelle poésie et quelle ame! C'est ainsi qu'on se constitue poète national! Une révolution a beau passer sur la popularité de ces deux hommes, entraînant toutes les autres popularités et jetant aux gémonies ses favoris de la veille; ces deux hommes, poètes que rien n'abat et ne décourage, arrivent au rebours de cette révolution; ils la regardent en face et la tutoient, non pas en complices, mais en poètes; pour elle ils ont des paroles d'amertume et de pitié. N'importe, la révolution (toutes les révolutions se connaissent en poésie) adopte les deux poètes, elle les couvre de son manteau, elle les protège de son ombre, elle les écoute, quoi qu'ils disent; à eux seuls elle conserve leur renommée, leur indépendance, leur gloire et leur droit de tout dire. Il n'y a que de grands poètes qui aient de ces privilèges-là.

Aussi, voyez ce qui arrive! Depuis la révolution de juillet, on a fait deux éditions des œuvres complètes de M. de Chateaubriand. Ce livre, tout aristocrate autrefois, est devenu un livre populaire. Il s'est élevé au bon marché en librairie, cette chose si difficile à trouver, et si rare, et qui prouve plus que tout le reste tant d'admiration et de lecteurs!

Ce qui est arrivé à M. de Chateaubriand ne pouvait manquer d'arriver à Lamartine : il fallait bien qu'il eût, lui aussi, son bon marché, après avoir eu, lui aussi, et comme M. de Chateaubriand, son prix excessif. Lamartine, c'est le poète des belles ames, des nobles cœurs, des chastes passions; poète mélancolique et tendre, passionné et religieux! Il a eu des chants pour toutes nos joies, pour toutes nos tristesses, des consolations pour tous nos chagrins, des encouragemens pour toutes nos espérances; Lamartine a été pour nous, peuple découragé, un poète d'avenir; il a trouvé une langue toute nouvelle quand nous avions épuisé tous les langages, même le barbarisme. Il nous a prouvé à nous-mêmes, à nous malheureux qui en doutions, qu'on pouvait aimer, qu'on pouvait prier, qu'on pouvait souffrir encore. Lamartine a eu, avant nous et pour nous, toutes les croyances abolies, croyance à l'autel, croyance au trône, croyance à la postérité, croyance à un monde meilleur, croyance à la gloire! Grace à lui aussi, nous avons cru au génie. Quel poète! fécond, inépuisable, mélancolique, italien, français, chrétien, terrible, parlant à lord Byron face à face! Les *premières Méditations poétiques* ont fait une révolution dans le monde moral, révolution salutaire et morale cette fois. Une véritable contre-révolution à l'horrible poésie du *Werther* et de toute l'école allemande! révolution bienfaisante qui nous a quelque peu retrempés et rafraîchis dans une vertu que nous n'avons plus, l'espérance! Heureuse et bienfaisante poésie! elle a été pour nous l'oasis du désert, l'ombre et la source auprès desquelles on se repose au milieu des sables brûlans.

Depuis les *premières Méditations*, cette poésie a pris toutes les faces: elle s'est élevée d'une coudée aux *secondes Méditations*, ce chef-d'œuvre d'un style plus arrêté et plus correct, sans avoir rien perdu de sa souplesse et de son charme; après quoi sont venues les *Harmonies*. Les *Harmonies*, ce beau rêve d'un grand génie qui se repose, qui est poète à ses heures, aux plus belles heures! qui va, qui vient, qui chante, qui prie, mais comme on prie quand on est dans le ciel. Avant Lamartine, on avait beaucoup parlé de l'ode en France; tout le dix-septième siècle et le dix-huitième siècle ont été persuadés qu'ils avaient des odes et des poètes lyriques! J'en suis fâché pour la France, même en remontant jusqu'à Malherbe, il n'y a pas eu de poètes lyriques en France avant M. de Lamartine; c'est lui qui a trouvé l'ode, et qui nous l'a donnée, comme c'est Mirabeau qui a trouvé l'éloquence parlementaire. Être poète lyrique ou orateur! deux choses rares et difficiles, surtout quand on vient les premiers dans un pays! Ces nobles efforts portent leur récompense : à son premier pas, M. de Lamartine fut populaire ; il répandit une grande lumière. Aujourd'hui, M. de Lamartine est un pouvoir ; c'est une de ces forces morales qui nous sont restées quand toutes les autres forces se sont perdues. Légitimité inviolable, elle est indépendante de toute révolution, et fondée dans l'ame des peuples : les peuples sont si reconnaissans à qui leur parle de serment, de religion, de patrie, de liberté, d'amour !

Jules JANIN.

PREMIÈRES

MÉDITATIONS

POÉTIQUES.

―――∽⚬∾―――

PRÉFACE

PAR

M. CHARLES NODIER.

PRÉFACE

PAR

M. CHARLES NODIER.

———

Pendant qu'on agite dans les journaux, dans les brochures, dans les écoles, dans les académies ; la prééminence de deux littératures rivales, l'expression de la société actuelle achève de se manifester, et l'on discutera encore, que ce renouvellement terminé marquera une nouvelle ère dans l'histoire de l'imagination et du génie. La critique d'une littérature usée agit sur les dernières périodes de son existence, comme la médecine clinique sur l'agonie de l'homme mourant. Elle dit par quelle admirable combinaison de facultés son organisation, jeune encore, a lutté contre la destruction, et, ressuscitant par la pensée l'exercice des sens fatigués et le jeu des organes vieillis, elle leur demande de la sensibilité, de la force et de la vie, comme au temps de leur énergique adolescence. Est-il si difficile de concevoir que tout périt à son tour dans le monde matériel, même la forme des pensées de l'homme, et qu'il est aussi loin maintenant de la poésie positive des anciens que de leurs mythologies allégoriques et de leurs croyances de convention? Chez les anciens, ce sont les poètes qui ont fait les religions; chez les modernes, c'est la religion qui crée enfin des poètes; et, comme aucun langage ne s'adresse avec plus de pouvoir à l'intelligence, il serait peut-être permis de dire que, tant que la poésie n'a pas été chrétienne, le grand ouvrage de cette nouvelle loi qui a révélé à l'univers un ordre entier de pensées et de sentimens, n'a pas été complet.

Voyez cependant avec quelle infaillible certitude

s'accomplissent les destinées annoncées au christianisme! Tantôt proscrit, tantôt abandonné par le pouvoir, tantôt combattu avec les armes de la dialectique, tantôt livré aux sarcasmes du mépris par ceux qui s'appellent les *sages*, il semble n'exister depuis long-temps que par la tolérance, et à la faveur de son indispensable nécessité. On dirait qu'il va périr sous les épigrammes des beaux esprits et les arguties des sophistes, quand tout à coup s'élève une école inspirée des plus belles idées de l'homme, et favorisée des dons les plus précieux du génie; une école qui exprime la pensée la plus élevée, qui représente le perfectionnement le plus accompli de la société, dans un âge où le cercle entier de la civilisation a été parcouru; et cette école est chrétienne, et ne pouvait pas être autre chose.

On le demande : quelle impression ferait maintenant sur l'esprit des peuples désabusés le chœur fastidieux de ces divinités païennes sur lesquelles la nature physique elle-même a, pour ainsi dire, l'avantage de la nouveauté? Le ciel, tout désert que les athées l'ont fait, disait plus de choses à la pensée que Saturne et Jupiter. Il n'y a pas une vague qui ne porte au rivage sur lequel elle vient se briser plus d'inspirations poétiques que la fable surannée de Neptune et de son cortége éternel. Les muses du Parnasse classique, froides images de quelques divisions des sciences, des arts et de la poésie, ont perdu toute leur séduction, même au collège. Le christianisme est arrivé, accompagné de trois muses immortelles, qui règneront sur toutes les générations poétiques de l'avenir, la religion, l'amour et la liberté. Ce sont là les véritables conquêtes d'une société parvenue au point le plus élevé de ses perfectionnemens, et qui n'a plus rien à gagner en améliorations morales et littéraires; car il n'y a rien au-dessus de Dieu, de la liberté et de l'amour. Si quelques grands poètes ont relevé la gloire des muses mythologiques, vers la fin des âges classiques de l'antiquité, c'est qu'ils devinaient ces muses nouvelles, et qu'ils leur accordaient, sans les connaître encore distinctement, un empire involontaire sur leurs compositions. Le *Pollion* de Virgile était peut-être digne de prêter une autorité de plus aux prophéties; et le poète qui inventait dans l'admirable épisode de Didon la mélancolie des amours chrétiennes, n'était pas loin de s'élever, comme le *So-*

crate de M. de Lamartine, aux secrets les plus sublimes de la révélation.

Le succès des *Méditations poétiques* est dû sans doute en grande partie au talent prodigieux de l'auteur; mais M. de Lamartine a trop d'esprit pour ne pas reconnaître qu'il doit beaucoup lui-même aux circonstances, à l'âge de création littéraire dans lequel il a paru. La révolution avait produit une de ces grandes secousses qui ont l'avantage au moins d'aboutir pour quelque temps à un état d'équilibre et de repos, où l'on croirait la société arrêtée pour son bonheur et pour sa gloire. Cette situation rare dans l'histoire produit le retour et le développement des seules vérités sociales. C'est alors que le christianisme se releva des ruines sanglantes sous lesquelles il avait paru enseveli, et manifesta, par la voix d'un de ses plus éloquens interprètes, qu'il était la religion immortelle. Alors reprirent leur ascendant ces sublimes théories religieuses auxquelles se rattachent toutes les hautes pensées, toutes les affections généreuses de l'homme, et sans lesquelles il n'y a point de poésie. Dès ce moment, la poésie fut retrouvée; ou, pour se servir d'une expression plus juste, qui n'a d'extraordinaire que l'apparence, la poésie nationale fut trouvée. Quand les *Méditations poétiques* furent publiées pour la première fois, les vers étaient tombés dans un tel discrédit que les libraires n'en voulaient plus, et l'on semblait convenir généralement qu'une prose cadencée, nombreuse et noble, était le seul langage qui pût s'approprier avec succès aux conceptions de la nouvelle école. L'effet des *Méditations* résulta donc d'une opération soudaine qui se fit dans l'esprit des lecteurs, et qui devait nécessairement produire l'harmonie de ces sentimens que tout le monde avait éprouvés, avec cette belle langue dont tout le monde avait senti le besoin. A la place d'une frivole recherche de traits précieux, d'un pénible enchaînement d'antithèses affectées, de la triste monotonie des fables grecques, de l'insipide ennui du polythéisme, on y trouve des pensées, des sentimens, des passions qui font rêver le cœur; d'énergiques vérités qui agrandissent l'ame et la rapprochent de sa céleste origine. La poésie reprit une partie de l'empire qu'elle avait exercé dans les temps primitifs, et à l'époque où nous vivons, c'est le plus beau de ses triomphes.

Ce serait mal remplir le devoir d'une religieuse

amitié que de ne pas mêler quelques observations à ce que nous venons de dire des *Méditations poétiques ;* M. de Lamartine, préoccupé sans doute par la grandeur imposante de ses pensées, en a quelquefois négligé l'expression. On croirait que, jaloux d'un repos que l'envie et la haine laissent rarement au talent, il a jeté, comme une expiation de son génie, dans ses ouvrages les plus parfaits, des imperfections volontaires, ou qu'il a pensé vivre encore dans cet âge de goût et de raison où le plus judicieux des critiques écrivait :

..... Ubi plura nitent in carmine, non ego paucis
Offendar maculis.

M. de Lamartine a trouvé des juges plus sévères, et il devait s'y attendre. Il est si agréable de faire preuve du facile talent de peser des syllabes, de disséquer des mots, de souligner une épithète hasardée ou une rime défectueuse ! et il est si avantageux d'ailleurs pour la cause dont le poète n'a pas cru devoir embrasser les intérêts, de le prendre en défaut sur une rime ou sur une épithète ! joies puériles de la médiocrité, qui rappellent les *insulteurs* publics que les Romains plaçaient sur le chemin des triomphateurs, et qui ne les empêchaient pas de s'élever, entourés d'acclamations et couronnés de lauriers, aux pompes du Capitole!

Charles NODIER.

ADIEUX

AU COLLÉGE DE BELLEY[1].

Asile vertueux qui formas mon enfance
A l'amour des humains, à la crainte des dieux,
Où je sauvai la fleur de ma tendre innocence,
    Reçois mes pleurs et mes adieux.

Trop tôt je t'abandonne, et ma barque légère,
Ne cédant qu'à regret aux volontés du sort,
Va se livrer aux flots d'une mer étrangère,
    Sans gouvernail et loin du bord.

O vous dont les leçons, les soins et la tendresse
Guidaient mes faibles pas au sentier des vertus,
Aimables sectateurs d'une aimable sagesse,
    Bientôt je ne vous verrai plus !

---

[1] Cette pièce, composée en 1809, intéressera sans doute vivement les admirateurs de M. de Lamartine, comme essai précoce d'une muse qui donnait déjà la promesse si fidèlement tenue de son brillant avenir.

Non, vous ne pourrez plus condescendre et sourire
A ces plaisirs si purs, pleins d'innocens appas;
Sous le poids des chagrins si mon âme soupire,
    Vous ne la consolerez pas !

En butte aux passions, au fort de la tourmente,
Si leur fougue un instant m'écartait de vos lois,
Puisse au fond de mon cœur votre image vivante
    Me tenir lieu de votre voix !

Qu'elle allume en mon cœur un remords salutaire !
Qu'elle fasse couler les pleurs du repentir !
Et que des passions l'ivresse téméraire
    Se calme à votre souvenir !

Et toi, douce Amitié, viens, reçois mon hommage ;
Tu m'as fait dans tes bras goûter de vrais plaisirs ;
Ce dieu tendre et cruel qui m'attend au passage,
    Ne fait naître que des soupirs.

Ah ! trop volage enfant, ne blesse point mon âme
De ces traits dangereux puisés dans ton carquois !
Je veux que le devoir puisse approuver ma flamme ;
    Je ne veux aimer qu'une fois.

Ainsi dans la vertu ma jeunesse formée
Y trouvera toujours un appui tout nouveau,
Sur l'océan du monde une route assurée,
    Et son espérance au tombeau.

AU COLLÉGE DE BELLEY.

A son dernier soupir, mon âme défaillante
Bénira les mortels qui firent mon bonheur;
On entendra redire à ma bouche mourante
    Leurs noms si chéris de mon cœur!

DISCOURS DE RÉCEPTION

A L'ACADÉMIE FRANÇAISE[1].

Messieurs,

Appelé par votre indulgence bien plus que par mes faibles titres, à l'honneur dont je viens jouir aujourd'hui, à voir un nom qui vous emprunte tout et qui vous rend si peu, inscrit parmi les noms du siècle dont vous êtes l'ornement et l'élite, j'ai tardé longtemps à venir prendre acte de cette part d'illustration que vous m'avez décernée, à vous apporter le tribut de ma reconnaissance et de mon bonheur! Mon bonheur! j'en avais alors! La distinction dont vos suffrages m'honoraient, cette gloire des lettres dont votre choix est la récompense ou le présage, cet éclat d'estime et de bienveillance que répand sur une

---

[1] M. de Lamartine, élu par l'Académie Française à la place vacante par la mort de M. le comte Daru, a pris séance le 1ᵉʳ avril 1830.

famille, sur une patrie tout entière, l'élection d'un de ses enfans; toutes ces joies de l'esprit, de la famille, de la patrie, étaient doublées pour moi! Elles se réfléchissaient dans un autre cœur. Ce temps n'est plus! Aucun des jours d'une longue vie ne peut rendre à l'homme ce que lui enlève ce jour fatal où, dans les yeux de ses amis, il lit ce qu'aucune bouche n'oserait lui prononcer : tu n'as plus de mère! Toutes les délicieuses mémoires du passé, toutes les tendres espérances de l'avenir s'évanouissent à ce mot; il étend sur sa vie une ombre de mort, un voile de deuil que la gloire elle-même ne pourrait plus soulever! Ces joies, ces succès, ces couronnes, qu'en fera-t-il? Il ne peut plus les rapporter qu'à un tombeau!

Ainsi la Providence, qui se voile sous nos joies comme sous nos douleurs, nous attend avec un arrêt de mort, à l'heure de nos vains triomphes! Et mieux que ces insultes jalouses, que les anciens mêlaient à leurs honneurs pour en tempérer l'ivresse, au moment où notre cœur s'élève, où notre félicité déborde, elle nous atteint avec un mot qui corrompt tout, qui détruit tout, et nous dit plus haut : Tu n'es rien! tu n'es qu'un homme! le jouet de la mort! le fils de ce qui n'est déjà plus!

Tandis que je me préparais à apporter ici, à la mémoire d'un homme qui m'était inconnu, le tribut de vos funèbres hommages et de ceux de la France! tandis que je cherchais dans vos cœurs, dans les souvenirs de son inconsolable famille, des regrets et des éloges, une source intarissable de larmes s'ouvrait dans mon propre cœur, et cette douleur que j'avais à peindre, c'était à moi de la sentir et de l'étouffer !

Pardonnez-moi donc, messieurs, si je réponds si faiblement à ce que vous aviez le droit d'attendre du successeur de M. le comte Daru ! à ce que demandait de moi la mémoire de cet homme, que de son vivant même on appela l'homme probe ! Je parle, dans ce temple de la parole, une langue qui n'est pas la mienne ; je parle d'une douleur publique, abîmé dans ma propre douleur ; mais je parle d'un homme dont le nom seul est une illustration pour sa mémoire, et dont la vie se loue elle-même dans la conscience des hommes de bien !

Poëte, philosophe, orateur, historien, administrateur, homme d'État, tant de titres vous étonnent d'abord ! tant de titres m'ont étonné moi-même ! Vous cherchez le secret de cette universalité dans l'homme même ? Il est dans son temps : l'histoire de notre talent est presque toujours celle de notre vie !

Il naquit, il fut jeté sur la scène du monde à une de ces rares époques où la société dissoute n'est plus rien, où l'homme est tout : époques funestes au monde, glorieuses pour l'individu ! temps d'orage qui fortifient le caractère quand il n'est pas brisé ; tempêtes civiles qui élèvent l'homme quand elles ne l'engloutissent pas ! Dans les jours d'ordre et de règle, la scène pour chacun est étroite, le sentier tracé, la vie écrite pour ainsi dire d'avance. Nous naissons dans la classe pour laquelle la fortune nous a marqués; la société presse ses rangs à droite et à gauche, il faut suivre ceux qui nous précèdent, poussés par ceux qui nous suivent dans un lit social déjà creusé devant nous; nous y marchons d'un pas plus ou moins ferme, avec la seule distinction de nos forces ou de nos faiblesses individuelles, nous arrivons au terme; si nous en valons la peine, on nous nomme, on nous caractérise en deux mots! et voilà la page de notre vie dans un siècle! changez le nom, et cette même page sera l'histoire de cent autres hommes! Mais dans ces drames désordonnés et sanglans qui se remuent à la chute ou à la régénération des empires, quand l'ordre ancien s'est écroulé, et que l'ordre nouveau n'est pas encore enfanté; dans ces sublimes et affreux interrègnes de la raison et du droit que la pensée n'ose contempler, et sur lesquels l'histoire même jette un voile, de peur que l'humanité n'ait à rougir à son réveil! tout change : la scène est envahie, les hommes ne sont plus des acteurs, ils sont des hommes; ils s'abordent, ils se mesurent corps à corps, ils ne se parlent plus la langue convenue de leurs rôles, ils se parlent la langue véhémente et spontanée de leurs intérêts, de leurs nécessités, de leurs passions, de leurs fureurs! héroïsmes et bassesses, talens, génie, stupidité même, tout sert; toute arme est bonne! tout a son règne, son influence, son jour; l'un tombe parce qu'il porte l'autre, nul n'est à sa place, ou du moins nul n'y demeure; le même homme, soulevé par l'instabilité du flot populaire, aborde tour à tour les situations les plus diverses, les emplois les plus opposés; la fortune se joue des talens comme des caractères! il faut des harangues pour la place publique, des plans pour le conseil, des hymnes pour les triomphes, des lumières pour la législation, des mains habiles pour amasser l'or! des mains probes pour le toucher. On cherche un homme! son mérite le désigne: point d'excuses! point de refus! le péril n'en accepte pas! on lui impose au hasard les fardeaux les plus disproportionnés à ses forces, les plus répugnans à ses goûts; et si, parmi ces victimes de la faveur populaire, il se rencontre un homme doué d'autant de vertus que de courage, d'autant d'activité que de forces, toujours propre au rôle qu'on lui assigne, si ce rôle n'a rien que d'honorable; toujours supérieur au fardeau qu'on lui impose, s'il consent à l'accepter; toujours prêt au dévouement, si la conscience le commande; l'esprit de cet homme s'élargit, ses talens s'élèvent, ses facultés se multiplient, chaque fardeau lui crée une force, chaque emploi un mérite, chaque dévouement une vertu; il devient supérieur par circonstance, universel par nécessité; et à l'heure où le pouvoir qui peut seul succéder à l'anarchie, le despotisme, fort aussi de la nécessité, se présente, et cherche des appuis dans ce que la révolution a laissé d'intact et de pur; il voit cet homme, il s'en empare, il l'élève, il se dit: ce n'est plus l'homme de la foule, c'est l'homme de l'ordre, l'homme du pouvoir, l'homme de la réparation: il est à moi! Cet homme est M. Daru. Le secret de son universalité se trouve écrit dans sa destinée; le secret de ses forces et de son génie vous sera révélé dans ses fonctions et dans ses ouvrages.

Né à Montpellier, en 1767, d'une famille honorable et distinguée, M. Daru reçut une éducation analogue à sa naissance, et fut destiné à l'état militaire. La révolution le surprit jeune encore; elle apparaissait comme l'aurore d'une régénération morale et politique : on ignorait alors que les peuples ne se régénèrent point par des théories, mais par la vertu ou par la mort, et la hache sanglante des révolutions n'avait point été pesée dans les calculs de l'espérance. M. Daru passa sous les drapeaux le temps où la France s'y réfugiait tout entière; employé au ministère de la guerre, il en sortit volontairement au 18 fructidor, voulant bien servir son pays dans ses périls; dans ses passions ou dans ses crimes, jamais! dix mois de prison lui firent payer à son prix ce jour de courage et de vertu. Ordonnateur en chef des armées, secrétaire-général du ministère de la guerre, commissaire pour l'exécution de la convention de Marengo, déjà son nom s'unissait au récit de nos victoires; déjà il portait l'ordre, la lumière et la probité dans cette administration des armées, jusque-là confuse comme le pillage, imprévoyante comme le hasard; déjà l'homme dont le coup d'œil était un jugement l'avait distingué dans la foule, et avait reconnu en lui cette patience et cette énergie, qu'avec sa brutalité de génie il comparait au bœuf et au lion. Bientôt nous le retrouvons tribun : ce mot sonne mal avec le nom de M. Daru ! Il n'avait du tribun que le nom. Sorti de l'école de l'anarchie, homme d'un esprit ferme et d'un cœur droit, il comprenait mieux à cette époque le pouvoir que la liberté ; le pouvoir était la nécessité du moment ; et c'est, n'en doutons pas, dans cette horreur de la licence qu'il faut chercher le principe de son dévouement à un homme qui fut le pouvoir incarné, parce qu'il fut la volonté inflexible. Entre la dictature et l'anarchie, M. Daru, comme la France, n'avait pas à choisir ; pour remonter de la licence à la liberté, les peuples n'ont d'autre chemin que la tyrannie.

Intendant-général de la grande armée et des pays conquis, secrétaire d'État en 1811, ministre de l'administration de la guerre en 1813, il déploya partout ce courage d'esprit, cette fertilité de ressources, cette inflexibilité de devoir qui le firent toujours admirer, souvent bénir, et, disons-le, quelquefois redouter des provinces où il organisait la conquête. Ministère terrible pour un cœur généreux, que celui de servir d'organe à la victoire, de demander aux peuples vaincus ou le salaire de leur liberté, ou la rançon de leur défaite ! Le caractère de M. Daru passa par cette rude épreuve comme par celle du feu, sans en être atteint, et, dans des fonctions où Rome employait ses plus inexorables proconsuls, où des nations tremblantes ne s'attendent qu'à rencontrer des Verrès, elles reconnurent avec estime, quoique avec douleur, des mains probes, un esprit élevé, et un cœur d'honnête homme.

Parmi tant de fonctions diverses où la pensée a peine à trouver une lacune, comment l'administrateur trouva-t-il le temps de la philosophie, de l'histoire, de la poésie? dans des momens toujours employés; dans des heures dérobées par minutes, non à ses devoirs, mais au plaisir, à la nuit, au sommeil; dans une âme toujours active, pour qui le travail était le repos du travail.

La traduction d'Horace, des traductions de Cicéron, un poëme sur Washington, un poëme sur les Alpes, un autre sur la Fronde, une épître à Delille, la traduction de Casti, des discours en vers, des discours à l'Académie, des travaux sur la librairie, sur les liquidations, l'histoire de Bretagne, l'histoire de Venise; enfin un poëme sur l'astronomie, qui n'est publié que d'hier, et qui promet d'éclairer son tombeau du rayon le plus tardif, mais le plus éclatant de sa gloire : tels furent ce qu'un tel homme appelait ses loisirs. Presque tous ses ouvrages, vous les connaissez, Messieurs! il aimait à vous apporter les essais de son esprit, et trouvait dans vos suffrages l'avant-goût de ce jugement du public qu'il voulait conquérir comme il avait conquis sa fortune, avec labeur et loyauté. Parmi les discours qu'il prononça dans cette enceinte, on aime à distinguer surtout sa réponse au duc Matthieu de Montmorency, ravi sitôt aux espérances du pays et à la confiance du trône, et qui vous apportait pour titres l'âme de Fénelon, dont il avait reçu la mission sacrée. Quoique assis sur des bancs opposés, M. Daru l'honorait; car toutes les vertus se comprennent. Dans sa réponse, il lui parla de sa piété céleste et de son infatigable charité; seul homme en effet à qui l'on pût parler en face de ses vertus, car elles n'étaient un secret que pour lui-même. Il n'est plus! une voix plus heureuse s'est élevée sur sa tombe, et a consacré parmi vous cette vie, dont la fin ressembla moins à une mort qu'au mystique sommeil du juste; mais je n'ai pu prononcer ce beau nom, ce nom qui retentira à jamais dans mon cœur comme dans un sanctuaire, sans m'arrêter un instant, sans saluer au moins d'une larme et d'un respect cette vertu qui brilla dans nos jours d'orages comme un arc-en-ciel de réconciliation et de paix, qui ne se mêla aux partis que pour les adoucir, aux lettres que pour les élever, à la politique que pour l'ennoblir. Plus heureux ou plus malheureux que la plupart d'entre vous, j'unis des regrets personnels à ceux de la France et de l'Europe; les regrets d'une chère et illustre amitié. Les dernières lignes qu'ait tracées sa main mourante, ces lignes interrompues par la mort même, m'étaient adressées; plus qu'à un autre ce souvenir m'appartient; j'y serai fidèle! Mon titre le plus cher à mes yeux sera d'avoir été aimé d'un tel homme, et ma plus douce consolation de m'attacher à sa mémoire et de la vénérer à jamais.

L'œuvre de prédilection de M. Daru était cette traduction d'Horace, commencée dans les cachots de la terreur, poursuivie et achevée enfin dans les camps, dans les palais, à travers toutes les vicissitudes d'une vie si pleine et si agitée.

Horace était le poëte de l'époque, comme le Dante semble le poëte de la nôtre ; car chaque époque adopte et rajeunit tour à tour quelqu'un de ces génies immortels qui sont toujours aussi des hommes de circonstance ; elle s'y réfléchit elle-même, elle y retrouve sa propre image, et trahit ainsi sa nature par ses prédilections. L'époque ressemblait à celle d'Auguste; l'Europe sortait des rudes épreuves d'une révolution qu'elle ne comprenait pas encore ; il fallait détourner les yeux d'un passé souillé de sang et de boue; ne s'étonner de rien, *nil admirari*, ni des changemens de maîtres, ni des changemens des rôles, ni des murmures, ni des adulations, ni des servilités populaires; il fallait glisser sur tout pour ne rien heurter, ne jeter sur les choses qu'un regard superficiel et dédaigneux, de peur d'arriver à l'horreur ou au mépris, et ne prêcher aux hommes que cette sagesse insouciante et facile, cet épicurisme de la raison qui ne donne point de remords à la servitude, point d'ombrage à la tyrannie; qui venge de tout par le léger sourire de l'ironie, amuse l'indifférence, console la faiblesse, excuse la lâcheté, et dont le vice s'accommode comme la vertu. Voilà Horace, l'ami de Brutus ; l'ami de Mécène ; l'homme qui jette son bouclier à Philippes, et qui chante la fermeté stoïque, le *justum ac tenacem*, entre les délices de Tibur et les complaisances de Rome. Un tel poëte devait plaire à un tel moment ; le pouvoir inquiet de l'époque devait voir avec une joie secrète les esprits détournés des pensées fortes, des résolutions graves, se porter sur cette philosophie complaisante et molle qui prend le destin en patience et les hommes en plaisanterie ; les tyrans, et les peuples eux-mêmes, aussi affamés d'adulations que les tyrans, ont toujours aimé les poëtes de cette école. Ce n'est pas pour eux que s'ouvrent les cachots de Ferrare, que s'élèvent les échafauds de Roucher et d'André Chénier, que Syracuse a des carrières, et que Florence a des exils. Ils chantent, couronnés de grâces insouciantes, dans les banquets des maîtres du monde ou dans les saturnales populaires ; une sympathie secrète les attache à toutes les tyrannies ; car ces poëtes amollissent les hommes, pendant que les sophistes les corrompent, et que les tyrans les enchaînent.

Telle ne fut point la pensée de M. Daru en nous rendant Horace : Horace était l'ami de son âme ; il voulut le rendre l'ami de son siècle, mais il entreprit l'œuvre la plus difficile, je dirais presque l'œuvre la plus impossible de l'esprit humain. On ne traduit personne : l'individualité d'une langue et d'un style est aussi incommunicable que toute autre individualité. La pensée tout au plus se transvase d'une langue à l'autre ; mais la forme de la pensée, mais sa couleur, mais son harmonie, s'échappent : et qui peut dire ce que la forme est à la pensée, ce que la couleur est à l'image ? Mais si ce qu'on prétend traduire n'est pas même une pensée, si ce n'est qu'une impression fugitive, un rêve inachevé de l'imagination ou de l'âme du poëte, un son vague et inarticulé de sa lyre, une grâce nue et insaisissable de son esprit, que restera-t-il sous la main du traducteur? quelques mots vides et lourds, pareils à ces monnaies d'un métal terne et pesant, contre lesquelles vous échangez la drachme d'or resplendissante de son empreinte et de son éclat; et d'ailleurs, dans la poésie d'un autre âge, il y a toujours une partie déjà morte, un sens des temps, des mœurs, des lieux, des cultes, des opinions, que nous n'entendons plus, et qui ne peut plus nous toucher! ôtez à une poésie sa date, sa foi, son originalité enfin, qu'en restera-t-il? ce qui reste d'une statue des dieux dont la divinité s'est retirée, un morceau de marbre plus ou moins bien taillé! La révolution que le christianisme a dû produire dans la poésie, cette révolution dont les progrès sont sensibles dans le Dante, dans Milton, dans le Tasse, dans Pétrarque, dans *Athalie*, a été lente à agir sur nous : nos cœurs étaient chrétiens, et nos lèvres étaient païennes : de là, froideur et désaccord entre notre poésie et le cœur humain; mais cette révolution se manifeste enfin; elle nous détache d'une muse sans individualité, d'une philosophie sans espérance et sans règle, d'une mythologie sans foi; elle nous demande quelque chose de grave et de mystérieux comme la destinée humaine, d'élevé comme nos espérances, d'infini comme nos désirs, de sévère comme nos devoirs, de profond et de tendre comme nos pensées et nos affections! elle nous demande enfin ce que le père de toute poésie moderne a si bien défini : — *Il parlar che nell' anima si sente!* ce langage qui s'entend, qui se parle, qui retentit dans l'âme humaine, l'écho vivant de nos sentimens les plus intimes ! la mélodie de notre pensée!

La chute d'un empire dont M. Daru avait été une des colonnes, tourna ses regards vers les enseignemens de l'histoire ! il fut tenté de l'écrire : il choisit Venise; le choix seul était du génie. Venise, avec son berceau caché dans les lagunes de l'Adriatique, avec ses institutions mystérieuses, sa liberté tyrannique, ses conquêtes orientales, son commerce armé, son despotisme électif, ses mœurs corrompues et son régime inquisitorial, ressemble à un de ces monumens gothiques, moitié arabes, moitié chrétiens, qu'elle éleva elle-même, et dont on admire l'étrange et colossale architecture sans pouvoir en assigner l'origine et la fin ; c'est l'Alhambra de l'histoire ! ou plutôt ce n'est pas une histoire, c'est le roman du moyen âge ; c'est un de ces récits fabuleux de l'Orient, où les merveilles s'enchaînent aux merveilles dans la bouche des conteurs arabes, jusqu'à ce que les palais et les temples, les héros et les pompes, tout disparaisse par le même enchantement qui les avait évoqués, et tout s'écroule dans le tombeau silencieux de l'Océan. Ainsi s'est écroulée cette reine de la mer dans ses propres flots ! Venise est à elle-même son tombeau ! tombeau digne d'elle, et qui raconte à lui seul de puissantes et lamentables destinées ! L'étranger va la chercher dans ses ruines, et chaque pas qui retentit sur ses pavés, chaque herbe qui croît entre ses débris, chaque pierre qui tombe de ses palais dans ses canaux à moitié comblés, réveillent en lui, avec une impression de terreur mystérieuse, des images de gloire, de volupté et de néant! M. Daru s'est élevé souvent à la hauteur de ce sujet : son style a quelque chose de la sincérité et de la gravité antiques, de cette solennité des premiers temps, où l'historien exerçait une sorte de sacerdoce des traditions; cette gravité lui sied; ce n'est pas une chose légère et plaisante que cet enseignement du passé pour instruire l'avenir! nous aimons à retrouver dans le ton de l'historien quelque chose d'animé comme les impressions qu'il éveille, de sublime et de triste comme ces destinées des empires qui sortent du néant pour y retomber après un peu de poussière et de bruit!

Après ce monument du moyen âge, M. Daru voulut en élever un à sa patrie; il écrivit l'histoire de Bretagne; mais ici les souvenirs et les couleurs manquaient : il en est des provinces comme des hommes, elles ont leurs destinées indépendantes de leur importance relative; une lagune de l'Adriatique, un rocher de la Méditerranée, une montagne de la Judée ou de l'Attique, éveillent puissamment la sympathie des générations, tandis que d'immenses et populeuses provinces n'ont que leur nom dans la mémoire des siècles; c'est la physionomie des nations comme celle des individus qui les fait saillir dans la foule, et qui les grave dans nos souvenirs; la gloire, les revers, les orages politiques impriment cette physionomie aux peuples; ce sont les rides des nations; la Bretagne n'en avait pas encore; l'on regrette que le regard de l'historien n'ait pas plongé plus avant dans les antiquités de la Bretagne; on regrette surtout que sa plume s'arrête à la page la plus historique de son récit; à cette page, qui semble arrachée à l'histoire des temps héroïques, ou la foi du chrétien se confondait avec la fidélité du soldat, où des provinces entières se levaient d'elles-mêmes aux seuls noms de Dieu et du roi, et, ne puisant leurs forces que dans leur désespoir, renouvelaient dans un coin de l'Armorique les prodiges de l'antique patriotisme, et montraient à l'Europe vaincue ou muette que rien n'est plus invincible qu'un sentiment généreux dans le cœur de l'homme, qu'il s'appelle dévouement ou liberté; et que si la religion et la royauté ne devaient pas avoir leur Salamine, elles avaient du moins leurs Thermopyles sur la terre des Clisson et des Duguesclin!

Ces grands ouvrages furent entremêlés de compositions moins sévères, de poésies pleines de sens et de grâce, de rapports qui sont restés des ouvrages sur de hautes matières d'administration; on y distingue ces rapports annuels sur les prisons, adressés à l'héritier du trône, qui ne trouve point d'infortunes trop abjectes pour le regard d'un roi, point de misères au-dessous de la charité du chrétien, et qui, comme ses aïeux au jour de leur sacre, ose toucher du doigt ces plaies honteuses de l'humanité pour les soulager ou pour les guérir!

Élevé à la pairie, M. Daru parla à la chambre avec

cette élévation de talent, cette maturité d'expérience, et cette raideur de conviction, fruit d'une longue et forte éducation politique; le temps et le bienfait de la restauration lui avaient appris à tempérer les doctrines sévères du pouvoir d'un esprit de modération et de liberté, dont il n'avait pas reçu les inspirations sous les tentes du conquérant ou sous les faisceaux du dictateur; il siégeait sur les bancs de l'opposition, mais d'une opposition pleine de droiture et de loyauté: nous ne sommes point ici pour juger des opinions; les opinions n'ont d'autre juge que la conscience et le temps! Comme ces cultes divers qui ont leurs autels sous un même temple, nous devons les respecter sans fléchir devant elles, et les comprendre sans les partager! Personne ne sut mieux que M. Daru distinguer les affections de l'homme privé, des devoirs de l'homme politique. Ses souvenirs furent de la reconnaissance, et jamais de la faction! Il apprécia l'immense bienfait d'une restauration qui lui coûtait un ami, mais qui régénérait l'Europe; ce n'est point à nous de réprouver des sentimens dont nous nous glorifierions nous-même envers la famille de nos rois, d'avoir deux poids et deux mesures, et de condamner, dans des hommes comblés de confiance et de grandeur par un autre homme, des sympathies que nous ne pourrions flétrir sans flétrir en même temps ce qu'il y a de plus noble et de plus désintéressé dans le cœur humain : la mémoire du bienfait, la pitié pour la chute, et l'innocente fidélité des souvenirs!

Telles étaient, Messieurs, les destinées de M. Daru, encore pleines de promesses et d'espérances, quand la mort vint clore à jamais cette vie laborieuse, et lui imposer le repos avant la fatigue! Ainsi nous passons! ainsi une génération s'effeuille, pour ainsi dire, devant nous, et tombe homme à homme dans l'oubli ou dans l'immortalité! Encore quelques noms illustres, encore quelques éloges éclatans, et celle dont l'agitation et le bruit ont fatigué le monde et retentiront dans de longs âges, dormira tout entière dans le repos et dans le silence. Quand ce moment est arrivé, quand les passions et les opinions contemporaines sont ensevelies avec la poussière des générations éteintes; quand l'amour et la haine, quand le bienfait et l'injure ne retentissent plus dans les cœurs des hommes nouveaux, alors la postérité se lève et juge : l'heure est venue pour cette grande renommée du dix-huitième siècle, de ce siècle qui, né dans la corruption de la régence, grandissant à l'ombre d'un règne qui se trahissait lui-même, jouant indifféremment avec les armes du sophisme ou de la raison, sapant les fondemens de toutes les institutions avant de les avoir étayées, s'assoupissait dans tous les délires de l'espérance, à la voix de ses poëtes et de ses sages, et se réveillait au bruit de ses institutions croulantes, aux lueurs de ses incendies, aux cris de ses victimes et de ses bourreaux. Son nom, que nous cherchons encore, sera difficile à trouver! De sa naissance à sa fin, il y a de tout en lui, depuis la pitié jusqu'à l'horreur, depuis l'admiration jusqu'au mépris! Mais, quelle que soit l'épithète glorieuse ou vengeresse dont les générations futures le marquent parmi les siècles, nous pouvons le dire ici, sans crainte d'être démentis par l'avenir, ce ne fut point un siècle de pensée, ce fut un siècle d'action! la philosophie moqueuse n'y fit point un de ces pas immenses qui portent l'intelligence humaine sous un nouvel horizon; les arts n'y furent point inspirés, car ils ne regardèrent jamais le ciel, d'où toute inspiration descend; la poésie y négligea sa lyre, pour n'y saisir qu'un froid pinceau; elle étouffa sur ses lèvres le grand nom, le nom de Dieu, qui doit retentir au moins dans l'âme des poëtes, ces instrumens animés du grand concert de la création! La science seule y grandit, parce que la science vit de faits et non d'idées; l'éloquence seule y fut forte, parce que l'éloquence est encore de l'action. La voix de Mirabeau y retentit, mais c'est de la tribune; Mirabeau, un de ces hommes gigantesques qui apparaissent à la chute des empires, et qui, comme Samson, semblent pouvoir à leur gré soutenir seuls les colonnes de l'édifice, ou les entraîner dans leur chute. Mais Mirabeau lui-même n'y serait qu'une renommée vulgaire, s'il n'eût été le premier des orateurs et des tribuns!

Et nous, qui jugeons les autres, bientôt on nous jugera nous-mêmes; bientôt un impartial avenir nous demandera nos titres à cette part de renommée que nous croyons immense, et qu'il connaîtra seul; bientôt il fera le redoutable inventaire de nos opinions, que nous nommons des principes; de nos préventions, que nous appelons de la justice; de notre bruit, que nous prenons pour de la gloire. Et déjà nous nous jugeons nous-mêmes; déjà, invoquant nos préjugés pour arbitres, nos affections pour juges, nous prononçons, au gré de nos passions encore brûlantes, l'apothéose ou l'arrêt d'un siècle dont nous n'avons vu que la sanglante aurore; siècle de ténèbres pour les uns, siècle de lumière pour les autres, siècle à controverse pour tous!

Ne partageons, Messieurs, ni ce mépris ni cet orgueil! ne croyons point que cette vérité, qui appartient à tous les temps et à tous les hommes, ait attendu notre heure pour se lever sans nuage sur notre berceau! n'oublions point que toute vérité est fille d'une autre, *fille du temps*, comme ont dit les sages, et que la civilisation tout entière est suspendue à cette chaîne de traditions dont la chaîne d'or, qui portait le monde, n'était qu'une éclatante figure; mais aussi ne nous calomnions pas nous-mêmes! le jour de la justice se lèvera assez tôt! assez tôt la postérité dira, en pesant nos mémoires : ils furent (ce que nous sommes en effet), les hommes d'une double époque dans un siècle de transition!

Quant à moi, Messieurs, si, atteint quelquefois de ce dégoût de mon temps, maladie éternelle de tout ce qui pense, j'étais tenté d'être injuste envers mon siècle, je jetterais un regard sur les hommes devant qui s'élève aujourd'hui ma voix! je contemplerais, dans cette enceinte même, ici, l'Homère du christianisme, assis non loin de son Platon! là cet orateur philosophe, que la pensée et la parole, que la monarchie et la liberté revendiquent comme leur plus loyal et leur plus profond interprète! Ici, ce généreux citoyen qui le premier osa tenter la colère de la tyrannie, quand tout flattait ou se taisait! Homme digne des temps antiques, si les temps antiques furent ceux de la simplicité, de la vertu, de la candeur, du génie, du dévouement, qui ne se compte pour rien, et de la gloire qui s'ignore elle-même! Sa parole, comme un glaive libérateur, trancha ce nœud de servitude qui enchaînait la France à l'oppression, et retentira longtemps dans notre histoire comme le premier soupir de restauration et de liberté, sorti du cœur d'un homme de bien, son plus digne temple et son plus éloquent organe! Ce Pline français, chez qui le génie n'est que l'œil de la science, et dont la vaste et puissante intelligence semble avoir été créée par la nature pour la surprendre dans ses mystères, comme pour la décrire dans sa majesté! Ce digne chef de notre premier corps politique, dont la sagesse se confondra dans l'avenir avec la sagesse de nos législations qu'il a préparées! Ces maîtres de nos deux scènes, les uns, habiles héritiers de nos chefs-d'œuvre qu'ils perpétuent, les autres, hardis novateurs, cherchant le vrai dans la seule nature et la lumière dans leur seul génie; ces dignes princes de l'Église, qui consacrent les lettres de la sainteté de leur vertu; enfin ce jeune et brillant Quintilien, qui, dans l'ombre de nos écoles, s'est élevé à lui seul une tribune retentissante, et dont l'éloquence, dépassant cette tribune même, s'élève à la hauteur de tous les sujets, à la rivalité de tous les talens! Que si, franchissant les bornes de cette enceinte, mon regard se porte sur la génération qui s'avance, je le dirai, Messieurs! je le dirai avec une intime et puissante conviction, dussé-je être accusé d'exagérer l'espérance et de flatter l'avenir, heureux ceux qui viennent après nous! tout annonce pour eux un grand siècle, une des époques caractéristiques de l'humanité. Le fleuve a franchi sa cataracte, le flot s'apaise, le bruit s'éloigne, l'esprit humain coule dans un lit plus large, il coule libre et fort; il n'a plus à craindre que sa propre fougue, il ne peut être souillé que de son propre limon. Une intention droite l'emporte et le dirige; une soif immense de perfectionnement, de morale et de vérité le dévore; un sens nouveau, un sens salutaire ou terrible, lui a été donné pour l'assouvir. Ce sens, qui a été révélé à l'humanité dans sa vieillesse, comme pour la consoler ou la rajeunir, c'est la presse: cette faculté nouvelle, qui s'ignore, s'épouvante encore d'elle-même; elle jette dans une civilisation toute faite le même désordre qu'un sens de plus jetterait d'abord dans l'organisation humaine; mais le temps, mais ses propres excès, mais l'épreuve seule infaillible des législations, en règleront l'usage, sans en retrancher les fruits, et quel que soit le doute effrayant dont elle travaille encore les plus fermes intelligences, je ne puis croire que nous devions maudire une puissance de plus accordée à la pensée de l'homme par une Providence plus généreuse et plus prévoyante que nous, étouffer un de ses plus beaux dons, et lui rejeter son bienfait.

Une jeunesse studieuse et pure s'avance avec gravité dans la vie; les grands spectacles qui ont frappé ses premiers regards l'ont mûrie avant l'âge; on dirait qu'un siècle la sépare des générations qui la précèdent. Elle sent la dignité de la vocation humaine, vocation relevée et élargie par les institutions où toutes les libertés de l'homme ont leur jeu, où toutes ses forces ont leur emploi, où toutes ses vertus ont leur prix. Les lettres s'imprègnent de cette moralité des mœurs et des lois. La philosophie, rougissant d'avoir brigué la mort et revendiqué le néant, retrouve ses titres dans le spiritualisme, et redevient divine en reconnaissant son Dieu. Le spiritualisme lui-même remonte d'un cours insensible vers la philosophie relevée, il s'incline devant le dogme, mystérieuse expression de vérités surhumaines, et confesse enfin que, pour être juste comme pour être vraie, la philosophie ne peut point faire abstraction de la plus pure et de la plus large émanation de lumière qui ait été départie à l'homme : le christianisme! L'histoire s'étend et s'éclaire; elle écrit l'homme tout entier, elle voit les idées sous les faits, et suit les progrès du genre humain dans la marche sourde et lente de la pensée, plus que dans ces journées sanglantes qui élèvent ou précipitent la fortune d'un homme sans rien changer au sort de l'humanité. La poésie, dont une sorte de profanation intellectuelle avait fait si longtemps, parmi nous, une habile torture de la langue, un jeu stérile de l'esprit, se souvient de son origine et de sa fin. Elle renaît fille de l'enthousiasme et de l'inspiration, expression idéale et mystérieuse de ce que l'âme a de plus éthéré et de plus inexprimable, sens harmonieux des douleurs ou des voluptés de l'esprit; après avoir enchanté de ses fables la jeunesse du genre humain, elle l'élève sur ses ailes plus fortes, jusqu'à la vérité aussi poétique que ses songes, et cherche des images plus neuves pour lui parler enfin la langue de sa force et de sa virilité. Un souffle religieux travaille la pensée humaine; mais cette religion intime et sincère ne s'appuie que sur la conscience et la foi. Elle ne demande au pouvoir ni des alliances qui l'altèrent, ni des faveurs qui la corrompent; elle ne demande que ce qu'elle accorde elle-même, que ce qui fait son essence et sa gloire : indépendance et conviction. La politique n'est plus cet art honteux de corrompre ou de tromper pour asservir. Le christianisme avait jeté aussi en elle un germe divin de moralité, d'égalité ou de vertu, qu'il a fallu des siècles pour faire éclore. On le voit poindre d'âge en âge, dans les soupirs des peuples et dans les vœux des bons rois, comme une pensée vivace du genre humain, toujours combattue, jamais étouffée; déjà le génie bienfaisant de Fénelon la révèle au pouvoir, comme la sainte loi de la charité politique, comme l'évangile des rois. Elle survit aux rigueurs du despotisme, comme aux saturnales de l'anarchie;

elle triomphe des faibles qui la nient, comme des insensés qui la profanent. La morale, la raison et la liberté sortent enfin du vague des théories, essaient des formes, et prennent une vie et un corps dans des institutions où l'ordre et la liberté se garantissent; où la monarchie qui les protége grandit à nos yeux du seul titre que nous revendiquions pour elle, la tutrice des droits et des progrès du genre humain.

Voilà les prémices du siècle qui s'ouvre! S'il n'oublie point les sanglantes leçons du passé; s'il se souvient de l'anarchie et de la servitude, ces deux fléaux vengeurs, qui attendent, pour les punir, les fautes des rois ou les excès des peuples; s'il ne demande point aux institutions humaines plus que l'imperfection de notre nature ne comporte, il remplira sa glorieuse destinée; il répondra à ce sentiment sympathique dont les hommes d'espérance aiment à le saluer dès aujourd'hui. Ce siècle datera de notre double restauration : restauration de la liberté par le trône, et du trône par la liberté. Il portera le nom ou de ce roi législateur qui consacra les progrès du temps dans la Charte, ou de ce roi honnête homme, dont la parole est une charte, et qui maintiendra à sa postérité ce don perpétuel de sa famille. N'oublions pas que notre avenir est lié indissolublement à celui de nos rois ; qu'on ne peut séparer l'arbre de sa racine sans dessécher les rameaux, et que la monarchie a tout porté parmi nous, jusqu'aux fruits parfaits de la liberté. L'histoire nous dit que les peuples se personnifient, pour ainsi dire, dans certaines races royales, dans les dynasties qui les représentent; qu'ils déclinent quand ces races déclinent; qu'ils se relèvent quand elles se régénèrent; qu'ils périssent quand elles succombent; et que certaines familles de rois sont comme des dieux domestiques, qu'on ne pouvait enlever du seuil de nos ancêtres sans que le foyer lui-même fût ravagé ou détruit.

Et vous, Messieurs, vous ouvrirez successivement vos rangs au talent, au génie, à la vertu, à toutes les prééminences de ces époques; déjà d'illustres et pures renommées vous attendent; vous n'en laisserez aucune sur le seuil! Sans acception d'écoles ou de partis, vous vous placerez, comme la vérité, au-dessus des systèmes. Tous les systèmes sont faux; le génie seul est vrai, parce que la nature seule est infaillible. Il fait un pas, et l'abîme est franchi! il marche, et le mouvement est prouvé! Vous voudrez que ce corps illustre, comme le prisme dont les nuances diverses forment l'éclatante harmonie, réunisse toutes les célébrités contemporaines, et concentre les rayons de cette immortalité nationale dont vous êtes le foyer et l'emblème! et vous glorifierez ainsi le roi qui vous protége, le grand homme qui vous fonda, la France, qui se reconnaît et qui s'honore en vous.

RÉPONSE

DE

M. LE BARON CUVIER,

DIRECTEUR DE L'ACADÉMIE FRANÇAISE,

AU DISCOURS DE M. DE LAMARTINE

Prononcé dans la séance du 1er avril 1830.

Oui, Monsieur, l'Académie Française doit une justice égale aux divers talens. Toute véritable prééminence est un titre à ses suffrages. Aussi, dans tous les temps, s'est-elle fait un honneur d'appeler dans son sein quiconque a su prêter à la raison un langage digne d'elle; quiconque a su émouvoir les hommes aux noms sacrés de la vérité et de la vertu; et si elle a montré quelque préférence, c'est pour les écrivains qui, en respectant la langue et les convenances, ont été assez heureux pour imprimer à leurs ouvrages des formes propres, par leur nouveauté, à saisir plus vivement les esprits. Bossuet, accablant son auditoire de toutes les grandeurs divines; Racine, revêtant des nuances d'un langage céleste ce que le cœur humain peut éprouver de sentimens plus tendres et plus délicats; Montesquieu, éclairant comme de vives étincelles les ressorts les plus cachés de la machine sociale; Buffon, peignant le premier la nature dans sa pompe et sa majesté; tous ces heureux novateurs et bien d'autres encore qui se sont ouvert des routes inconnues avant eux pour arriver à leur gloire, l'Académie s'est empressée de les faire concourir à la sienne; leurs noms fameux feront à jamais l'orgueil de nos annales.

Je dis plus, Monsieur, c'est qu'y eût-il la moindre réalité dans ces préventions ou ces passions que la malignité oisive attribue quelquefois si légèrement aux hommes occupés des travaux de l'esprit, un corps placé sous les yeux de la France et de l'Europe serait dans l'heureuse impuissance de se déshonorer en repoussant celui qui se serait fait à juste titre un grand nom. Le sort du génie, même à l'égard de ces distinctions qu'il aurait peut-être le droit de regarder comme frivoles, ne dépend point des petites jalousies de ses rivaux. En vain le pouvoir, comme il est arrivé quelquefois, aurait-il la faiblesse de se faire l'auxiliaire de l'envie, la voix publique finirait par l'emporter. Mais en se pénétrant de ces vérités consolantes dont l'histoire ancienne et nouvelle de l'Académie a offert des preuves si multipliées, il est une autre vérité qu'il ne faut pas perdre de vue, c'est que le génie n'est pas dans la nouveauté seulement, mais dans la nouveauté jointe à la perfection.

Heureux l'écrivain qui peut se prévaloir à la fois d'ouvrages originaux et excellens, et de l'assentiment public! Plus heureux encore celui envers qui un caractère aimable et une vie pleine d'honneur ont rendu toute jalousie et toute prévention impossible.

C'est ainsi que vous nous arrivez, Monsieur; pour vous, l'estime et l'amitié ne sont pas moins vives que l'admiration ; et telle est la nature de vos écrits, qu'ils devaient nécessairement exciter tous ces sentimens.

Lorsque, dans un de ces instans de tristesse et de découragement qui s'emparent quelquefois des âmes les plus fortes, un promeneur solitaire entend par hasard résonner de loin une voix dont les chants doux et mélodieux expriment des sentimens qui répondent aux siens, il est comme saisi d'une sympathie bienfaisante ; il sent vibrer de nouveau ces fibres que l'abattement avait détendues ; et si cette voix qui peint ses souffrances, y mêle par degrés de l'espoir et des consolations, la vie renaît en quelque sorte en lui ; déjà il s'attache à l'ami inconnu qui la lui rend ; déjà il voudrait le serrer dans ses bras, l'entretenir avec effusion de tout ce qu'il lui doit.

Tel a été, Monsieur, l'effet que produisirent vos premières Méditations sur un grand nombre de ces êtres sensibles que tourmente l'énigme de ce monde, et qui, dans cette profonde nuit où la Providence a jugé à propos de laisser la raison humaine, sur notre origine, sur notre nature et sur notre destinée, éprouvent sans cesse le besoin d'un guide, mais d'un guide qui les arrache à ce noir labyrinthe du doute, et les transporte vers des régions de lumière et de sécurité.

Les tristes abstractions de la philosophie les laissent froids comme elles; ils ne se rassurent point avec ces esprits légers qui, dans l'impossibilité de résoudre ce terrible problème, cherchent à s'en distraire par l'insouciance et l'oubli; et ce grand poëte de nos jours, à qui vous avez départi avec tant de noblesse ce qui lui est dû d'éloge et de blâme, et qui n'a voulu voir dans notre univers que le temple du dieu du mal, ils repoussent avec effroi en lui l'ange du désespoir.

En vous, Monsieur, dès votre apparition, ils ont salué d'un commun accord le chantre de l'Espérance.

Aussi énergique que votre émule dans la peinture des maux de la vie, aussi pénétré de la vanité de nos plaisirs, de la rapidité avec laquelle ils s'écoulent, ce rayon consolateur, qui n'a pu luire pour son esprit, a éclairé le vôtre, et votre talent l'a fait briller aux yeux de vos semblables.

L'espérance est votre muse, l'espérance, sœur de l'imagination. Ces deux fées, qui, presque seules ici-bas, nous soutiennent et nous animent, est-il étonnant qu'elles se soient disputé à qui animerait plus vivement pour vous la nature tout entière; que votre génie, inspiré par elles, ait enfanté tant de créations gracieuses, sublimes, ou terribles; également grand, soit qu'au *tombeau des Scipions il pèse la cendre des héros,* soit qu'il entende *résonner ces harpes d'or que Dieu lui-même écoute,* ou qu'il nous montre le malheur *comme un vautour pressant l'univers de sa serre cruelle?* L'image de la volupté elle-même, tout étonnée de se trouver au milieu de tant de grandes images, de tant de sérieuses pensées, n'y perd rien de son charme. Vous seriez presque un séducteur, si la leçon ne venait chaque fois mettre un terme à l'enchantement, d'autant plus sévère qu'elle y fait un plus grand contraste.

En effet, soit que vous fassiez parler la douleur ou le plaisir, c'est toujours pour nous conduire à la sagesse. Toutes ces études que vous faites de vous-même, tous ces divers aspects sous lesquels vous envisagez l'homme et le monde, vous ramènent à la même vérité. Jamais l'emblème du miel placé aux bords du vase ne se réalisa mieux; on vous lit, attiré par l'éclat de la poésie la plus brillante, et l'on se trouve avoir fait un cours d'une profonde philosophie.

Peut-être tous vos lecteurs ne sont-ils pas demeurés convaincus, et sans doute vous ne vous étiez pas flatté de terminer des disputes qui durent depuis que les hommes raisonnent. Ce n'est probablement pas dans la vie présente que nous arriverons à l'évidence sur cette Théodicée qui, au pied des rochers de l'Idumée, divisait, il y a plus de trois mille ans, Job et ses amis, et sur laquelle, de nos jours encore, les Leibnitz, les Clarke et les Newton ne se sont point accordés. Les opinions ont donc pu demeurer diverses sur vos doctrines, mais il n'y en a eu qu'une sur votre talent. Si tous n'ont pas déféré au philosophe (et quel est le philosophe qui aurait joui d'un pareil avantage?), à cette magie puissante qui commande à tous les êtres, qui fait mouvoir les mondes, qui évoque les ombres, les anges et les démons, qui tour à tour, et à votre volonté, nous charme et nous effraie, chacun a reconnu le poëte.

Vous-même, Monsieur, êtes-vous entraîné comme vos lecteurs? participez-vous à ces délicieuses émotions que vous savez si bien leur communiquer?

Je vous avoue que je le crois, et c'est dans vos ouvrages mêmes que j'en prends la persuasion. Cette langue à laquelle on nous avait si peu accoutumés, qui exprime si simplement les pensées les plus hautes, sans recherche, sans antithèse; qui coule de source et va toujours au cœur, ne peut appartenir qu'à une âme transportée dans les régions sublimes où elle nous appelle. A la noble pureté de votre style, à l'harmonie enchanteresse et continue de vos vers, on sent que votre esprit a entendu *ces concerts d'un monde idéal* dont vous parlez, et qui font paraître la réalité si petite et si méprisable. Oui, c'est ainsi que les intelligences supérieures doivent s'entretenir des grands mystères.

Voudriez-vous vous y arracher, Monsieur? Ce que des éditeurs empressés de satisfaire l'avidité du public nous ont dit sur les lacunes de vos derniers écrits aurait-il quelque fondement, et serait-ce pour des occupations d'un intérêt plus immédiat que vous négligeriez ces nobles productions de votre esprit?

J'espère, pour l'honneur des lettres, qu'il n'en sera

rien. Chacun de nous a sans doute à remplir des devoirs respectables envers son prince et son pays; mais ceux à qui le ciel a accordé l'heureux don du génie, le talent de dévoiler la nature, ou celui de parler au cœur, ont des devoirs qui, sans contrarier en rien les premiers, sont, j'ose le dire, d'un ordre tout autrement relevé. C'est à l'humanité entière, c'est aux siècles à venir qu'ils en doivent le compte.

Combien, parmi ces personnages qui passent successivement au pouvoir, n'en est-il pas qui ont vu le bien qu'ils avaient fait ou projeté, dissipé comme un songe devant les projets non moins rapidement évanouis de leurs successeurs! Une vérité, au contraire, une seule vérité découverte, un seul sentiment généreux gravé par l'éloquence dans le cœur des hommes, contribuera, pendant des siècles, et sans que rien puisse l'empêcher, au bien-être de générations innombrables, et portera le nom de son auteur jusqu'à la dernière postérité.

Ainsi pensait votre illustre prédécesseur.

Entré presque à la fois dans les deux carrières qu'il a parcourues si honorablement, il n'a point sacrifié l'une à l'autre, et même c'est par celle des lettres qu'il a commencé sa vie, et qu'il l'a terminée.

Pardonnez-moi, Monsieur, si, m'écartant un peu de votre opinion à son sujet, j'ose croire que la variété de ses travaux a tenu plutôt à l'étendue de ses facultés qu'aux circonstances extérieures; qu'il a été lui, plus encore que l'homme de son siècle; et surtout que, pour arriver aux premiers rangs de son état, les bouleversemens de la révolution ne lui auraient pas été nécessaires.

Une tête puissante comme la sienne devait se faire jour dans tous les temps. Le monarque qui, dans Colbert, obscur serviteur de l'un de ses ministres, sut démêler le futur restaurateur de la prospérité de la France, n'aurait pas méconnu la vaste capacité de M. Daru, qui avait débuté par des postes plus apparens que Colbert, et il se serait bien gardé de la laisser oisive.

Elle ne pouvait pas échapper davantage à l'homme des temps modernes, qui a su le mieux tirer parti des talens. Aussi, dès qu'il l'eut connu, soit qu'il s'agît de pourvoir aux besoins des combattans, ou de recueillir avec ordre les fruits de la victoire, ou de préparer pendant les courts intervalles de paix des victoires nouvelles, M. Daru fut-il toujours employé en chef. Intendant d'armée, commissaire pour l'exécution des traités, administrateur des pays conquis, ministre, partout il déploya la même force de tête et la même vigueur de caractère. Car là, rien ne ressemble à ces fonctions paisibles qui s'exercent à loisir dans l'ombre du cabinet. Après le général, c'est sur l'administrateur de l'armée que pèse la responsabilité la plus grave, la plus instantanée. Ces multitudes d'hommes dévoués, qui ont fait d'avance à leur pays le sacrifice de leur sang et de leur vie, ne lui demandent que leurs besoins physiques, mais ils les demandent impérieusement. Suivre par la pensée leurs masses diverses dans tous ces mouvemens compliqués que leur imprime le génie du chef ; calculer à chaque moment leur nombre sur chaque point ; distribuer avec précision le matériel dont on dispose ; apprécier celui que peut fournir le pays ; tenir compte des distances, de l'état des routes, y proportionner ses moyens de transports, pour qu'à jour nommé chaque corps, la plus petite troupe, reçoive exactement ce qui lui est nécessaire ; voilà une faible idée des devoirs de l'administrateur militaire. Qu'il se glisse dans ses calculs la moindre erreur, et les plus heureuses combinaisons de la stratégie sont manquées ; des foules de braves périssent en pure perte ; la patrie même peut devenir victime d'une seule de ses fautes, à ce terrible jeu de la guerre, où le plus petit accident a quelquefois des conséquences si funestes. Mais, avec cette responsabilité presque égale, quelle différence dans les moyens ! Le général dispose du ressort tout-puissant de l'honneur, bien sûr, à ce mot, de tout obtenir de soldats français. Trop souvent le chef de l'administration ne peut employer que des spéculateurs sans honte, qui n'ont d'honneur que le gain, dont les profits croissent avec les embarras, et chez qui en faire naître passe pour le plus grand raffinement de l'industrie, non moins à surveiller, non moins menaçans pour le soldat et pour le trésor que toutes les forces de l'ennemi. Et ces difficultés, déjà si grandes dans les temps ordinaires, dans quelle proportion ne s'accrurent-elles pas sur les immenses théâtres où se sont faites les guerres de notre temps, et lorsque, avec une rapidité presque miraculeuse, d'innombrables armées se portaient en quelques semaines au centre du pays ennemi ! Quelle continuité d'action ! que de nuits passées au travail ! que d'inquiétudes et de soucis amers ! Incurie des subordonnés, indiscipline des troupes, rapacité des chefs, plaintes des peuples, humeur du maître, il fallait savoir tout endurer, tout sacrifier à un objet unique, au salut de l'armée.

Tel fut toujours M. Daru. Ces deux mots de son chef, que vous avez rapportés, le caractérisent complètement. Rien ne l'ébranlait, ni au physique, ni au moral ; dans les succès comme dans les revers, son corps d'athlète demeurait aussi sain, aussi frais que sa tête ; toujours même précision dans ses ordres, même clarté dans sa gestion, clarté qu'au besoin il savait, avec une sagacité merveilleuse, porter sur la gestion des autres ; dissipant dès le premier examen tous les nuages, dévoilant en peu de temps les pratiques que l'on avait espéré couvrir de ténèbres impénétrables. Je n'ai pas besoin de rappeler la preuve éclatante qu'il a eu récemment occasion de donner de ce talent.

Après de longs services dans cette administration, un autre poste lui avait été conféré, poste de confiance et comparativement de repos ; mais au retour de cette invasion de funeste mémoire, entreprise contre son avis, et dans laquelle des fléaux sans nombre justifièrent sa prévoyance, on exigea de lui de reprendre ses anciennes fonctions, et cela, lorsque tout déjà était désespéré ; lorsque déjà le destin avait prononcé son arrêt, et que notre malheureuse armée était irrévocablement condamnée à ce désastre, dont rien n'approche dans l'histoire, depuis les temps de Cambyse, ou depuis ceux d'Attila.

Devancer l'armée le plus souvent à pied, bravant pendant plusieurs jours un froid de vingt-huit degrés, recueillir pour elle le peu que l'ennemi n'a pas enlevé, ou que n'ont pas détruit ces multitudes d'où le malheur a fait disparaître la discipline; tâcher de remettre un peu d'ordre dans cet immense désordre, voilà tout ce qui lui fut possible. Mais il se remontra dans toute sa force l'année suivante, lorsque la France, qui venait de perdre une armée de trois cent mille hommes, en reproduisit, comme par enchantement, une autre presque aussi forte, sacrifiée en quelques mois au même esprit de vertige qui avait détruit la première.

Eh bien! cet homme que l'histoire de notre temps présentera sans cesse comme un ressort principal, comme un instrument essentiel de ces expéditions gigantesques et répétées, dont aucune histoire n'offre d'exemple, est le même qui a fait tant de vers agréables, qui a traduit le plus varié, le plus difficile des poëtes, et qui, s'il se proposait en cela un but peut-être impossible à atteindre, en est cependant approché plus qu'aucun de ses devanciers; c'est le même qui a mis dans un jour tout nouveau l'histoire de ce gouvernement sombre et cruel, auquel les crimes les plus atroces et les vices les plus bas étaient indifférens, pourvu qu'ils l'aidassent à se maintenir, et dont la chute honteuse était presque nécessaire pour justifier la Providence de lui avoir accordé tant de siècles de durée.

Ce même homme encore, dans deux grands corps de l'état, a traité avec étendue et solidité des questions nombreuses et importantes de haute législation.

Ajouterai-je, mais sans doute le public m'excusera, voyant où je parle, qu'également attaché à ses devoirs de tous les degrés, ce même homme, membre de deux grandes académies, s'y est toujours montré des plus laborieux et des plus assidus; que, les associant dans son attachement, il consacrait à la gloire de l'une le talent qui l'avait fait appeler à l'autre, et qu'il a passé les derniers jours d'une trop courte vie à chanter, avec les merveilles des cieux, la merveille non moins grande du génie de l'homme, qui a été capable de deviner leurs lois? Ce fut encore pour lui une étude toute nouvelle. De traducteur d'Horace, l'historien de Venise, pour célébrer les découvertes immortelles des Copernic, des Keppler, des Newton et des Laplace, se vit obligé de devenir leur élève.

Et que l'on ne croie pas qu'il choisît pour tant de travaux politiques, littéraires ou scientifiques, les intervalles que les affaires de son administration laissaient entièrement libres. Avec M. Daru, tout marchait de front. Il composait au bruit des armes; quelque excès d'occupation l'empêchait-il de méditer ou d'écrire, il songeait à recueillir des matériaux pour des compositions futures. Son poëme sur les Alpes a été fait pendant cette campagne si agitée, où Masséna repoussa une invasion imminente. C'est au milieu de tout le fracas de la catastrophe de Venise, qu'il conçut le plan de son histoire ; et dans le partage de ses dépouilles, le seul butin qu'il se réserva furent ces documens si importans qui en forment les preuves. Le plan de son histoire de Bretagne avait été conçu dans des momens plus orageux encore, quand la France déchirait ses entrailles. Pour son Horace, il ne le quittait point ; à chaque campement, au moindre bivouac, il trouvait quelques momens à lui consacrer. C'est ainsi que, dans les prisons de la terreur, presque en vue de l'échafaud, il adressait à son geôlier cette épître si plaisante, si digne d'Horace, et d'Horace le stoïcien, car vous avez bien dit, Monsieur, qu'il y en a deux, où il lui prouvait que c'était lui, geôlier, qui était prisonnier, tandis que le poëte sous les verrous parcourt libre et gai l'univers.

M. Daru lui-même nous donne le secret de cette activité que rien n'a pu interrompre : il est tout entier dans ces belles paroles d'une de ses premières préfaces : que *dans les circonstances les plus pénibles de la vie, il est un noble emploi du temps, qui rend à l'homme tout ce qui lui appartient de bonheur et de dignité.*

Oui, Monsieur, ce noble emploi du temps, le travail de l'esprit est, je ne dis pas, la consolation que la Providence nous accorde dans tous nos malheurs; car il est des malheurs où nulle consolation n'est possible, et vous nous en offrez un triste exemple ; mais, de tous les adoucissemens qu'elle nous a ménagés, le plus sûr, le plus à la disposition du sage. Que s'il lui est encore accordé d'y joindre l'amitié, quelle contrariété de la vie ne supporterait-il pas avec ces deux soutiens ?

Ce furent l'amitié et l'amour du travail qui réunirent dans l'origine les membres de l'Académie française, et, depuis sa fondation, notre compagnie a toujours été consacrée à ce double culte. Venez, Monsieur, l'y partager avec nous ; venez y partager nos vœux pour le bonheur du prince, pour le bonheur de la France, qui en est inséparable. Peut-être trouverez-vous dans nos exercices quelques distractions à vos douleurs ; peut-être aussi devez-vous croire moins qu'un autre que votre triomphe soit devenu tout à fait étranger pour celle à qui votre piété filiale aurait été si heureuse d'en faire l'hommage. Si les habitans des demeures célestes prennent quelque part aux événemens de ce monde, c'est sans doute lorsqu'ils voient honorer par les hommes ceux qui ont toujours fait un noble usage des dons du ciel.

DES DESTINÉES
DE LA POÉSIE.

L'homme n'a rien de plus inconnu autour de lui que l'homme même. Les phénomènes de sa pensée, les lois de la civilisation, les phases de ses progrès ou de ses décadences, sont les mystères qu'il a le moins pénétrés. Il connaît mieux la marche des globes célestes qui roulent à des millions de lieues de la portée de ses faibles sens, qu'il ne connaît les routes terrestres par lesquelles la destinée humaine le conduit à son insu; il sent qu'il gravit vers quelque chose, mais il ne sait où va son esprit, il ne peut dire à quel point précis de son chemin il se trouve. Jeté loin de la vue des rivages sur l'immensité des mers, le pilote peut prendre hauteur et marquer avec le compas la ligne du globe qu'il traverse ou qu'il suit; l'esprit humain ne le peut pas; il n'a rien hors de soi-même à quoi il puisse mesurer sa marche, et toutes les fois qu'il dit : Je suis ici, je vais là, j'avance, je recule, je m'arrête, il se trouve qu'il s'est trompé et qu'il a menti à son histoire, histoire qui n'est écrite que bien longtemps après qu'il a passé, qui jalonne ses traces après qu'il les a imprimées sur la terre, mais qui d'avance ne peut lui tracer son chemin. Dieu seul connaît le but et la route, l'homme ne sait rien ; faux prophète, il prophétise à tout hasard, et quand les choses futures éclosent au rebours de ses prévisions, il n'est plus là pour recevoir le démenti de la destinée, il est couché dans sa nuit et dans son silence ; il dort son sommeil, et d'autres générations écrivent sur sa poussière d'autres rêves aussi vains, aussi fugitifs que les siens! Religion, politique, philosophie, systèmes, l'homme a prononcé sur tout, il s'est trompé sur tout ; il a cru tout définitif, et tout s'est modifié ; tout immortel, et tout a péri ; tout véritable, et tout a menti! Mais ne parlons que de poésie.

Je me souviens qu'à mon entrée dans le monde il n'y avait qu'une voix sur l'irrémédiable décadence, sur la mort accomplie et déjà froide de cette mystérieuse faculté de l'esprit humain. C'était l'époque de l'empire ; c'était l'heure de l'incarnation de la philosophie matérialiste du dix-huitième siècle dans le gouvernement et dans les mœurs. Tous ces hommes géométriques qui seuls avaient alors la parole et qui nous écrasaient, nous autres jeunes hommes, sous l'insolente tyrannie de leur triomphe, croyaient avoir desséché pour toujours en nous ce qu'ils étaient parvenus en effet à flétrir et à tuer en eux, toute la partie morale, divine, mélodieuse, de la pensée humaine. Rien ne peut peindre, à ceux qui ne l'ont pas subie, l'orgueilleuse stérilité de cette époque. C'était le sourire satanique d'un génie infernal quand il est parvenu à dégrader une génération tout entière, à déraciner tout un enthousiasme national, à tuer une vertu dans le monde; ces hommes avaient le même sentiment de triomphante impuissance dans le cœur et sur les lèvres, quand ils nous disaient : amour, philosophie, religion, enthousiasme, liberté, poésie; néant que tout cela! Calcul et force, chiffre et sabre, tout est là. Nous ne croyons que ce qui se prouve, nous ne sentons que ce qui se touche; la poésie est morte avec le spiritualisme dont elle était née ; et ils disaient vrai, elle était morte dans leurs âmes, morte dans leurs intelligences, morte en eux et autour d'eux. Par un sûr et prophétique instinct de leur destinée, ils tremblaient qu'elle ne ressuscitât dans le monde avec la liberté; ils en jetaient au vent les moindres racines à mesure qu'il en germait sous leurs pas, dans leurs écoles, dans leurs lycées, dans leurs gymnases, surtout dans leurs noviciats militaires et polytechniques. Tout était organisé contre cette résurrection du sentiment moral et poétique; c'était une ligue universelle des études mathématiques contre la pensée et la poésie. Le chiffre seul était permis, honoré, protégé, payé. Comme le chiffre ne raisonne pas, comme c'est un merveilleux instrument passif de tyrannie qui ne demande jamais à quoi on l'emploie, qui n'examine nullement si on le fait servir à l'oppression du genre humain ou à sa délivrance, au meurtre de l'esprit ou à son émancipation, le chef militaire de cette époque ne voulait pas d'autre missionnaire, pas d'autre séide, et ce séide le servait bien. Il n'y avait pas une idée en Europe qui ne fût foulée sous son talon, pas une bouche qui ne fût bâillonnée par sa main de plomb. Depuis ce temps, j'abhorre le chiffre, cette négation de toute pensée, et il m'est resté contre cette puissance des mathématiques exclusive et jalouse le même sentiment, la même horreur qui reste au forçat contre les fers durs et glacés rivés sur ses membres, et dont il croit éprouver encore la froide et meurtrissante impression quand il entend le cliquetis d'une chaîne. Les mathématiques étaient les chaînes de la pensée humaine. Je respire ; elles sont brisées !

Deux grands génies, que la tyrannie surveillait d'un œil inquiet, protestaient seuls contre cet arrêt de mort de l'âme, de l'intelligence et de la poésie, Mme de Staël et M. de Chateaubriand. Mme de Staël, génie mâle dans un corps de femme : esprit tourmenté par la surabondance de sa force, remuant, passionné, audacieux, capable de généreuses et soudaines résolutions, ne pouvant respirer dans cette atmosphère de lâcheté et de servitude, demandant de l'espace et de l'air autour d'elle, attirant, comme par un instinct magnétique, tout ce qui sentait fermenter en soi un sentiment de résistance ou d'indignation concentrée ; à elle seule, conspiration vivante, aussi capable d'ameuter les hautes intelligences contre cette tyrannie de la médiocrité régnante, que de mettre le poignard dans la main des conjurés, ou de se frapper elle-même pour rendre à son âme la liberté qu'elle aurait voulu rendre au monde! Créature d'élite et d'exception, dont la nature n'a pas donné deux épreuves, réunissant en elle Corinne et Mirabeau! Tribun sublime, au cœur tendre et expansif de la femme, femme adorable et miséricordieuse avec le génie des Gracques et la main du dernier des Catons! Ne pouvant susciter un généreux élan dans sa patrie, dont on la repoussait comme on éloigne l'étincelle d'un édifice de chaume, elle se réfugiait dans la pensée de l'Angleterre et de l'Allemagne, qui seules vivaient alors de vie morale, de poésie et de philosophie, et lançait de là dans le monde ces pages sublimes et palpitantes que le pilon de la police écrasait, que la douane de la pensée déchirait à la frontière, que la tyrannie faisait bafouer par ses grands hommes jurés, mais dont les lambeaux, échappés à leurs mains flétrissantes, venaient nous consoler de notre avilissement intellectuel, et nous apporter à l'oreille et au cœur ce souffle lointain de morale, de poésie, de liberté, que nous ne pouvions respirer sous la coupe pneumatique de l'esclavage et de la médiocrité.

M. de Chateaubriand, génie alors plus mélancolique et plus suave, mémoire harmonieuse et enchantée d'un passé dont nous foulions les cendres et dont nous retrouvions l'âme en lui; imagination homérique, jetée au milieu de nos convulsions sociales, semblable à ces belles colonnes de Palmyre, restées debout et éclatantes, sans brisure et sans tache, sur les tentes noires et déchirées des Arabes, pour faire comprendre, admirer et pleurer le monument qui n'est plus ! Homme qui cherchait l'étincelle du feu sacré dans les débris du sanctuaire, dans les ruines, encore fumantes, des temples chrétiens, et qui, séduisant les démolisseurs mêmes par la pitié, et les indifférens par le génie, retrouvait des dogmes dans le cœur, et rendait de la foi à l'imagination ! Des mots de liberté et de vertu politique sonnaient moins souvent et moins haut dans ses pages toutes poétiques ; ce n'était pas le Dante d'une Florence asservie, c'était le Tasse d'une patrie perdue, d'une famille de rois proscrits, chantant ses amours trompés, ses autels renversés, ses tours démolies, ses dieux et ses rois chassés, les chantant à l'oreille des proscripteurs, sur les bords mêmes des fleuves de la patrie ; mais son âme, grande et généreuse, donnait aux chants du poëte quelque chose de l'accent du citoyen. Il remuait toutes les fibres généreuses de la poitrine, il ennoblissait la pensée, il ressuscitait l'âme ; c'était assez pour tourmenter le sommeil des geôliers de notre intelligence. Par je ne sais quel instinct de leur nature, ils pressentaient un vengeur dans cet homme qui les charmait malgré eux. Ils savaient que tous les nobles sentimens se touchent et s'engendrent, et que dans des cœurs où vibrent le sentiment religieux et les pensées mâles et indépendantes, leur tyrannie aurait à trouver des juges, et la liberté des complices.

Depuis ces jours, j'ai aimé ces deux génies précurseurs qui m'apparurent, qui me consolèrent à mon entrée dans la vie, Staël et Chateaubriand; ces deux noms remplissent bien du vide, éclairent bien de l'ombre! Ils furent pour nous comme deux protestations vivantes contre l'oppression de l'âme et du cœur, contre le dessèchement et l'avilissement du siècle; ils furent l'aliment de nos toits solitaires, le pain caché de nos âmes refoulées; ils prirent sur nous comme un droit de famille, ils furent de notre sang, nous fûmes du leur, et il est peu d'entre nous qui ne leur doive ce qu'il fut, ce qu'il est ou ce qu'il sera.

En ce temps-là, je vivais seul, le cœur débordant de sentimens comprimés, de poésie trompée, tantôt à Paris, noyé dans cette foule où l'on ne coudoyait que des courtisans ou des soldats, tantôt à Rome, où l'on n'entendait d'autre bruit que celui des pierres qui tombaient une à une dans le désert de ses rues abandonnées; tantôt à Naples, où le ciel tiède, la mer bleue, la terre embaumée m'enivraient sans m'assoupir, et où une voix intérieure me disait toujours qu'il y avait quelque chose de plus vivant, de plus noble, de plus délicieux pour l'âme que cette vie engourdie des sens et que cette voluptueuse mollesse de sa musique et de ses amours. Plus souvent je rentrais à la campagne, pour passer la mélancolique automne dans la maison solitaire de mon père et de ma mère, dans la paix, dans le silence, dans la sainteté domestique des douces impressions du foyer; le jour, courant les forêts, le soir, lisant ce que je trouvais sur les vieux rayons de ces bibliothèques de famille.

Job, Homère, Virgile, Le Tasse, Milton, Rousseau, et surtout Ossian et *Paul et Virginie;* ces livres amis me parlaient dans la solitude la langue de mon cœur; une langue d'harmonie, d'images et de passion; je vivais tantôt avec l'un, tantôt avec l'autre, ne les changeant que quand je les avais pour ainsi dire épuisés. Tant que je vivrai, je me souviendrai de certaines heures de l'été que je passais couché sur l'herbe dans une clairière des bois, à l'ombre d'un vieux tronc de pommier sauvage, en lisant la *Jérusalem délivrée*, et de tant de soirées d'automne ou d'hiver passées à errer sur les collines, déjà couvertes de brouillards et de givre, avec Ossian ou *Werther* pour compagnon; tantôt soulevé par l'enthousiasme intérieur qui me dévorait, courant sur les bruyères comme porté par un esprit qui empêchait mes pieds de toucher le sol; tantôt assis sur une roche grisâtre, le front dans mes mains, écoutant, avec un sentiment qui n'a pas de nom, le souffle aigu et plaintif des bises d'hiver, ou le roulis des lourds nuages qui se brisaient sur les angles de la montagne; ou la voix aérienne de l'alouette, que le vent emportait toute chantante dans son tourbillon, comme ma pensée, plus forte que moi, emportait mon âme. Ces impressions étaient-elles joie ou tristesse, douleur ou souffrance? Je ne pourrais le dire, elles participaient de tous les sentimens à la fois. C'était de l'amour et de la religion, des pressentimens de la vie future délicieux et tristes comme elle, des extases et des découragemens, des horizons de lumière et des abîmes de ténèbres, de la joie et des larmes, de l'avenir et du désespoir! C'était la nature parlant par ses mille voix au cœur encore vierge de l'homme; mais enfin c'était de la poésie. Cette poésie, j'essayais quelquefois de l'exprimer dans des vers; mais ces vers, je n'avais personne à qui les faire entendre; je me les lisais quelques jours à moi-même, je trouvais, avec étonnement, avec douleur, qu'ils ne ressemblaient pas à tous ceux que je lisais dans les recueils ou dans les volumes du jour. Je me disais : On ne voudra pas les lire; ils paraîtront étranges, bizarres, insensés; et je les brûlais à peine écrits. J'ai anéanti ainsi des volumes de cette première et vague poésie du cœur, et j'ai bien fait; car, à cette époque, ils seraient éclos dans le ridicule, et morts dans le mépris de tout ce qu'on appelait la littérature. Ce que j'ai écrit depuis ne valait pas mieux, mais le temps avait changé; la poésie était revenue en France avec la liberté, avec la pensée, avec la vie morale que nous rendit la restauration. Il semble que le retour des Bourbons et de la liberté en France donna une inspiration nouvelle, une autre âme à la littérature opprimée ou endormie de ce temps; et nous vîmes surgir alors une foule de ces noms célèbres dans la poésie ou dans la philosophie qui peuplent encore nos académies, et qui forment le chaînon brillant de la transition des deux époques. Qui m'aurait dit alors que, quinze ans plus tard, la poésie inonderait l'âme de toute la jeunesse française; qu'une foule de talens, d'un ordre divers et nouveau, auraient surgi de cette terre morte et froide; que la presse, multipliée à l'infini, ne suffirait pas à répandre les idées ferventes d'une armée de jeunes écrivains; que les drames se heurteraient à la porte de tous les théâtres; que l'âme lyrique et religieuse d'une génération de bardes chrétiens inventerait une nouvelle langue pour révéler des enthousiasmes inconnus; que la liberté, la foi, la philosophie, la politique, les doctrines les plus antiques comme les plus neuves, lutteraient, à la face du soleil, de génie, de gloire, de talens et d'ardeur, et qu'une vaste et sublime mêlée des intelligences couvrirait la France et le monde du plus beau comme du plus hardi mouvement intellectuel qu'aucun de nos siècles eût encore vu? Qui m'eût dit cela alors, je ne l'aurais pas cru, et cependant cela est. La poésie n'était donc pas morte dans les âmes comme on le disait dans ces années de scepticisme et d'algèbre, et puisqu'elle n'est pas morte à cette époque, elle ne meurt jamais.

Tant que l'homme ne mourra pas lui-même, la plus belle faculté de l'homme peut-elle mourir? Qu'est-ce, en effet, que la poésie? comme tout ce qui est divin en nous, cela ne peut se définir par un mot ni par mille. C'est l'incarnation de ce que l'homme a de plus intime dans le cœur, et de plus divin dans la pensée, dans ce que la nature visible a de plus magnifique dans les images et de plus mélodieux dans les sons! C'est à la fois sentiment et sensation, esprit et matière, et voilà pourquoi c'est la langue complète, la langue par excellence qui saisit l'homme par son humanité tout entière, idée pour l'esprit, sentiment pour l'âme, image pour l'imagination, et musique pour l'oreille! Voilà pourquoi cette langue, quand elle est bien parlée, foudroie l'homme comme la foudre, et l'anéantit de conviction intérieure et d'évidence irréfléchie, ou l'enchante comme un philtre et le berce immobile et charmé, comme un enfant dans son berceau, aux refrains sympathiques de la voix d'une mère! Voilà pourquoi aussi l'homme ne peut ni produire ni supporter beaucoup de poésie; c'est que le saisissant tout entier par l'âme et par les sens, et exaltant à la fois sa double faculté, la pensée par la pensée, les sens par les sensations, elle l'épuise, elle l'accable bientôt, comme toute jouissance trop complète, d'une voluptueuse fatigue, et lui fait rendre en peu de vers, en peu d'instans, tout ce qu'il y a de vie intérieure et de force de sentiment dans sa double organisation. La prose ne s'adresse qu'à l'idée, le vers parle à l'idée et à la sensation tout à la fois. Cette langue, toute mystérieuse, tout instinctive qu'elle soit, ou plutôt par cela même qu'elle est instinctive et mystérieuse, cette langue ne mourra jamais! Elle n'est point, comme on n'a cessé de le dire malgré les démentis successifs de toutes les époques, elle n'est pas seulement la langue de l'enfance des peuples, le balbutiement de l'intelligence humaine ; elle est la langue de tous les âges de l'humanité, naïve et simple au berceau des nations, conteuse et merveilleuse comme la nourrice au chevet de l'enfant, amoureuse et pastorale chez les peuples jeunes et pasteurs, guerrière et épique chez les hordes guerrières et conquérantes ; mystique, lyrique, prophétique ou sentencieuse dans les théocraties de l'Égypte ou de la Judée ; grave, philosophique et corruptrice dans les civilisations avancées de Rome, de Florence ou de Louis XIV ; échevelée et hurlante aux époques de convulsions et de ruines, comme en 93 ; neuve, mélancolique, incertaine, timide et audacieuse tout à la fois, aux jours de renaissance et de reconstruction sociale comme aujourd'hui! plus tard, à la vieillesse des peuples, triste, sombre, gémissante et découragée comme eux, et respirant à la fois dans ses strophes les pressentimens lugubres, les rêves fantastiques des dernières catastrophes du monde, et les fermes et divines espérances d'une résurrection de l'humanité sous une autre forme : voilà la poésie. C'est l'homme même, c'est l'instinct de toutes ses époques, c'est l'écho intérieur de toutes ses impressions humaines, c'est la voix de l'humanité pensant et sentant, résumée et modulée par certains hommes, plus hommes que le vulgaire, *mens divinior,* et qui plane sur ce bruit tumultueux et confus des générations et dure après elles, et qui rend témoignage à la postérité de leurs gémissemens ou de leurs joies, de leurs faits ou de leurs idées. Cette voix ne s'éteindra jamais dans le monde; car ce n'est pas l'homme qui l'a inventée. C'est Dieu même qui la lui a donnée, et c'est le premier cri qui est remonté à lui de l'humanité! Ce sera aussi le dernier cri que le Créateur entendra s'élever de son œuvre, quand il la brisera. Sortie de lui, elle remontera à lui.

Un jour j'avais planté ma tente dans un champ rocailleux, où croissaient quelques troncs d'oliviers noueux et rabougris, sous les murs de Jérusalem, à quelques centaines de pas de la tour de David, un peu au-dessus de la fontaine de Siloé, qui coule encore sur les dalles usées de sa grotte, non loin du tombeau du poëte-roi qui l'a si souvent chantée. Les hautes et noires terrasses qui portaient jadis le temple de Salomon s'élevaient à ma gauche, couronnées par les trois coupoles bleues et par les colonnettes légères et aériennes de la mosquée d'Omar, qui plane aujourd'hui sur les ruines de la maison de Jehovah; la ville de Jérusalem, que la peste ravageait alors, était tout inondée des rayons d'un soleil éblouissant répercutés sur ses mille dômes, sur ses marbres blancs, sur ses tours de pierre dorée, sur ses murailles polies par les siècles et par les vents salins du lac Asphaltite; aucun bruit ne montait de son enceinte muette et morne comme la couche d'un agonisant; ses larges portes étaient ouvertes, et l'on apercevait de temps en temps le turban blanc et le manteau rouge du soldat arabe, gardien inutile de ces portes abandonnées; rien ne venait, rien ne sortait; le vent du matin soulevait seul la poudre ondoyante des chemins et faisait un moment l'illusion d'une caravane; mais quand la bouffée de vent avait passé, quand elle était venue mourir en sifflant sur les créneaux de la tour des Pisans, ou sur les trois palmiers de la maison de Caïphe, la poussière retombait, le désert apparaissait de nouveau, et le pas d'aucun chameau, d'aucun mulet, ne retentissait sur les pavés de la route. Seulement, de quart d'heure en quart d'heure, les deux battans ferrés de toutes les portes de Jérusalem s'ouvraient, et nous voyions passer les morts que la peste venait d'achever, et que deux esclaves nus portaient sur un brancard aux tombes répandues tout autour de nous. Quelquefois un long cortége de Turcs, d'Arabes, d'Arméniens, de Juifs, accompagnaient le mort et défilaient en chantant entre les troncs d'oliviers, puis rentraient à pas lents et silencieux dans la ville; plus souvent les morts étaient seuls, et quand les deux esclaves avaient creusé de quelques palmes le sable ou la terre de la colline et couché le pestiféré dans son dernier lit, ils s'asseyaient sur le tertre même qu'ils venaient d'élever, se partageaient les vêtemens du mort, et allumant leurs longues pipes, ils fumaient en silence et regardaient la fumée de leurs chibouks monter en légères colonnes bleues et se perdre gracieusement dans l'air limpide, vif et transparent de ces journées d'automne. A mes pieds, la vallée de Josaphat s'étendait comme un vaste sépulcre; le

Cédron tari la sillonnait d'une déchirure blanchâtre, toute semée de gros cailloux, et les flancs des deux collines qui la cernent étaient tout blancs de tombes et de turbans sculptés, monument banal des Osmanlis; un peu sur la droite, la colline des Oliviers s'affaissait et laissait, entre les chaînes éparses des cônes volcaniques des montagnes nues de Jéricho et de Saint-Sabba, l'horizon s'étendre et se prolonger comme une avenue lumineuse entre des cimes de cyprès inégaux; le regard s'y jetait de lui-même, attiré par l'éclat azuré et plombé de la mer Morte, qui luisait au pied des degrés de ces montagnes, et derrière, la chaîne bleue des montagnes de l'Arabie Pétrée bornait l'horizon. Mais borner n'est pas le mot, car ces montagnes semblaient transparentes comme le cristal, et l'on voyait ou l'on croyait voir au-delà un horizon vague et indéfini s'étendre encore et nager dans les vapeurs ambiantes d'un air teint de pourpre et de céruse.

C'était l'heure de midi, l'heure où le Muézin épie le soleil sur la plus haute galerie du minaret, et chante l'heure et la prière à toutes les heures. Voix vivante, animée, qui sait ce qu'elle dit et ce qu'elle chante, bien supérieure, à mon avis, à la voix stupide et sans conscience de la cloche de nos cathédrales. Mes Arabes avaient donné l'orge dans le sac de poil de chèvre à mes chevaux attachés çà et là autour de ma tente; les pieds enchaînés à des anneaux de fer, ces beaux et doux animaux étaient immobiles; leur tête penchée et ombragée par leur longue crinière éparse, leur poil gris luisant et fumant sous les rayons d'un soleil de plomb. Les hommes s'étaient rassemblés à l'ombre du plus large des oliviers; ils avaient étendu sur la terre leur natte de Damas, et ils fumaient en se contant des histoires du désert, ou en chantant des vers d'Antar, Antar, ce type de l'Arabe errant, à la fois pasteur, guerrier et poëte, qui a écrit le désert tout entier dans ses poésies nationales; épique comme Homère, plaintif comme Job, amoureux comme Théocrite, philosophe comme Salomon. Ses vers, qui endorment ou exaltent l'imagination de l'Arabe autant que la fumée du tombach dans le narguilé [1], retentissaient en sons gutturaux dans le groupe animé de mes Saïs, et quand le poëte avait touché plus juste ou plus fort la corde sensible de ces hommes sauvages, mais impressionnables, on entendait un léger murmure de leurs lèvres; ils joignaient leurs mains, les élevaient au-dessus de leurs oreilles, et inclinant la tête, ils s'écriaient tour à tour : *Allah! Allah! Allah!* A quelques pas de moi, une jeune femme turque pleurait son mari sur un de ces petits monumens de pierre blanche dont toutes les collines autour de Jérusalem sont parsemées; elle paraissait à peine avoir dix-huit à vingt ans, et je ne vis jamais une si ravissante image de la douleur. Son profil, que son voile rejeté en arrière me laissait entrevoir, avait la pureté de lignes des plus belles têtes du Parthénon, mais en même temps la mollesse, la sua-

---

[1] Pipe où le tabac passe dans l'eau avant d'arriver à la bouche.

vité et la gracieuse langueur des femmes de l'Asie, beauté bien plus féminine, bien plus amoureuse, bien plus fascinante pour le cœur que la beauté sévère et mâle des statues grecques. Ses cheveux, d'un blond bronzé et doré comme le cuivre des statues antiques, couleurs très-estimées dans ce pays du soleil, dont elle est comme un reflet permanent, ses cheveux, détachés de sa tête, tombaient autour d'elle et balayaient littéralement le sol, sa poitrine était entièrement découverte, selon la coutume des femmes de cette partie de l'Arabie, et quand elle se baissait pour embrasser la pierre du turban ou pour coller son oreille à la tombe, ses deux seins nus touchaient la terre et creusaient leur moule dans la poussière, comme ce moule du beau sein d'Atala ensevelie, que le sable du sépulcre dessinait encore, dans l'admirable épopée de M. de Chateaubriand. Elle avait jonché de toutes sortes de fleurs le tombeau et la terre alentour; un beau tapis de Damas était étendu sous ses genoux; sur le tapis il y avait quelques vases de fleurs et une corbeille pleine de figues et de galettes d'orge, car cette femme devait passer la journée entière à pleurer ainsi. Un trou creusé dans la terre, et qui était censé correspondre à l'oreille du mort, lui servait de porte-voix vers cet autre monde où dormait celui qu'elle venait visiter. Elle se penchait de momens en momens vers cette étroite ouverture; elle y chantait des choses entremêlées de sanglots, elle y collait ensuite l'oreille comme si elle eût entendu la réponse, puis elle se remettait à chanter en pleurant encore ! J'essayais de comprendre les paroles qu'elle murmurait ainsi et qui venaient jusqu'à moi ; mais mon drogman arabe ne put les saisir ou les rendre ! Combien je les regrette ! que de secrets de l'amour et de la douleur ! que de soupirs animés de toute la vie de deux âmes arrachées l'une à l'autre, ces paroles confuses et noyées de larmes devaient contenir ! Oh ! si quelque chose pouvait jamais réveiller un mort, c'étaient de pareilles paroles murmurées par une pareille bouche !

A deux pas de cette femme, sous un morceau de toile noire soutenu par deux roseaux fichés en terre pour servir de parasol, ses deux petits enfans jouaient avec trois esclaves noires d'Abyssinie, accroupies, comme leur maîtresse, sur le sable que recouvrait un tapis. Ces trois femmes, toutes les trois jeunes et belles aussi, aux formes sveltes et au profil aquilin des nègres de l'Abyssinie, étaient groupées dans des attitudes diverses, comme trois statues tirées d'un seul bloc. L'une avait un genou en terre et tenait sur l'autre genou un des enfans, qui tendait ses bras du côté où pleurait sa mère ; l'autre avait ses deux jambes repliées sous elle et ses deux mains jointes, comme la Madeleine de Canova, sur son tablier de toile bleue ; la troisième était debout, un peu penchée sur ses deux compagnes, et, se balançant à droite et à gauche, berçait contre son sein, à peine dessiné, le plus petit des enfans, qu'elle essayait en vain d'endormir. Quand les sanglots de la jeune veuve arrivaient jusqu'aux enfans, ceux-ci se prenaient à pleurer, et les trois esclaves noires, après avoir répondu par un sanglot à celui de leur maîtresse, se mettaient à chanter des airs assoupissans et des paroles enfantines de leur pays, pour apaiser les deux enfans.

C'était un dimanche; à deux cents pas de moi, derrière les murailles épaisses et hautes de Jérusalem, j'entendais sortir par bouffées de la noire coupole du couvent grec les échos éloignés et affaiblis de l'office des vêpres. Les hymnes et les psaumes de David s'élevaient, après trois mille ans, rapportés par des voix étrangères et dans une langue nouvelle, sur ces collines qui les avaient inspirés; et je voyais, sur les terrasses du couvent, quelques figures de vieux moines de Terre-Sainte aller et venir, leur bréviaire à la main, et murmurant ces prières murmurées déjà par tant de siècles dans des langues et dans des rhythmes divers!

Et moi j'étais là aussi, pour chanter toutes ces choses; pour étudier les siècles à leur berceau; pour remonter jusqu'à sa source le cours inconnu d'une civilisation, d'une religion; pour m'inspirer de l'esprit des lieux et du sens caché des histoires et des monumens sur ces bords qui furent le point de départ du monde moderne, et pour nourrir d'une sagesse plus réelle, et d'une philosophie plus vraie, la poésie grave et pensée de l'époque avancée où nous vivons!

Cette scène, jetée par hasard sous mes yeux, et recueillie dans un de mes mille souvenirs de voyages, me présenta les destinées et les phases presque complètes de toute poésie : les trois esclaves noires, berçant les enfans avec les chansons naïves et sans pensée de leur pays, la poésie pastorale et instinctive de l'enfance des nations ; la jeune veuve turque, pleurant son mari en chantant ses sanglots à la terre, la poésie élégiaque et passionnée, la poésie du cœur ; les soldats et les mukres arabes, récitant des fragmens belliqueux, amoureux et merveilleux d'Antar, la poésie épique et guerrière des peuples nomades ou conquérans ; les moines grecs chantant les psaumes sur leurs terrasses solitaires, la poésie sacrée et lyrique des âges d'enthousiasme et de rénovation religieuse ; et moi, méditant sous ma tente, et recueillant des vérités historiques ou des pensées sur toute la terre, la poésie de philosophie et de méditation, fille d'une époque où l'humanité s'étudie et se résume elle-même jusque dans les chants dont elle amuse ses loisirs.

Voilà la poésie tout entière dans le passé ; mais dans l'avenir que sera-t-elle ?

Un autre jour, deux mois plus tard, j'avais traversé les sommets du Sannim, couverts de neiges éternelles, et j'étais redescendu du Liban, couronné de son diadème de cèdres, dans le désert nu et stérile d'Héliopolis. A la fin d'une journée de route pénible et longue, à l'horizon encore éloigné devant nous sur les derniers degrés des montagnes noires de l'Anti-Liban, un groupe immense de ruines jaunes, dorées par le soleil couchant, se détachaient de l'ombre des montagnes et répercutaient les rayons du soir. Nos guides nous les montraient du doigt, et criaient : Balbek! Balbek! C'était en effet la merveille du désert, la fabuleuse Balbek, qui sortait tout éclatante de son sépulcre inconnu pour nous raconter des âges dont l'histoire a perdu la mémoire. Nous avancions lentement au pas de nos chevaux fatigués, les yeux attachés sur les murs gigantesques, sur les colonnes éblouissantes et colossales qui semblaient s'étendre, grandir, s'allonger à mesure que nous en approchions; un profond silence régnait dans toute notre caravane; chacun aurait craint de perdre une impression de cette scène, en communiquant celle qu'il venait d'avoir; les Arabes même se taisaient et semblaient recevoir aussi une forte et grave pensée de ce spectacle qui nivelle toutes les pensées. Enfin, nous touchâmes aux premiers blocs de marbre, aux premiers tronçons de colonnes, que les tremblemens de terre ont secoués jusqu'à plus d'un mille des monumens même, comme les feuilles sèches jetées et roulées loin de l'arbre après l'ouragan. Les profondes et larges carrières qui déchirent, comme des gorges de vallées, les flancs noirs de l'Anti-Liban, ouvraient déjà leurs abîmes sous les pas de nos chevaux; ces vastes bassins de pierre, dont les parois gardent encore les traces profondes du ciseau qui les a creusés pour en tirer d'autres collines de pierre, montraient encore quelques blocs gigantesques à demi détachés de leur base, et d'autres entièrement taillés sur leurs quatre faces, et qui semblent n'attendre que les chars ou les bras des générations de géans pour les mouvoir. Un seul de ces *moellons* de Balbek avait soixante-deux pieds de long sur vingt-quatre pieds de largeur, et seize pieds d'épaisseur. Un de nos Arabes, descendant de cheval, se laissa glisser dans la carrière, et grimpant sur cette pierre en s'accrochant aux entaillures du ciseau et aux mousses qui y ont pris racine, il monta sur ce piédestal, et courut çà et là sur cette plate-forme, en poussant des cris sauvages ; mais le piédestal écrasait par sa masse l'homme de nos jours ; l'homme disparaissait devant son œuvre. Il faudrait la force réunie de soixante mille hommes de notre temps pour soulever seulement cette pierre ; et les plates-formes des temples de Balbek en montrent de plus colossales encore, élevées à vingt-cinq ou trente pieds du sol, pour porter des colonnades proportionnées à ces bases !

Nous suivîmes notre route entre le désert à gauche et les ondulations de l'Anti-Liban à droite, en longeant quelques petits champs cultivés par les Arabes pasteurs, et le lit d'un large torrent qui serpente entre les ruines, et aux bords duquel s'élèvent quelques beaux noyers. L'acropolis, ou la colline artificielle qui porte tous les grands monumens d'Héliopolis, nous apparaissait çà et là entre les rameaux et au-dessus de la tête des grands arbres ; enfin nous la découvrîmes tout entière, et toute la caravane s'arrêta comme par un instinct électrique. Aucune plume, aucun pinceau ne pourrait décrire l'impression que ce seul regard donne à l'œil et à l'âme ; sous nos pas, dans le lit du torrent, au milieu des champs, autour de tous les troncs d'arbres, des blocs immenses de granit rouge ou gris, de porphyre sanguin, de marbre blanc, de pierre jaune aussi éclatante que le marbre de Paros, tronçons de colonnes, chapiteaux ciselés, architraves, volutes, corniches, entablemens, piédestaux, membres épars et qui semblent palpitans, des statues tombées la face contre terre, tout cela confus, groupé en monceaux, disséminé en mille fragmens, et ruisselant de toutes parts comme les laves d'un volcan qui vomirait les débris d'un grand empire ! A peine un sentier pour se glisser à travers ces balayures des arts qui couvrent toute la terre ; et le fer de nos chevaux glissait et se brisait à chaque pas sur l'acanthe polie des corniches, ou sur le sein de neige d'un torse de femme : l'eau seule de la rivière de Balbek se faisant jour parmi ces lits de fragmens, et lavant de son écume murmurante les brisures de ces marbres qui font obstacle à son cours.

Au-delà de ces écumes de débris qui forment de véritables dunes de marbre, la colline de Balbek, plate-forme de mille pas de long, de sept cents pieds de large, toute bâtie de main d'homme, en pierres de taille, dont quelques-unes ont cinquante à soixante pieds de longueur sur vingt à vingt-deux d'élévation, mais la plupart de quinze à trente ; cette colline de granit taillé se présentait à nous, par son extrémité orientale, avec ses bases profondes et ses revêtemens incommensurables, où trois morceaux de granit forment cent quatre-vingts pieds de développement, et près de quatre mille pieds de surface, avec les larges embouchures de ses voûtes souterraines, où l'eau de la rivière s'engouffrait en bondissant, où le vent jetait avec l'eau des murmures semblables aux volées lointaines des grandes cloches de nos cathédrales. Sur cette immense plate-forme, l'extrémité des grands temples se montrait à nous, détachée de l'horizon bleu et rosé, en couleur d'or. Quelques-uns de ces monumens déserts semblaient intacts et sortis d'hier des mains de l'ouvrier; d'autres ne présentaient plus que des restes encore debout, des colonnes isolées, des pans de murailles inclinés, et des frontons démantelés; l'œil se perdait dans les avenues étincelantes des colonnades de ces divers temples, et l'horizon trop élevé nous empêchait de voir où finissait ce peuple de pierre. Les sept colonnes gigantesques du grand temple, portant encore majestueusement leur riche et colossal entablement, dominaient toute cette scène et se perdaient dans le ciel bleu du désert, comme un autel aérien pour les sacrifices des géans.

Nous ne nous arrêtâmes que quelques minutes pour reconnaître seulement ce que nous venions visiter à travers tant de périls et tant de distances; et, sûrs enfin de posséder pour le lendemain ce spectacle que les rêves même ne pourraient nous rendre, nous nous remîmes en marche. Le jour baissait, il fallait trouver un asile, ou sous la tente, ou sous quelque voûte de ces ruines, pour passer la nuit et nous reposer d'une marche de quatorze heures. Nous laissâmes à gauche la montagne de ruines, et une vaste plage toute blanche de débris, et, traversant quelques champs de gazon brouté par les chèvres et les chameaux, nous nous dirigeâmes vers une fumée qui s'élevait à quelques cents pas de nous d'un groupe de ruines entremêlées de masures arabes. Le sol était inégal et montueux, et retentissait sous les fers de nos chevaux, comme si les souterrains que nous foulions allaient s'entr'ouvrir sous leurs pas. Nous arrivâmes à la porte d'une cabane basse, et à demi cachée par des pans de marbre dégradés, et dont la porte et les étroites fenêtres, sans vitres et sans volets, étaient construites de débris de marbre et de porphyre, mal collés ensemble avec un peu de ciment. Une petite ogive de pierre s'élevait d'un ou deux pieds au-dessus de la plate-forme, qui servait de toit à cette masure, et une petite cloche, semblable à celle que l'on peint sur la grotte des ermites, y tremblait aux bouffées du vent. C'était le palais épiscopal de l'évêque arabe de Balbek, qui surveille dans ce désert un petit troupeau de douze ou quinze familles chrétiennes de la communion grecque, perdues au milieu de ces déserts et de la tribu féroce des Arabes indépendans des Békàa. Jusque-là nous n'avions vu aucun être vivant que les chacals, qui couraient entre les colonnes du grand temple, et les petites hirondelles au collier de soie rose, qui bordaient, comme un ornement d'architecture orientale, les corniches de la plate-forme. L'évêque, averti par le bruit de notre caravane, arriva bientôt, et, s'inclinant sur sa porte, m'offrit l'hospitalité. C'était un beau vieillard, aux cheveux et à la barbe d'argent, à la physionomie grave et douce, à la parole noble, suave et cadencée, tout à fait semblable à l'idée du prêtre dans le poëme ou dans le roman, et digne en tout de montrer sa figure de paix, de résignation et de charité dans cette scène solennelle de ruines et de méditation. Il nous fit entrer dans une petite cour intérieure, pavée aussi d'éclats de statues, de morceaux de mosaïque et de vases antiques, et, nous livrant sa maison, c'est-à-dire deux petites chambres basses sans meubles et sans portes, il se retira et nous laissa, suivant la coutume orientale, maîtres absolus de sa demeure. Pendant que nos Arabes plantaient en terre, autour de la maison, les chevilles de fer, pour y attacher par des anneaux les jambes de nos chevaux, et que d'autres allumaient un feu dans la cour pour nous préparer le pilau et cuire les galettes d'orge, nous sortîmes pour jeter un second regard sur les monumens qui nous environnaient. Les grands temples étaient devant nous comme des statues sur leur piédestal ; le soleil les frappait d'un dernier rayon, qui se retirait lentement d'une colonne à l'autre, comme les lueurs d'une lampe que le prêtre emporte au fond du sanctuaire ; les mille ombres des portiques, des piliers, des colonnades, des autels, se répandaient mouvantes sous la vaste forêt de pierre, et remplaçaient peu à peu sur l'acropolis les éclatantes lueurs du marbre et du travertin. Plus loin, dans la plaine, c'était un océan de ruines qui ne se perdait qu'à l'horizon; on eût dit des vagues de pierre, brisées contre un écueil, et couvrant une immense plage de leur blancheur et de leur écume. Rien ne s'élevait au-dessus de cette mer de débris, et la nuit, qui tombait des hauteurs déjà grises d'une chaîne de montagnes, les ensevelissait successivement dans son ombre. Nous restâmes quelques momens assis, silencieux et pensifs, devant ce spectacle sans paroles, et nous rentrâmes à pas lents dans la petite cour de l'évêque, éclairée par le foyer des Arabes.

Assis sur quelques fragmens de corniches et de chapiteaux qui servaient de bancs dans la cour, nous mangeâmes rapidement le sobre repas du voyageur dans le désert, et nous restâmes quelque temps à nous entretenir, avant le sommeil, de ce qui remplissait nos pensées. Le foyer s'éteignait, mais la lune se levait pleine et éclatante dans le ciel limpide, et, passant à travers les crénelures d'un grand mur de pierres blanches et les dentelures d'une fenêtre en arabesque, qui bornaient la cour du côté du désert, elle éclairait l'enceinte d'une clarté qui rejaillissait sur toutes les pierres. Le silence et la rêverie nous gagnèrent; ce que nous pensions à cette heure, à cette place, si loin du monde vivant, dans ce monde mort, en présence de tant de témoins muets d'un passé inconnu, mais qui bouleverse toutes nos petites théories d'histoire et de philosophie de l'humanité; ce qui se remuait dans nos esprits ou dans nos cœurs, de nos systèmes, de nos idées, hélas ! et peut-être aussi de nos souvenirs et de nos sentimens individuels, Dieu seul le sait, et nos langues n'essayaient pas de le dire; elles auraient craint de profaner la solennité de cette heure, de cet astre, de ces pensées même; nous nous taisions. Tout à coup, comme une plainte douce et amoureuse, comme un murmure grave et accentué par la passion, sortit des ruines derrière ce grand mur percé d'ogives arabesques, et dont le toit nous avait paru écroulé sur lui-même: ce murmure vague et confus s'enfla, se prolongea, s'éleva plus fort et plus haut, et nous distinguâmes un chant nourri de plusieurs voix en chœur, un chant monotone, mélancolique et tendre, qui montait, qui baissait, qui mourait, qui renaissait alternativement et qui se répondait à lui-même : c'était la prière du soir que l'évêque arabe faisait avec son petit troupeau, dans l'enceinte éboulée de ce qui avait été son église, monceau de ruines entassées récemment par une tribu d'Arabes idolâtres. Rien ne nous avait préparés à cette musique de l'âme, dont chaque note est un sentiment ou un soupir du cœur humain, dans cette solitude, au fond des déserts, sortant ainsi des pierres muettes accumulées par les tremblemens de terre, par les Barbares et par le temps. Nous fûmes frappés de saisissement, et nous accompagnâmes des élans de notre pensée, de notre prière et de toute notre poésie intérieure, les accens de cette poésie sainte, jusqu'à ce que les litanies chantées eussent accompli leur refrain monotone, et que le dernier soupir de ces voix pieuses se fût assoupi dans le silence accoutumé de ces vieux débris.

Voilà, nous disions-nous en nous levant, ce que sera sans doute la poésie des derniers âges : soupir et prière sur des tombeaux, aspiration plaintive vers un monde qui ne connaîtra ni mort ni ruines.

Mais j'en vis une bien plus frappante image quelques mois après dans un voyage au Liban ; je demande encore la permission de la peindre.

Je redescendais des dernières sommités de ces Alpes; j'étais l'hôte du scheik d'Éden, village arabe maronite, suspendu sous la dent la plus aiguë de ces montagnes, aux limites de la végétation, et qui n'est habitable que l'été. Ce noble et respectable vieillard était venu me chercher avec ses fils et quelques-uns de ses serviteurs, jusqu'aux environs de Tripoli de Syrie, et m'avait reçu dans son château d'Éden avec la dignité, la grâce de cœur et l'élégance de manières que l'on pourrait imaginer dans un des vieux seigneurs de la cour de Louis XIV. Les arbres entiers brûlaient dans le large foyer ; les moutons, les chevreaux, les cerfs étaient étalés par piles dans les vastes salles, et les outres séculaires des vins d'or du Liban, apportées de la cave par ses serviteurs, coulaient pour nous et pour notre escorte. Après avoir passé quelques jours à étudier ces belles mœurs homériques, poétiques comme les lieux même où nous les retrouvions, le scheik me donna son fils aîné et un certain nombre de cavaliers arabes pour me conduire aux cèdres de Salomon ; arbres fameux qui consacrent encore la plus haute cime du Liban, et que l'on vient vénérer depuis des siècles comme les derniers témoins de la gloire de Salomon. Je ne les décrirai point ici ; mais au retour de cette journée mémorable pour un voyageur, nous nous égarâmes dans les sinuosités de rochers et dans les nombreuses et hautes vallées dont ce groupe du Liban est déchiré de toutes parts, et nous nous trouvâmes tout à coup sur le bord à pic d'une immense muraille de rochers de quelques mille pieds de profondeur, qui cernent la Vallée des Saints. Les parois de ce rempart de granit étaient tellement perpendiculaires, que les chevreuils même de la montagne n'auraient pu y trouver un sentier, et que nos Arabes étaient obligés de se coucher le ventre contre terre et de se pencher sur l'abîme pour découvrir le fond de la vallée. Le soleil baissait, nous avions marché bien des heures, il nous en aurait fallu plusieurs encore pour retrouver notre sentier perdu et regagner Éden ; nous descendîmes de cheval, et nous confiant à un de nos guides, qui connaissait non loin de là un escalier de roc vif, taillé jadis par les moines maronites, habitans immémoriaux de cette vallée, nous suivîmes quelque temps les bords de la corniche, et nous descendîmes enfin par ces marches glissantes, sur une plate-forme détachée du roc et qui dominait tout cet horizon.

La vallée s'abaissait d'abord par des pentes larges et douces du pied des neiges et des cèdres qui formaient une tache noire sur ces neiges ; là elle se déroulait sur des pelouses d'un vert jaune et tendre comme celui des hautes croupes du Jura ou des Alpes, et une multitude de filets d'eau écumante sortis çà et là du pied des neiges fondantes sillonnaient ces pentes gazonnées et venaient se réunir en une seule masse de flots et d'écume au pied du premier gradin de rochers. Là, la vallée s'enfonçait tout à coup à quatre ou cinq cents pieds de profondeur, et le torrent se précipitait avec elle, et s'étendant sur une large surface, tantôt couvrait le rocher comme d'un voile liquide et transparent, tantôt s'en détachait en voûtes élancées, et tombant enfin sur des blocs immenses et aigus de granit arrachés du sommet, s'y brisait en lambeaux flottans et retentissait comme un tonnerre éternel. Le vent de sa chute arrivait jusqu'à nous en emportant comme de légers brouillards la fumée de l'eau à mille couleurs, la promenait çà et là sur toute la vallée, ou la suspendait en rosée aux branches des arbustes et aux aspérités du roc. En se prolongeant vers le nord, la Vallée des Saints se creusait de plus en plus et s'élargissait davantage ; puis à environ deux milles du point où nous étions placés, deux montagnes nues et couvertes d'ombres se rapprochaient en s'inclinant l'une vers l'autre, laissant à peine une ouverture de quelques toises entre leurs deux extrémités, où la vallée allait se terminer et se perdre avec ses pelouses, ses vignes hautes, ses peupliers, ses cyprès et son torrent de lait. Au-dessus des deux monticules qui l'étranglaient ainsi, on apercevait à l'horizon comme un lac d'un bleu plus sombre que le ciel ; c'était un morceau de la mer de Syrie, encadré par un golfe fantastique d'autres montagnes du Liban. Ce golfe était à vingt lieues de nous, mais la transparence de l'air nous le montrait à nos pieds, et nous distinguions même deux navires à la voile qui, suspendus entre le bleu du ciel et celui de la mer, et diminués par la distance, ressemblaient à deux cygnes planant dans notre horizon. Ce spectacle nous saisit tellement d'abord, que nous n'arrêtâmes nos regards sur aucun détail de la vallée ; mais quand le premier éblouissement fut passé et que notre œil put percer à travers la vapeur flottante du soir et des eaux, une scène d'une autre nature se déroula peu à peu devant nous.

A chaque détour du torrent où l'écume laissait un peu de place à la terre, un couvent de moines maronites se dessinait en pierres d'un brun sanguin sur le gris du rocher, et sa fumée s'élevait dans les airs entre des cimes de peupliers et de cyprès. Autour des couvens, de petits champs, conquis sur le roc ou le torrent, semblaient cultivés comme les parterres les plus soignés de nos maisons de campagne, et çà et là on apercevait ces maronites, vêtus de leur capuchon noir, qui rentraient du travail des champs, les uns avec la bêche sur l'épaule, les autres conduisant de petits troupeaux de poulains arabes, quelques-uns tenant le manche de la charrue et piquant leurs bœufs entre les mûriers. Plusieurs de ces demeures de prières et de travail étaient suspendues avec leurs chapelles et leurs ermitages sur les caps avancés des deux immenses chaînes de montagnes; un certain nombre étaient creusées comme des grottes de bêtes fauves dans le rocher même. On n'apercevait que la porte surmontée d'une ogive vide où pendait la cloche, et quelques petites terrasses taillées sous la voûte même du roc où les moines vieux et infirmes venaient respirer l'air et voir un peu de soleil, partout où le pied de l'homme pouvait atteindre. Sur certains rebords des précipices l'œil ne pouvait apercevoir aucun accès; mais, là même, un couvent, une croix, une solitude, un oratoire, un ermitage et quelques figures de solitaires circulant parmi les roches ou les arbustes, travaillant, lisant ou priant. Un de ces couvens était une imprimerie arabe pour l'instruction du peuple maronite, et l'on voyait sur la terrasse une foule de moines allant et venant et étendant sur des claies ou roseaux les feuilles blanches du papier humide. Rien ne peut peindre, si ce n'est le pinceau, la multitude et le pittoresque de ces retraites. Chaque pierre semblait avoir enfanté sa cellule, chaque grotte son ermite; chaque source avait son mouvement et sa vie, chaque arbre son solitaire sous son ombre. Partout où l'œil tombait, il voyait la vallée, la montagne, les précipices s'animer pour ainsi dire sous son regard, et une scène de vie, de prière, de contemplation, se détacher de ses masses éternelles, ou s'y mêler pour les consacrer. Mais bientôt le soleil tomba, les travaux du jour cessèrent, et toutes les figures noires répandues dans la vallée rentrèrent dans les grottes ou dans les monastères. Les cloches sonnèrent de toutes parts l'heure du recueillement et des offices du soir; les unes avec la voix forte et vibrante des grands vents sur la mer, les autres avec les voix légères et argentines des oiseaux dans les champs de blé, celles-ci plaintives et lointaines comme des soupirs dans la nuit et dans le désert; toutes ces cloches se répondaient des deux bords opposés de la vallée, et les mille échos des grottes et des précipices se les renvoyaient en murmures confus et répercutés, mêlés avec le mugissement du torrent, des cèdres, et les mille chutes sonores des sources et des cascades dont les deux flancs des monts sont sillonnés. Puis il se fit un moment de silence, et un nouveau bruit plus doux, plus mélancolique et plus grave remplit la vallée; c'était le chant des psaumes qui s'élevant à la fois de chaque monastère, de chaque église, de chaque oratoire, de chaque cellule des rochers, se mêlait, se confondait en montant jusqu'à nous comme un vaste murmure, et ressemblait à une seule plainte mélodieuse de la vallée tout entière qui venait de prendre une âme et une voix; puis un nuage d'encens monta de chaque toit, sortit de chaque grotte, et parfuma cet air que les anges auraient pu respirer. Nous restâmes muets et enchantés comme ces esprits célestes quand, planant pour la première fois sur le globe qu'ils croyaient désert, ils entendirent monter de ces mêmes bords la première prière des hommes;

nous comprîmes ce que c'était que la voix de l'homme pour vivifier la nature la plus morte, et ce que ce serait que la poésie à la fin des temps, quand tous les sentimens du cœur humain, éteints et absorbés dans un seul, la poésie ne serait plus ici-bas qu'une adoration et une hymne!

Mais nous ne sommes pas à ces temps : le monde est jeune, car la pensée mesure encore une distance incommensurable entre l'état actuel de l'humanité et le but qu'elle peut atteindre ; la poésie aura d'ici là de nouvelles, de hautes destinées à remplir.

Elle ne sera plus lyrique dans le sens où nous prenons ce mot ; elle n'a plus assez de jeunesse, de fraîcheur, de spontanéité d'impression, pour chanter comme au premier réveil de la pensée humaine. Elle ne sera plus épique ; l'homme a trop vécu, trop réfléchi pour se laisser amuser, intéresser par les longs écrits de l'épopée, et l'expérience a détruit sa foi aux merveilles dont le poëme épique enchantait sa crédulité. Elle ne sera plus dramatique, parce que la scène de la vie réelle a, dans nos temps de liberté et d'action politique, un intérêt plus pressant, plus réel et plus intime que la scène du théâtre ; parce que les classes élevées de la société ne vont plus au théâtre pour être émues, mais pour juger ; parce que la société est devenue critique de naïve qu'elle était. Il n'y a plus de bonne foi dans ses plaisirs. Le drame va tomber au peuple ; il était né du peuple et pour le peuple, il y retourne ; il n'y a plus que la classe populaire qui porte son cœur au théâtre. Or le drame populaire, destiné aux classes illettrées, n'aura pas de longtemps une expression assez noble, assez élégante, assez élevée pour attirer la classe lettrée ; la classe lettrée abandonnera donc le drame ; et quand le drame populaire aura élevé son parterre jusqu'à la hauteur de la langue d'élite, cet auditoire le quittera encore et il lui faudra sans cesse redescendre pour être senti. Des hommes de génie tentent, en ce moment même, de faire violence à cette destinée du drame. Je fais des vœux pour leur triomphe. Et dans tous les cas il restera de glorieux monumens de leur lutte. C'est une question d'aristocratie et de démocratie ; le drame est l'image la plus fidèle de la civilisation.

La poésie sera de la raison chantée, voilà sa destinée pour longtemps ; elle sera philosophique, religieuse, politique, sociale, comme les époques que le genre humain va traverser ; elle sera intime surtout, personnelle, méditative et grave ; non plus un jeu de l'esprit, un caprice mélodieux de la pensée légère et superficielle ; mais l'écho profond, réel, sincère des plus hautes conceptions de l'intelligence, des plus mystérieuses impressions de l'âme. Ce sera l'homme lui-même et non plus son image, l'homme sincère et tout entier. Les signes avant-coureurs de cette transformation de la poésie sont visibles depuis plus d'un siècle ; ils se multiplient de nos jours. La poésie s'est dépouillée de plus en plus de sa forme artificielle, elle n'a presque plus de forme qu'elle-même. A mesure que tout s'est spiritualisé dans le monde, elle aussi se spiritualise. Elle ne veut plus de mannequin, elle n'invente plus de machine ; car la première chose que fait maintenant l'esprit du lecteur, c'est de dépouiller le mannequin, c'est de démonter la machine et de chercher la poésie seule dans l'œuvre poétique, et de chercher aussi l'âme du poëte sous sa poésie. Mais sera-t-elle morte pour être plus vraie, plus sincère, plus réelle qu'elle ne le fut jamais? Non sans doute; elle aura plus de vie, plus d'intensité, plus d'action qu'elle n'en eut encore! et j'en appelle à ce siècle naissant qui déborde de tout ce qui est la poésie même, amour, religion, liberté, et je me demande s'il y eut jamais dans les époques littéraires un moment aussi remarquable en talens éclos, et en promesses qui écloront à leur tour? Je le sais mieux que personne, car j'ai été souvent le confident inconnu de ces mille voix mystérieuses qui chantent dans le monde ou dans la solitude, et qui n'ont pas encore d'écho dans leur renommée. Non, il n'y eut jamais autant de poëtes et plus de poésie qu'il y en a en France et en Europe, au moment où j'écris ces lignes, au moment où quelques esprits superficiels ou préoccupés s'écrient que la poésie a accompli ses destinées et prophétisent la décadence de l'humanité. Je ne vois aucun signe de décadence dans l'intelligence humaine, aucun symptôme de lassitude ni de vieillesse, je vois des institutions vieillies qui s'écroulent, mais des générations rajeunies que le souffle de vie tourmente et pousse en tous sens, et qui reconstruiront sur des plans inconnus cette œuvre infinie que Dieu a donné à faire et à refaire sans cesse à l'homme, sa propre destinée. Dans cette œuvre, la poésie a sa place, quoique Platon voulût l'en bannir. C'est elle qui plane sur la société et qui la juge, et qui, montrant à l'homme la vulgarité de son œuvre, l'appelle sans cesse en avant, en lui montrant du doigt des utopies, des républiques imaginaires, des cités de Dieu, et lui souffle au cœur le courage de les atteindre.

A côté de cette destinée philosophique, rationnelle, politique, sociale de la poésie à venir, elle a une destinée nouvelle à accomplir; elle doit suivre la pente des institutions et de la presse; elle doit se faire peuple et devenir populaire comme la religion, la raison et la philosophie. La presse commence à pressentir cette œuvre, œuvre immense et puissante qui, en portant sans cesse à tous la pensée de tous, abaissera les montagnes, élèvera les vallées, nivellera les inégalités des intelligences, et ne laissera bientôt plus d'autre puissance sur la terre que celle de la raison universelle qui aura multiplié sa force par la force de tous. Sublime et incalculable association de toutes les pensées, dont les résultats ne peuvent être appréciés que par celui qui a permis à l'homme de la concevoir et de la réaliser ! La poésie de nos jours a déjà tenté cette forme, et des talens d'un ordre élevé se sont abaissés pour tendre la main au peuple; la poésie s'est faite chanson, pour courir sur l'aile du refrain dans les camps ou dans les chaumières; elle y a porté quelques nobles souvenirs, quelques généreuses inspirations, quelques sentimens de morale sociale ; mais cependant il faut le déplorer, elle n'a guère popularisé que des passions, des haines ou des envies. C'est à populariser des vérités, de l'amour, de la raison, des sentimens exaltés de religion et d'enthousiasme, que ces génies populaires doivent consacrer leur puissance à l'avenir. Cette poésie est à créer ; l'époque la demande, le peuple en a soif, il est plus poëte par l'âme que nous, car il est plus près de la nature ; mais il a besoin d'un interprète entre cette nature et lui ; c'est à nous de lui en servir, et de lui expliquer par ses sentimens rendus dans sa langue, ce que Dieu a mis de bonté, de noblesse, de générosité, de patriotisme et de piété enthousiaste dans son cœur. Toutes les époques primitives de l'humanité ont eu leur poésie ou leur spiritualisme chanté ; la civilisation avancée serait-elle la seule époque qui fît taire cette voix intime et consolante de l'humanité ? Non, sans doute, rien ne meurt dans l'ordre éternel des choses, tout se transforme : la poésie est l'ange gardien de l'humanité à tous ses âges.

Il y a un morceau de poésie nationale dans la Calabre, que j'ai entendu chanter souvent aux femmes d'Amalfi en revenant de la fontaine. Je l'ai traduit autrefois en vers, et ces vers me semblent s'appliquer si bien au sujet que je traite, que je ne puis me refuser à les insérer ici. C'est une femme qui parle :

Quand assise à douze ans à l'angle du verger,
Sous les citrons en fleurs ou les amandiers roses,
Le souffle du printemps sortait de toutes choses,
Et faisait sur mon cou mes boucles voltiger,
Une voix me parlait si douce au fond de l'âme,
Qu'un frisson de plaisir en courait sur ma peau ;
Ce n'était pas le vent, la cloche, le pipeau,
Ce n'était nulle voix d'enfant, d'homme ou de femme ;

C'était vous ! c'était vous, ô mon Ange gardien,
C'était vous dont le cœur déjà parlait au mien !

Quand plus tard mon fiancé venait de me quitter,
Après des soirs d'amour au pied du sycomore,
Quand son dernier baiser retentissait encore
Au cœur qui sous sa main venait de palpiter,
La même voix tintait longtemps dans mes oreilles,
Et sortant de mon cœur m'entretenait tout bas ;
Ce n'était pas sa voix ni le bruit de ses pas,
Ni l'écho des amans qui chantaient sous les treilles ;

C'était vous ! c'était vous, ô mon Ange gardien,
C'était vous dont le cœur parlait encore au mien !

Quand jeune et déjà mère autour de mon foyer
J'assemblais tous les biens que le Ciel nous prodigue,
Qu'à ma porte un figuier laissait tomber sa figue
Aux mains de mes garçons qui le faisaient ployer,
Une voix s'élevait de mon sein tendre et vague ;
Ce n'était pas le chant du coq ou de l'oiseau,
Ni des souffles d'enfans dormant dans leur berceau,
Ni la voix des pêcheurs qui chantaient sur la vague ;

C'était vous ! c'était vous, ô mon Ange gardien,
C'était vous dont le cœur chantait avec le mien !

Maintenant je suis seule et vieille à cheveux blancs,
Et le long des buissons abrités de la bise,
Chauffant ma main ridée au foyer que j'attise,
Je garde les chevreaux et les petits enfans ;
Cependant dans mon sein la voix intérieure
M'entretient, me console et me chante toujours ;
Ce n'est plus cette voix du matin de mes jours,
Ni l'amoureuse voix de celui que je pleure ;

Mais c'est vous, oui, c'est vous, ô mon Ange gardien,
Vous dont le cœur me reste et pleure avec le mien.

Ce que ces femmes de Calabre disaient ainsi de leur ange gardien, l'humanité peut le dire de la poésie. C'est aussi cette voix intérieure qui lui parle à tous les âges, qui aime, chante, prie ou pleure avec elle à toutes les phases de son pèlerinage séculaire ici-bas.

Maintenant, puisque ceci est une préface, il faudrait parler du livre et de moi ; eh bien ! je le ferai avec une sincérité entière. Le livre n'est point un livre, ce sont des feuilles détachées et tombées presque au hasard sur la route inégale de ma vie et recueillies par la bienveillance des âmes tendres, pensives et religieuses. C'est le symbole vague et confus de mes sentimens et de mes idées à mesure que les vicissitudes de l'existence et le spectacle de la nature et de la société les faisaient surgir dans mon cœur ou les jetaient dans ma pensée ; ces sentimens et ces idées ont varié avec ma vie même, tantôt sereines et heureuses comme le matin du cœur, tantôt ardentes et profondes comme les passions de trente ans, tantôt désespérées comme la mort et sceptiques comme le silence du sépulcre, quelquefois rêveuses comme l'espérance, pieuses comme la foi, enflammées comme cet amour divin qui est l'âme cachée de toute la nature. Mais quelle qu'ait été, quelle que puisse être encore la diversité de ces impressions jetées par la nature dans mon âme, et par mon âme dans mes vers, le fond en fut toujours un profond instinct de la Divinité dans toutes choses; une vive évidence, une intuition plus ou moins éclatante de l'existence et de l'action de Dieu dans la création matérielle et dans l'humanité pensante; une conviction ferme et inébranlable que Dieu était le dernier mot de tous, et que les philosophies, les religions, les poésies n'étaient que des manifestations plus ou moins complètes de nos rapports avec l'Être infini; des échelons plus ou moins sublimes pour nous rapprocher successivement de *celui qui est!* Les religions sont la poésie de l'âme.

Ces poésies auxquelles la soif ardente de cette époque a prêté souvent un prix, une saveur qu'elles n'avaient pas en elles-mêmes, sont bien loin de répondre à mes désirs et d'exprimer ce que j'ai senti; elles sont très-imparfaites, très-négligées, très-incomplètes, et je ne pense pas qu'elles vivent bien longtemps dans la mémoire de ceux dont la poésie est la langue; je ne me repens cependant pas de les avoir publiées; elles ont été une note au moins de ce grand et magnifique concert d'intelligence que la terre exhale de siècle en siècle vers son auteur, que le souffle du temps laisse flotter harmonieusement quelques jours sur l'humanité, et qu'il emporte ensuite où vont plus ou moins vite toutes les choses mortelles. Elles auront été le soupir modulé de mon âme en traversant cette vallée d'exil et de larmes, ma prière chantée au grand Être; et aussi quelquefois l'hymne de mon enthousiasme, de mon amitié ou de mon amour pour ce que j'ai vu, connu, admiré ou aimé de bon et de beau parmi les hommes. Un souvenir à toutes les vies dont j'ai vécu et que j'ai perdues!

La pensée politique et sociale qui travaille le monde intellectuel et qui m'a toujours fortement travaillé moi-même, m'arrache pour deux ou trois ans tout au plus aux pensées poétiques et philosophiques, que j'estime à bien plus haut prix que la politique. La poésie, c'est l'idée; la politique, c'est le fait; autant l'idée est au-dessus du fait, autant la poésie est au-dessus de la politique. Mais l'homme ne vit pas seulement d'idéal; il faut que cet idéal s'incarne et se résume pour lui dans les institutions sociales; il y a des époques où ces institutions, qui représentent la pensée de l'humanité, sont organisées et vivantes; la société alors marche toute seule, et la pensée peut s'en séparer et de son côté vivre seule dans des régions de son choix; il y en a d'autres où les institutions usées par les siècles tombent en ruines de toutes parts et où chacun doit apporter sa pierre et son ciment pour reconstruire un abri à l'humanité. Ma conviction est que nous sommes à une de ces grandes époques de reconstruction, de rénovation sociale ; il ne s'agit pas seulement de savoir si le pouvoir passera de telles mains royales dans telles mains populaires ; si ce sera la noblesse, le sacerdoce ou la bourgeoisie qui prendront les rênes des gouvernemens nouveaux, si nous nous appellerons empires ou républiques : il s'agit de plus ; il s'agit de décider si l'idée de morale, de religion, de charité évangélique sera substituée à l'idée d'égoïsme dans la politique ; si Dieu dans son acception la plus pratique descendra enfin dans nos lois ; si tous les hommes consentiront à voir enfin dans tous les autres hommes des frères, ou continueront à y voir des ennemis ou des esclaves. L'idée est mûre, les temps sont décisifs ; un petit nombre d'intelligences appartenant au hasard à toutes les diverses dénominations d'opinions politiques, portent l'idée féconde dans leurs têtes et dans leurs cœurs ; je suis du nombre de ceux qui veulent sans violence, mais avec hardiesse et avec foi, tenter enfin de réaliser cet idéal qui n'a pas en vain travaillé toutes les têtes au-dessus du niveau de l'humanité, depuis la tête incommensurable du Christ jusqu'à celle de Fénelon ; les ignorances, les timidités des gouvernemens, nous servent et nous font place ; elles dégoûtent successivement dans tous les partis les hommes qui ont de la portée dans le regard et de la générosité dans le cœur : ces hommes désenchantés tour à tour de ces symboles menteurs qui ne les représentent plus, vont se grouper autour de l'idée seule, et la force des hommes viendra à eux s'ils comprennent la force de Dieu et s'ils sont dignes qu'elle repose sur eux par leur désintéressement et par leur foi dans l'avenir. C'est pour apporter une conviction, une parole de plus à ce groupe politique, que je renonce momentanément à la solitude, seul asile qui reste à ma pensée souffrante. Dès qu'il sera formé, dès qu'il aura une place dans la presse et dans les institutions, je rentrerai dans la vie poétique. Un monde de poésie roule dans ma tête, je ne désire rien, je n'attends rien de la vie que des peines et des pertes de plus. Je me coucherais dès aujourd'hui avec plaisir dans le lit de mon sépulcre; mais j'ai toujours demandé à Dieu de ne pas mourir sans avoir révélé à lui, au monde, à moi-même, une création de cette poésie qui a été ma seconde vie ici-bas; de laisser après moi un monument quelconque de ma pensée; ce monument c'est un poëme; je l'ai construit et brisé cent fois dans ma tête, et les vers que j'ai publiés ne sont que des ébauches mutilées, des fragmens brisés de ce poëme de mon âme. Serai-je plus heureux maintenant que je touche à la maturité de la vie? Ne laisserai-je ma pensée poétique que par fragmens et par ébauches, ou lui donnerai-je enfin la forme, la masse et la vie dans un tout qui la coordonne et la résume, dans une œuvre qui se tienne debout et qui vive quelques années après moi? Dieu seul le sait, et qu'il me l'accorde ou non, je ne l'en bénirai pas moins. Lui seul sait à quelle destinée il appelle ses créatures, et pénible ou douce, éclatante ou obscure, cette destinée est toujours parfaite, si elle est acceptée avec résignation et en inclinant la tête !

Maintenant, il ne me reste qu'à remercier toutes les âmes tendres et pieuses de mon temps, tous mes frères en poésie qui ont accueilli avec tant de fraternité et d'indulgence les faibles notes que j'ai chantées jusqu'ici pour eux. Je ne pense pas qu'aucun poëte romain ait reçu plus de marques de sympathies, plus de signes d'intelligence et d'amitié de la jeunesse de son temps que je n'en ai reçu moi-même; moi, si incomplet, si inégal, si peu digne de ce nom de poëte; ce sont des espérances et non des réalités que l'on a saluées et caressées en moi. La Providence me force à tromper toutes ces espérances; mais que ceux qui m'ont ainsi encouragé dans toutes les parties de la France et de l'Europe sachent combien mon cœur a été sensible à cette sympathie qui a été ma plus douce récompense, qui a noué entre nous les liens invisibles d'une amitié intellectuelle. Ils m'ont rendu bien au-delà de ce que je leur ai donné : je ne sais quel poëte disait, qu'une critique lui faisait cent fois plus de peine que tous les éloges ne pourraient lui faire de plaisir. Je le plains et je ne le comprends pas : quant à moi, je puis sans peine oublier toutes les critiques fondées ou non qui m'ont assailli sur ma route. Et d'abord j'ai la conscience d'en avoir mérité beaucoup ; mais fussent-elles toutes injustes et amères, elles auraient été amplement compensées par cette foule innombrable de lettres que j'ai reçues de mes amis inconnus. Une douleur que vos vers ont pu endormir un moment, un enthousiasme que vous avez allumé le premier dans un cœur jeune et pur, une prière confuse de l'âme à laquelle vous avez donné une parole et un accent, un soupir qui a répondu à un de vos soupirs, une larme d'émotion qui est tombée à votre voix de la paupière d'une jeune femme, un nom chéri, symbole de vos affections les plus intimes, et que vous avez consacré dans une langue moins fragile que la langue vulgaire, une mémoire de mère, de femme, d'amie, d'enfant, que vous avez embaumée pour les siècles dans une strophe de sentiment et de poésie ! La moindre de ces choses saintes consolerait de toutes les critiques, et vaut cent fois, pour l'âme du poëte, ce que ses faibles vers lui ont coûté de veilles ou d'amertume.

Paris, 11 février 1834.

Le Lac

Méditation poétique d'Alphonse de Lamartine,

Musique de Louis Niedermeyer.

L'isolement.

Méditation poétique d'Alphonse de Lamartine,
Musique de Louis Niedermeyer.

Cette méditation se trouve gravée chez Pacini.

DE LAMARTINE.

PREMIÈRES
MÉDITATIONS POÉTIQUES

I.

L'ISOLEMENT.

Souvent sur la montagne, à l'ombre du vieux chêne,
Au coucher du soleil, tristement je m'assieds ;
Je promène au hasard mes regards sur la plaine,
Dont le tableau changeant se déroule à mes pieds.

Ici gronde le fleuve aux vagues écumantes ;
Il serpente, et s'enfonce en un lointain obscur ;
Là, le lac immobile étend ses eaux dormantes
Où l'étoile du soir se lève dans l'azur.

Au sommet de ces monts couronnés de bois sombres,
Le crépuscule encor jette un dernier rayon ;
Et le char vaporeux de la reine des ombres
Monte, et blanchit déjà les bords de l'horizon.

Cependant, s'élançant de la flèche gothique,
Un son religieux se répand dans les airs :
Le voyageur s'arrête, et la cloche rustique
Aux derniers bruits du jour mêle de saints concerts.

Mais à ces doux tableaux mon âme indifférente
N'éprouve devant eux ni charme ni transports;
Je contemple la terre ainsi qu'une âme errante :
Le soleil des vivans n'échauffe plus les morts.

De colline en colline en vain portant ma vue,
Du sud à l'aquilon, de l'aurore au couchant,
Je parcours tous les points de l'immense étendue,
Et je dis : Nulle part le bonheur ne m'attend.

Que me font ces vallons, ces palais, ces chaumières,
Vains objets dont pour moi le charme est envolé?
Fleuves, rochers, forêts, solitudes si chères,
Un seul être vous manque, et tout est dépeuplé!

Quand le tour du soleil ou commence ou s'achève,
D'un œil indifférent je le suis dans son cours;
En un ciel sombre ou pur qu'il se couche ou se lève,
Qu'importe le soleil? je n'attends rien des jours.

Quand je pourrais le suivre en sa vaste carrière,
Mes yeux verraient partout le vide et les déserts :
Je ne désire rien de tout ce qu'il éclaire;
Je ne demande rien à l'immense univers.

Mais peut-être au-delà des bornes de sa sphère,
Lieux où le vrai soleil éclaire d'autres cieux,
Si je pouvais laisser ma dépouille à la terre,
Ce que j'ai tant rêvé paraîtrait à mes yeux.

Là, je m'enivrerais à la source où j'aspire;
Là, je retrouverais et l'espoir et l'amour,
Et ce bien idéal que toute âme désire,
Et qui n'a pas de nom au terrestre séjour!

Que ne puis-je, porté sur le char de l'Aurore,
Vague objet de mes vœux, m'élancer jusqu'à toi!
Sur la terre d'exil pourquoi resté-je encore?
Il n'est rien de commun entre la terre et moi.

Quand la feuille des bois tombe dans la prairie,
Le vent du soir s'élève et l'arrache aux vallons;
Et moi, je suis semblable à la feuille flétrie :
Emportez-moi comme elle, orageux aquilons!

II.

L'HOMME.

A LORD BYRON.

Toi, dont le monde encore ignore le vrai nom,
Esprit mystérieux, mortel, ange ou démon,
Qui que tu sois, Byron, bon ou fatal génie,
J'aime de tes concerts la sauvage harmonie,
Comme j'aime le bruit de la foudre et des vents
Se mêlant dans l'orage à la voix des torrens !
La nuit est ton séjour, l'horreur est ton domaine ;
L'aigle, roi des déserts, dédaigne ainsi la plaine ;
Il ne veut, comme toi, que des rocs escarpés
Que l'hiver a blanchis, que la foudre a frappés ;
Des rivages couverts des débris du naufrage,
Ou des champs tout noircis des restes de carnage :
Et tandis que l'oiseau qui chante ses douleurs
Bâtit au bord des eaux son nid parmi les fleurs,
Lui des sommets d'Athos franchit l'horrible cime,
Suspend aux flancs des monts son aire sur l'abîme,
Et là, seul, entouré de membres palpitans,
De rochers d'un sang noir sans cesse dégouttans,

Trouvant sa volupté dans les cris de sa proie,
Bercé par la tempête, il s'endort dans sa joie.

Et toi, Byron, semblable à ce brigand des airs,
Les cris du désespoir sont tes plus doux concerts.
Le mal est ton spectacle, et l'homme est ta victime.
Ton œil, comme Satan, a mesuré l'abîme,
Et ton âme, y plongeant loin du jour et de Dieu,
A dit à l'espérance un éternel adieu !
Comme lui, maintenant, régnant dans les ténèbres,
Ton génie invincible éclate en chants funèbres ;
Il triomphe, et ta voix, sur un mode infernal,
Chante l'hymne de gloire au sombre dieu du mal.
Mais que sert de lutter contre sa destinée ?
Que peut contre le sort la raison mutinée ?
Elle n'a, comme l'œil, qu'un étroit horizon.
Ne porte pas plus loin tes yeux ni ta raison :
Hors de là tout nous fuit, tout s'éteint, tout s'efface ;
Dans ce cercle borné Dieu t'a marqué ta place.
Comment ? pourquoi ? qui sait ? de ses puissantes mains
Il a laissé tomber le monde et les humains,
Comme il a dans nos champs répandu la poussière,
Ou semé dans les airs la nuit et la lumière ;
Il le sait, il suffit : l'univers est à lui,
Et nous n'avons à nous que le jour d'aujourd'hui.
Notre crime est d'être homme et de vouloir connaître :
Ignorer et servir, c'est la loi de notre être.
Byron, ce mot est dur : longtemps j'en ai douté ;
Mais pourquoi reculer devant la vérité ?
Ton titre devant Dieu, c'est d'être son ouvrage,

De sentir, d'adorer ton divin esclavage ;
Dans l'ordre universel, faible atome emporté,
D'unir à ses desseins ta libre volonté,
D'avoir été conçu par son intelligence,
De le glorifier par ta seule existence.
Voilà, voilà ton sort. Ah! loin de l'accuser,
Baise plutôt le joug que tu voudrais briser ;
Descends du rang des dieux qu'usurpait ton audace ;
Tout est bien, tout est bon, tout est grand à sa place ;
Aux regards de celui qui fit l'immensité
L'insecte vaut un monde : il ont autant coûté.

Mais cette loi, dis-tu, révolte ta justice ;
Elle n'est à tes yeux qu'un bizarre caprice,
Un piége où la raison trébuche à chaque pas.
Confessons-la, Byron, et ne la jugeons pas.
Comme toi, ma raison en ténèbres abonde,
Et ce n'est pas à moi de t'expliquer le monde.
Que celui qui l'a fait t'explique l'univers :
Plus je sonde l'abîme, hélas! plus je m'y perds.
Ici-bas, la douleur à la douleur s'enchaîne,
Le jour succède au jour, et la peine à la peine.
Borné dans sa nature, infini dans ses vœux,
L'homme est un dieu tombé qui se souvient des cieux :
Soit que, déshérité de son antique gloire,
De ses destins perdus il garde la mémoire,
Soit que de ses désirs l'immense profondeur
Lui présage de loin sa future grandeur.
Imparfait ou déchu, l'homme est le grand mystère.
Dans la prison des sens enchaîné sur la terre,

Esclave, il sent un cœur né pour la liberté;
Malheureux, il aspire à la félicité;
Il veut sonder le monde, et son œil est débile;
Il veut aimer toujours; ce qu'il aime est fragile!
Tout mortel est semblable à l'exilé d'Éden :
Lorsque Dieu l'eut banni du céleste jardin,
Mesurant d'un regard les fatales limites,
Il s'assit en pleurant aux portes interdites.
Il entendit de loin dans le divin séjour
L'harmonieux soupir de l'éternel amour,
Les accents du bonheur, les saints concerts des anges
Qui, dans le sein de Dieu, célébraient ses louanges;
Et, s'arrachant du ciel, dans un pénible effort,
Son œil avec effroi retomba sur son sort.

Malheur à qui du fond de l'exil de la vie
Entendit ces concerts d'un monde qu'il envie!
Du nectar idéal sitôt qu'elle a goûté,
La nature répugne à la réalité;
Dans le sein du possible en songe elle s'élance;
Le réel est étroit, le possible est immense;
L'âme avec ses désirs s'y bâtit un séjour
Où l'on puise à jamais la science et l'amour;
Où, dans des océans de beauté, de lumière,
L'homme, altéré toujours, toujours se désaltère;
Et de songes si beaux enivrant son sommeil,
Ne se reconnaît plus au moment du réveil.

Hélas! tel fut ton sort, telle est ma destinée.
J'ai vidé comme toi la coupe empoisonnée;

Mes yeux, comme les tiens, sans voir se sont ouverts;
J'ai cherché vainement le mot de l'univers,
J'ai demandé sa cause à toute la nature,
J'ai demandé sa fin à toute créature;
Dans l'abîme sans fond mon regard a plongé;
De l'atome au soleil j'ai tout interrogé;
J'ai devancé les temps, j'ai remonté les âges:
Tantôt passant les mers pour écouter les sages:
Mais le monde à l'orgueil est un livre fermé!
Tantôt, pour deviner le monde inanimé,
Fuyant avec mon âme au sein de la nature,
J'ai cru trouver un sens à cette langue obscure.
J'étudiai la loi par qui roulent les cieux;
Dans leurs brillans déserts Newton guida mes yeux;
Des empires détruits je méditai la cendre;
Dans ses sacrés tombeaux Rome m'a vu descendre;
Des mânes les plus saints troublant le froid repos,
J'ai pesé dans mes mains la cendre des héros.
J'allais redemander à leur vaine poussière
Cette immortalité que tout mortel espère!
Que dis-je! suspendu sur le lit des mourans,
Mes regards la cherchaient dans des yeux expirans;
Sur ces sommets noircis par d'éternels nuages,
Sur ces flots sillonnés par d'éternels orages,
J'appelais, je bravais le choc des élémens.
Semblable à la sibylle en ses emportemens,
J'ai cru que la nature, en ses rares spectacles,
Laissait tomber pour nous quelqu'un de ses oracles;
J'aimais à m'enfoncer dans ces sombres horreurs.
Mais en vain dans son calme, en vain dans ses fureurs,

Cherchant ce grand secret sans pouvoir le surprendre,
J'ai vu partout un Dieu sans jamais le comprendre.
J'ai vu le bien, le mal, sans choix et sans dessein
Tomber comme au hasard, échappés de son sein;
J'ai vu partout le mal où le mieux pouvait être,
Et je l'ai blasphémé, ne pouvant le connaître;
Et ma voix, se brisant contre ce ciel d'airain,
N'a pas même eu l'honneur d'irriter le destin.
Mais un jour que, plongé dans ma propre infortune,
J'avais lassé le ciel de ma plainte importune,
Une clarté d'en haut dans mon sein descendit,
Me tenta de bénir ce que j'avais maudit;
Et, cédant sans combattre au souffle qui m'inspire,
L'hymne de la raison s'élança de ma lyre.

« Gloire à toi, dans les temps et dans l'éternité,
« Éternelle raison, suprême volonté!
« Toi, dont l'immensité reconnaît la présence!
« Toi, dont chaque matin annonce l'existence!
« Ton souffle créateur s'est abaissé sur moi;
« Celui qui n'était pas a paru devant toi!
« J'ai reconnu ta voix avant de me connaître,
« Je me suis élancé jusqu'aux portes de l'être;
« Me voici : le néant te salue en naissant;
« Me voici : mais que suis-je ? un atome pensant.
« Qui peut entre nous deux mesurer la distance ?
« Moi qui respire en toi ma rapide existence,
« A l'insu de moi-même, à ton gré façonné,
« Que me dois-tu, Seigneur, quand je ne suis pas né ?
« Rien avant, rien après : gloire à la fin suprême !

« Qui tira tout de soi se doit tout à soi-même.
« Jouis, grand artisan, de l'œuvre de tes mains :
« Je suis pour accomplir tes ordres souverains ;
« Dispose, ordonne, agis; dans les temps, dans l'espace,
« Marque-moi pour ta gloire et mon jour et ma place ;
« Mon être, sans se plaindre et sans t'interroger,
« De soi-même, en silence, accourra s'y ranger.
« Comme ces globes d'or qui dans les champs du vide
« Suivent avec amour ton ombre qui les guide,
« Noyé dans la lumière, ou perdu dans la nuit,
« Je marcherai comme eux où ton doigt me conduit;
« Soit que, choisi par toi pour éclairer les mondes,
« Réfléchissant sur eux les feux dont tu m'inondes,
« Je m'élance entouré d'esclaves radieux,
« Et franchisse d'un pas tout l'abîme des cieux ;
« Soit que, me reléguant loin, bien loin de ta vue,
« Tu ne fasses de moi, créature inconnue,
« Qu'un atome oublié sur les bords du néant,
« Ou qu'un grain de poussière emporté par le vent,
« Glorieux de mon sort, puisqu'il est ton ouvrage,
« J'irai, j'irai partout te rendre un même hommage,
« Et d'un égal amour accomplissant ta loi,
« Jusqu'aux bords du néant murmurer : Gloire à toi !

« Ni si haut, ni si bas ! simple enfant de la terre,
« Mon sort est un problème, et ma fin un mystère ;
« Je ressemble, Seigneur, au globe de la nuit,
« Qui, dans la route obscure où ton doigt le conduit,
« Réfléchit d'un côté les clartés éternelles,
« Et de l'autre est plongé dans les ombres mortelles.

« L'homme est le point fatal où les deux infinis
« Par la toute-puissance ont été réunis.
« A tout autre degré, moins malheureux peut-être,
« J'eusse été... mais je suis ce que je devais être ;
« J'adore sans la voir ta suprême raison :
« Gloire à toi qui m'as fait ! ce que tu fais est bon.
« Cependant, accablé sous le poids de ma chaîne,
« Du néant au tombeau l'adversité m'entraîne ;
« Je marche dans la nuit par un chemin mauvais,
« Ignorant d'où je viens, incertain où je vais,
« Et je rappelle en vain ma jeunesse écoulée,
« Comme l'eau du torrent dans sa source troublée.
« Gloire à toi ! Le malheur en naissant m'a choisi ;
« Comme un jouet vivant ta droite m'a saisi ;
« J'ai mangé dans les pleurs le pain de ma misère,
« Et tu m'as abreuvé des eaux de ta colère.
« Gloire à toi ! j'ai crié, tu n'as pas répondu ;
« J'ai jeté sur la terre un regard confondu.
« J'ai cherché dans le ciel le jour de ta justice ;
« Il s'est levé, Seigneur : et c'est pour mon supplice.
« Gloire à toi ! L'innocence est coupable à tes yeux :
« Un seul être, du moins, me restait sous les cieux ;
« Toi-même de nos jours avais mêlé la trame ;
« Sa vie était ma vie, et son âme mon âme ;
« Comme un fruit encor vert du rameau détaché,
« Je l'ai vu de mon sein avant l'âge arraché !
« Ce coup, que tu voulais me rendre plus terrible,
« La frappa lentement pour m'être plus sensible ;
« Dans ses traits expirans, où je lisais mon sort,
« J'ai vu lutter ensemble et l'amour et la mort ;

« J'ai vu dans ses regards la flamme de la vie,
« Sous la main du trépas par degrés assoupie,
« Se ranimer encore au souffle de l'amour.
« Je disais chaque jour : Soleil ! encore un jour !
« Semblable au criminel qui, plongé dans les ombres,
« Et descendu vivant dans les demeures sombres,
« Près du dernier flambeau qui doive l'éclairer,
« Se penche sur sa lampe et la voit expirer,
« Je voulais retenir l'âme qui s'évapore ;
« Dans son dernier regard je la cherchais encore !
« Ce soupir, ô mon Dieu ! dans ton sein s'exhala ;
« Hors du monde avec lui mon espoir s'envola !
« Pardonne au désespoir un moment de blasphème,
« J'osai... Je me repens : Gloire au maître suprême !
« Il fait l'eau pour couler, l'aquilon pour courir,
« Les soleils pour brûler, et l'homme pour souffrir !

« Que j'ai bien accompli cette loi de mon être !
« La nature insensible obéit sans connaître ;
« Moi seul, te découvrant sous la nécessité,
« J'immole avec amour ma propre volonté ;
« Moi seul je t'obéis avec intelligence ;
« Moi seul je me complais dans cette obéissance,
« Je jouis de remplir en tout temps, en tout lieu,
« La loi de ma nature et l'ordre de mon Dieu ;
« J'adore en mes destins ta sagesse suprême,
« J'aime ta volonté dans mes supplices même ;
« Gloire à toi ! gloire à toi ! Frappe, anéantis-moi !
« Tu n'entendras qu'un cri : Gloire à jamais à toi ! »

Ainsi ma voix monta vers la voûte céleste :
Je rendis gloire au ciel, et le ciel fit le reste.
Mais silence, ô ma lyre! et toi, qui dans tes mains
Tiens le cœur palpitant des sensibles humains,
Byron, viens en tirer des torrens d'harmonie :
C'est pour la vérité que Dieu fit le génie.
Jette un cri vers le ciel, ô chantre des enfers ;
Le ciel même aux damnés envîra tes concerts.
Peut-être qu'à ta voix, de la vivante flamme
Un rayon descendra dans l'ombre de ton âme.
Peut-être que ton cœur, ému de saints transports,
S'apaisera soi-même à tes propres accords,
Et qu'un éclair d'en haut perçant ta nuit profonde,
Tu verseras sur nous la clarté qui t'inonde.
Ah! si jamais ton luth, amolli par tes pleurs,
Soupirait sous tes doigts l'hymne de tes douleurs,
Ou si, du sein profond des ombres éternelles,
Comme un ange tombé tu secouais tes ailes,
Et prenant vers le jour un lumineux essor,
Parmi les chœurs sacrés tu t'essayais encor ;
Jamais, jamais l'écho de la céleste voûte,
Jamais ces harpes d'or que Dieu lui-même écoute,
Jamais des séraphins les chœurs mélodieux
De plus divins accords n'auraient ravi les cieux!
Courage! enfant déchu d'une race divine,
Tu portes sur ton front ta superbe origine!
Tout homme, en te voyant, reconnaît dans tes yeux
Un rayon éclipsé de la splendeur des cieux!
Roi des chants immortels, reconnais-toi toi-même!
Laisse aux fils de la nuit le doute et le blasphème ;

Dédaigne un faux encens qu'on t'offre de si bas :
La gloire ne peut être où la vertu n'est pas.
Viens reprendre ton rang dans ta splendeur première,
Parmi ces purs enfans de gloire et de lumière,
Que d'un souffle choisi Dieu voulut animer,
Et qu'il fit pour chanter, pour croire, et pour aimer !

III.

A ELVIRE.

 Oui, l'Anio murmure encore
Le doux nom de Cinthie aux rochers de Tibur;
Vaucluse a retenu le nom chéri de Laure;
 Et Ferrare au siècle futur
Murmurera toujours celui d'Éléonore.
Heureuse la beauté que le poëte adore!
 Heureux le nom qu'il a chanté!
 Toi qu'en secret son culte honore,
Tu peux, tu peux mourir: dans la postérité
Il lègue à ce qu'il aime une éternelle vie;
Et l'amante et l'amant sur l'aile du génie
Montent, d'un vol égal, à l'immortalité.
Ah! si mon frêle esquif, battu par la tempête,
Grâce à des vents plus doux, pouvait surgir au port;
Si des soleils plus beaux se levaient sur ma tête;
Si les pleurs d'une amante, attendrissant le sort,
Écartaient de mon front les ombres de la mort!
Peut-être... oui, pardonne, ô maître de la lyre!
Peut-être j'oserais, et que n'ose un amant?
Égaler mon audace à l'amour qui m'inspire,
Et, dans des chants rivaux célébrant mon délire,
De notre amour aussi laisser un monument.
Ainsi le voyageur qui, dans son court passage,
Se repose un moment à l'abri du vallon,
Sur l'arbre hospitalier dont il goûta l'ombrage,

Avant que de partir, aime à graver son nom.

Vois-tu comme tout change ou meurt dans la nature?
La terre perd ses fruits, les forêts leur parure,
Le fleuve perd son onde au vaste sein des mers;
Par un souffle des vents la prairie est fanée;
Et le char de l'automne, au penchant de l'année,
Roule, déjà poussé par la main des hivers!
Comme un géant armé d'un glaive inévitable,
Atteignant au hasard tous les êtres divers,
Le Temps avec la Mort, d'un vol infatigable,
Renouvelle en fuyant ce mobile univers!
Dans l'éternel oubli tombe ce qu'il moissonne :
Tel un rapide été voit tomber sa couronne
   Dans la corbeille des glaneurs.
Tel un pampre jauni voit la féconde automne
Livrer ses fruits dorés au char des vendangeurs.
Vous tomberez ainsi, courtes fleurs de la vie!
Jeunesse, amour, plaisir, fugitive beauté;
Beauté, présent d'un jour que le ciel vous envie,
Ainsi vous tomberez, si la main du génie
   Ne vous rend l'immortalité.
Vois d'un œil de pitié la vulgaire jeunesse,
Brillante de beauté, s'enivrant de plaisir :
Quand elle aura tari sa coupe enchanteresse,
Que restera-t-il d'elle? à peine un souvenir :
Le tombeau qui l'attend l'engloutit tout entière,
Un silence éternel succède à ses amours ;
Mais les siècles auront passé sur ta poussière,
   Elvire, et tu vivras toujours!

IV.

LE SOIR.

Le soir ramène le silence.
Assis sur ces rochers déserts,
Je suis dans la vague des airs
Le char de la nuit qui s'avance.

Vénus se lève à l'horizon ;
A mes pieds l'étoile amoureuse
De sa lueur mystérieuse
Blanchit les tapis de gazon.

De ce hêtre au feuillage sombre
J'entends frissonner les rameaux :
On dirait autour des tombeaux
Qu'on entend voltiger une ombre.

Tout à coup, détaché des cieux,
Un rayon de l'astre nocturne,
Glissant sur mon front taciturne,
Vient mollement toucher mes yeux.

Doux reflet d'un globe de flamme,
Charmant rayon, que me veux-tu ?
Viens-tu dans mon sein abattu
Porter la lumière à mon âme ?

Descends-tu pour me révéler
Des mondes le divin mystère,
Ces secrets cachés dans la sphère
Où le jour va te rappeler?

Une secrète intelligence
T'adresse-t-elle aux malheureux?
Viens-tu la nuit briller sur eux
Comme un rayon de l'espérance?

Viens-tu dévoiler l'avenir
Au cœur fatigué qui l'implore?
Rayon divin, es-tu l'aurore
Du jour qui ne doit pas finir?

Mon cœur à ta clarté s'enflamme,
Je sens des transports inconnus,
Je songe à ceux qui ne sont plus :
Douce lumière, es-tu leur âme?

Peut-être ces mânes heureux
Glissent ainsi sur le bocage.
Enveloppé de leur image,
Je crois me sentir plus près d'eux!

Ah! si c'est vous, ombres chéries!
Loin de la foule et loin du bruit,
Revenez ainsi chaque nuit
Vous mêler à mes rêveries.

Ramenez la paix et l'amour
Au sein de mon âme épuisée,
Comme la nocturne rosée
Qui tombe après les feux du jour.

Venez!... Mais des vapeurs funèbres
Montent des bords de l'horizon :
Elles voilent le doux rayon :
Et tout rentre dans les ténèbres.

V.

L'IMMORTALITÉ.

Le soleil de nos jours pâlit dès son aurore,
Sur nos fronts languissans à peine il jette encore
Quelques rayons tremblans qui combattent la nuit;
L'ombre croît, le jour meurt, tout s'efface et tout fuit.
Qu'un autre à cet aspect frissonne et s'attendrisse,
Qu'il recule en tremblant des bords du précipice,
Qu'il ne puisse de loin entendre sans frémir
Le triste chant des morts tout prêt à retentir,
Les soupirs étouffés d'une amante ou d'un frère,
Suspendus sur les bords de son lit funéraire,
Ou l'airain gémissant, dont les sons éperdus
Annoncent aux mortels qu'un malheureux n'est plus!
Je te salue, ô mort! Libérateur céleste,
Tu ne m'apparais point sous cet aspect funeste
Que t'a prêté longtemps l'épouvante ou l'erreur;
Ton bras n'est point armé d'un glaive destructeur,
Ton front n'est point cruel, ton œil n'est point perfide;
Au secours des douleurs un Dieu clément te guide;
Tu n'anéantis pas, tu délivres : ta main,
Céleste messager, porte un flambeau divin;
Quand mon œil fatigué se ferme à la lumière,
Tu viens d'un jour plus pur inonder ma paupière;

Et l'espoir près de toi, rêvant sur un tombeau,
Appuyé sur la foi, m'ouvre un monde plus beau.
Viens donc, viens détacher mes chaînes corporelles.
Viens, ouvre ma prison; viens, prête-moi tes ailes.
Que tardes-tu? Parais; que je m'élance enfin
Vers cet être inconnu, mon principe et ma fin.
Qui m'en a détaché? Qui suis-je, et que dois-je être?
Je meurs, et ne sais pas ce que c'est que de naître.
Toi, qu'en vain j'interroge, esprit, hôte inconnu,
Avant de m'animer, quel ciel habitais-tu?
Quel pouvoir t'a jeté sur ce globe fragile?
Quelle main t'enferma dans ta prison d'argile?
Par quels nœuds étonnans, par quels secrets rapports
Le corps tient-il à toi comme tu tiens au corps?
Quel jour séparera l'âme de la matière?
Pour quel nouveau palais quitteras-tu la terre?
As-tu tout oublié? Par-delà le tombeau,
Vas-tu renaître encor dans un oubli nouveau?
Vas-tu recommencer une semblable vie?
Ou dans le sein de Dieu, ta source et ta patrie,
Affranchi pour jamais de tes liens mortels,
Vas-tu jouir enfin de tes droits éternels?
Oui, tel est mon espoir, ô moitié de ma vie!
C'est par lui que déjà mon âme raffermie
A pu voir sans effroi sur tes traits enchanteurs
Se faner du printemps les brillantes couleurs;
C'est par lui que, percé du trait qui me déchire,
Jeune encore, en mourant vous me verrez sourire,
Et que des pleurs de joie, à nos derniers adieux,
A ton dernier regard, brilleront dans mes yeux.

Vain espoir! s'écrira le troupeau d'Épicure,
Et celui dont la main disséquant la nature,
Dans un coin du cerveau nouvellement décrit,
Voit penser la matière et végéter l'esprit.
Insensé! diront-ils, que trop d'orgueil abuse,
Regarde autour de toi : tout commence et tout s'use,
Tout marche vers un terme et tout naît pour mourir :
Dans ces prés jaunissans tu vois la fleur languir;
Tu vois dans ces forêts le cèdre au front superbe
Sous le poids de ses ans tomber, ramper sous l'herbe;
Dans leurs lits desséchés tu vois les mers tarir;
Les cieux même, les cieux commencent à pâlir;
Cet astre dont le temps a caché la naissance,
Le soleil, comme nous, marche à sa décadence,
Et dans les cieux déserts les mortels éperdus
Le chercheront un jour, et ne le verront plus!
Tu vois autour de toi dans la nature entière
Les siècles entasser poussière sur poussière,
Et le temps, d'un seul pas confondant ton orgueil,
De tout ce qu'il produit devenir le cercueil.
Et l'homme, et l'homme seul, ô sublime folie!
Au fond de son tombeau croit retrouver la vie;
Et dans le tourbillon au néant emporté,
Abattu par le temps, rêve l'éternité!
Qu'un autre vous réponde, ô sages de la terre!
Laissez-moi mon erreur : j'aime, il faut que j'espère;
Notre faible raison se trouble et se confond.
Oui, la raison se tait; mais l'instinct vous répond.
Pour moi, quand je verrais dans les célestes plaines
Les astres, s'écartant de leurs routes certaines,

Dans les champs de l'éther l'un par l'autre heurtés,
Parcourir au hasard les cieux épouvantés ;
Quand j'entendrais gémir et se briser la terre ;
Quand je verrais son globe errant et solitaire
Flottant loin des soleils, pleurant l'homme détruit,
Se perdre dans les champs de l'éternelle nuit ;
Et quand, dernier témoin de ces scènes funèbres,
Entouré du chaos, de la mort, des ténèbres,
Seul je serais debout : seul, malgré mon effroi,
Être infaillible et bon, j'espérerais en toi ;
Et, certain du retour de l'éternelle aurore,
Sur les mondes détruits je t'attendrais encore !
Souvent, tu t'en souviens, dans cet heureux séjour
Où naquit d'un regard notre immortel amour,
Tantôt sur les sommets de ces roches antiques,
Tantôt aux bords déserts des lacs mélancoliques,
Sur l'aile du désir, loin du monde emportés,
Je plongeais avec toi dans ces obscurités.
Les ombres, à longs plis descendant des montagnes,
Un moment à nos yeux dérobaient les campagnes ;
Mais bientôt, s'avançant sans éclat et sans bruit,
Le chœur mystérieux des astres de la nuit,
Nous rendant les objets voilés à notre vue,
De ses molles lueurs revêtait l'étendue.
Telle, en nos temples saints par le jour éclairés,
Quand les rayons du soir pâlissent par degrés,
La lampe, répandant sa pieuse lumière,
D'un jour plus recueilli remplit le sanctuaire.

Dans ton ivresse alors tu ramenais mes yeux,

Et des cieux à la terre, et de la terre aux cieux;
Dieu caché, disais-tu, la nature est ton temple!
L'esprit te voit partout quand notre œil la contemple;
De tes perfections, qu'il cherche à concevoir,
Ce monde est le reflet, l'image, le miroir;
Le jour est ton regard, la beauté ton sourire;
Partout le cœur t'adore et l'âme te respire;
Éternel, infini, tout-puissant et tout bon,
Ces vastes attributs n'achèvent pas ton nom,
Et l'esprit, accablé sous ta sublime essence,
Célèbre ta grandeur jusque dans son silence.
Et cependant, ô Dieu! par sa sublime loi,
Cet esprit abattu s'élance encore à toi,
Et sentant que l'amour est la fin de son être,
Impatient d'aimer, brûle de te connaître.

Tu disais; et nos cœurs unissaient leurs soupirs
Vers cet être inconnu qu'attestaient nos désirs :
A genoux devant lui, l'aimant dans ses ouvrages,
Et l'aurore et le soir lui portaient nos hommages,
Et nos yeux enivrés contemplaient tour à tour
La terre notre exil, et le ciel son séjour.

Ah! si dans ces instans où l'âme fugitive
S'élance et veut briser le sein qui la captive,
Ce Dieu, du haut du ciel répondant à nos vœux,
D'un trait libérateur nous eût frappés tous deux !
Nos âmes, d'un seul bond remontant vers leur source,
Ensemble auraient franchi les mondes dans leur course;
A travers l'infini, sur l'aile de l'amour,

Elles auraient monté comme un rayon du jour,
Et jusqu'à Dieu lui-même arrivant éperdues,
Se seraient dans son sein pour jamais confondues !
Ces vœux nous trompaient-ils ? Au néant destinés,
Est-ce pour le néant que les êtres sont nés ?
Partageant le destin du corps qui la recèle,
Dans la nuit du tombeau l'âme s'engloutit-elle ?
Tombe-t-elle en poussière ? ou, prête à s'envoler,
Comme un son qui n'est plus, va-t-elle s'exhaler ?
Après un vain soupir, après l'adieu suprême
De tout ce qui t'aimait, n'est-il plus rien qui t'aime ?...
Ah ! sur ce grand secret n'interroge que toi !
Vois mourir ce qui t'aime, Elvire, et réponds-moi !

VI.

LE VALLON.

Mon cœur, lassé de tout, même de l'espérance,
N'ira plus de ses vœux importuner le sort;
Prêtez-moi seulement, vallons de mon enfance,
Un asile d'un jour pour attendre la mort.

Voici l'étroit sentier de l'obscure vallée :
Du flanc de ces coteaux pendent des bois épais,
Qui, courbant sur mon front leur ombre entremêlée,
Me couvrent tout entier de silence et de paix.

Là, deux ruisseaux cachés sous des ponts de verdure,
Tracent en serpentant les contours du vallon;
Ils mêlent un moment leur onde et leur murmure,
Et non loin de leur source ils se perdent sans nom.

La source de mes jours comme eux s'est écoulée;
Elle a passé sans bruit, sans nom et sans retour :
Mais leur onde est limpide, et mon âme troublée
N'aura pas réfléchi les clartés d'un beau jour.

La fraîcheur de leurs lits, l'ombre qui les couronne,
M'enchaînent tout le jour sur les bords des ruisseaux;
Comme un enfant bercé par un chant monotone,
Mon âme s'assoupit au murmure des eaux.

Ah! c'est là qu'entouré d'un rempart de verdure,
D'un horizon borné qui suffit à mes yeux,
J'aime à fixer mes pas, et seul dans la nature,
A n'entendre que l'onde, à ne voir que les cieux.

J'ai trop vu, trop senti, trop aimé dans ma vie;
Je viens chercher vivant le calme du Léthé :
Beaux lieux, soyez pour moi ces bords où l'on oublie :
L'oubli seul désormais est ma félicité.

Mon cœur est en repos, mon âme est en silence;
Le bruit lointain du monde expire en arrivant,
Comme un son éloigné qu'affaiblit la distance,
A l'oreille incertaine apporté par le vent.

D'ici je vois la vie, à travers un nuage,
S'évanouir pour moi dans l'ombre du passé;
L'amour seul est resté : comme une grande image
Survit seule au réveil dans un songe effacé.

Repose-toi, mon âme, en ce dernier asile,
Ainsi qu'un voyageur qui, le cœur plein d'espoir,
S'assied, avant d'entrer, aux portes de la ville,
Et respire un moment l'air embaumé du soir.

Comme lui, de nos pieds secouons la poussière;
L'homme par ce chemin ne repasse jamais;
Comme lui, respirons au bout de la carrière
Ce calme avant-coureur de l'éternelle paix.

Tes jours, sombres et courts comme les jours d'automne,
Déclinent comme l'ombre au penchant des coteaux ;
L'amitié te trahit, la pitié t'abandonne,
Et, seule, tu descends le sentier des tombeaux.

Mais la nature est là qui t'invite et qui t'aime ;
Plonge-toi dans son sein qu'elle t'ouvre toujours :
Quand tout change pour toi, la nature est la même,
Et le même soleil se lève sur tes jours.

De lumière et d'ombrage elle t'entoure encore :
Détache ton amour des faux biens que tu perds ;
Adore ici l'écho qu'adorait Pythagore,
Prête avec lui l'oreille aux célestes concerts.

Suis le jour dans le ciel, suis l'ombre sur la terre ;
Dans les plaines de l'air vole avec l'aquilon ;
Avec le doux rayon de l'astre du mystère
Glisse à travers les bois dans l'ombre du vallon.

Dieu, pour le concevoir, a fait l'intelligence :
Sous la nature enfin découvre son auteur !
Une voix à l'esprit parle dans son silence :
Qui n'a pas entendu cette voix dans son cœur ?

VII.

LE DÉSESPOIR.

Lorsque du Créateur la parole féconde
Dans une heure fatale eut enfanté le monde
    Des germes du chaos,
De son œuvre imparfaite il détourna sa face,
Et d'un pied dédaigneux le lançant dans l'espace,
    Rentra dans son repos.

Va, dit-il, je te livre à ta propre misère;
Trop indigne à mes yeux d'amour ou de colère,
    Tu n'es rien devant moi :
Roule au gré du hasard dans les déserts du vide;
Qu'à jamais loin de moi le destin soit ton guide,
    Et le malheur ton roi.

Il dit : comme un vautour qui plonge sur sa proie,
Le malheur, à ces mots, pousse, en signe de joie,
    Un long gémissement;
Et, pressant l'univers dans sa serre cruelle,
Embrasse pour jamais de sa rage éternelle
    L'éternel aliment.

Le mal dès lors régna dans son immense empire;
Dès lors tout ce qui pense et tout ce qui respire

Commença de souffrir ;
Et la terre, et le ciel, et l'âme, et la matière,
Tout gémit ; et la voix de la nature entière
    Ne fut qu'un long soupir.

Levez donc vos regards vers les célestes plaines,
Cherchez Dieu dans son œuvre, invoquez dans vos peines
    Ce grand consolateur :
Malheureux ! sa bonté de son œuvre est absente ;
Vous cherchez votre appui ? l'univers vous présente
    Votre persécuteur.

De quel nom te nommer, ô fatale puissance ?
Qu'on t'appelle destin, nature, providence,
    Inconcevable loi ;
Qu'on tremble sous ta main, ou bien qu'on la blasphème,
Soumis ou révolté, qu'on te craigne ou qu'on t'aime ;
    Toujours, c'est toujours toi !

Hélas ! ainsi que vous j'invoquai l'espérance ;
Mon esprit abusé but avec complaisance
    Son philtre empoisonneur :
C'est elle qui, poussant nos pas dans les abîmes,
De festons et de fleurs couronne les victimes
    Qu'elle livre au malheur.

Si du moins au hasard il décimait les hommes,
Ou si sa main tombait sur tous tant que nous sommes,
    Avec d'égales lois !
Mais les siècles ont vu les âmes magnanimes,

La beauté, le génie, ou les vertus sublimes,
Victimes de son choix.

Tel, quand des dieux de sang voulaient en sacrifices
Des troupeaux innocens les sanglantes prémices
Dans leurs temples cruels,
De cent taureaux choisis on formait l'hécatombe,
Et l'agneau sans souillure, ou la blanche colombe
Engraissait leurs autels.

Créateur tout-puissant, principe de tout être !
Toi pour qui le possible existe avant de naître !
Roi de l'immensité,
Tu pouvais cependant, au gré de ton envie,
Puiser pour tes enfans le bonheur et la vie
Dans ton éternité !

Sans t'épuiser jamais, sur toute la nature
Tu pouvais à longs flots répandre sans mesure
Un bonheur absolu.
L'espace, le pouvoir, le temps, rien ne te coûte :
Ah ! ma raison frémit ; tu le pouvais sans doute,
Tu ne l'as pas voulu.

Quel crime avons-nous fait pour mériter de naître ?
L'insensible néant t'a-t-il demandé l'être,
Ou l'a-t-il accepté ?
Sommes-nous, ô hasard ! l'œuvre de tes caprices ?
Ou plutôt, Dieu cruel, fallait-il nos supplices
Pour ta félicité ?

Montez donc vers le ciel, montez, encens qu'il aime.
Soupirs, gémissemens, larmes, sanglots, blasphème,
   Plaisirs, concerts divins !
Cris du sang, voix des morts, plaintes inextinguibles,
Montez, allez frapper les voûtes insensibles
   Du palais des destins.

Terre, élève ta voix ; cieux, répondez ; abîmes,
Noir séjour où la mort entasse ses victimes,
   Ne formez qu'un soupir !
Qu'une plainte éternelle accuse la nature,
Et que la douleur donne à toute créature
   Une voix pour gémir !

Du jour où la nature, au néant arrachée,
S'échappa de tes mains comme une œuvre ébauchée,
   Qu'as-tu vu cependant ?
Aux désordres du mal la matière arservie,
Toute chair gémissant, hélas ! et toute vie
   Jalouse du néant !

Des élémens rivaux les luttes intestines,
Le Temps, qui flétrit tout, assis sur les ruines
   Qu'entassèrent ses mains,
Attendant sur le seuil tes œuvres éphémères,
Et la mort étouffant, dès le sein de leurs mères,
   Les germes des humains !

La vertu succombant sous l'audace impunie,
L'imposture en honneur, la vérité bannie ;

L'errante liberté
Aux dieux vivans du monde offerte en sacrifice ;
Et la force partout fondant de l'injustice
Le règne illimité !

La valeur sans les dieux décidant les batailles !
Un Caton libre encor déchirant ses entrailles
Sur la foi de Platon !
Un Brutus qui, mourant pour la vertu qu'il aime,
Doute, au dernier moment, de cette vertu même,
Et dit : Tu n'es qu'un nom !

La fortune toujours du parti des grands crimes !
Les forfaits couronnés devenus légitimes !
La gloire au prix du sang !
Les enfans héritant l'iniquité des pères !
Et le siècle qui meurt racontant ses misères
Au siècle renaissant.

Hé quoi ! tant de tourmens, de forfaits, de supplices,
N'ont-ils pas fait fumer d'assez de sacrifices
Tes lugubres autels !
Ce soleil, vieux témoin des malheurs de la terre,
Ne fera-t-il pas naître un seul jour qui n'éclaire
L'angoisse des mortels ?

Héritiers des douleurs, victimes de la vie,
Non, non, n'espérez pas que sa rage assouvie
Endorme le malheur ;
Jusqu'à ce que la mort, ouvrant son aile immense,
Engloutisse à jamais dans l'éternel silence
L'éternelle douleur !

VIII.

LA PROVIDENCE A L'HOMME.

Quoi! le fils du néant a maudit l'existence!
Quoi! tu peux m'accuser de mes propres bienfaits!
Tu peux fermer tes yeux à la magnificence
    Des dons que je t'ai faits!

Tu n'étais pas encor, créature insensée,
Déjà de ton bonheur j'enfantais le dessein;
Déjà, comme son fruit, l'éternelle pensée
    Te portait dans son sein.

Oui, ton être futur vivait dans ma mémoire;
Je préparais les temps selon ma volonté.
Enfin ce jour parut; je dis: Nais pour ma gloire
    Et ta félicité!

Tu naquis : ma tendresse, invisible et présente,
Ne livra pas mon œuvre aux chances du hasard;
J'échauffai de tes sens la séve languissante
    Des feux de mon regard.

D'un lait mystérieux je remplis la mamelle;
Tu t'enivras sans peine à ces sources d'amour.
J'affermis les ressorts, j'arrondis la prunelle
    Où se peignit le jour.

Ton âme, quelque temps par les sens éclipsée,
Comme tes yeux au jour, s'ouvrit à la raison :
Tu pensas; la parole acheva ta pensée,
    Et j'y gravai mon nom.

    En quel éclatant caractère
    Ce grand nom s'offrit à tes yeux !
    Tu vis ma bonté sur la terre,
    Tu lus ma grandeur dans les cieux !
    L'ordre était mon intelligence;
    La nature, ma providence;
    L'espace, mon immensité !
    Et de mon être, ombre altérée,
    Le temps te peignit ma durée,
    Et le destin, ma volonté !

    Tu m'adoras dans ma puissance,
    Tu me bénis dans ton bonheur,
    Et tu marchas en ma présence
    Dans la simplicité du cœur;
    Mais aujourd'hui que l'infortune
    A couvert d'une ombre importune
    Ces vives clartés du réveil,
    Ta voix m'interroge et me blâme,
    Le nuage couvre ton âme,
    Et tu ne crois plus au soleil.

    « Non, tu n'es plus qu'un grand problème
    « Que le sort offre à la raison;
    « Si ce monde était ton emblème,

« Ce monde serait juste et bon. »
Arrête, orgueilleuse pensée !
A la loi que je t'ai tracée
Tu prétends comparer ma loi ?
Connais leur différence auguste :
Tu n'as qu'un jour pour être juste ;
J'ai l'éternité devant moi !

Quand les voiles de ma sagesse
A tes yeux seront abattus,
Ces maux dont gémit ta faiblesse
Seront transformés en vertus.
De ces obscurités cessantes
Tu verras sortir triomphantes
Ma justice et ta liberté ;
C'est la flamme qui purifie
Le creuset divin où la vie
Se change en immortalité !

Mais ton cœur endurci doute et murmure encore :
Ce jour ne suffit pas à tes yeux révoltés,
Et dans la nuit des sens tu voudrais voir éclore
    De l'éternelle aurore
    Les célestes clartés !

Attends ; ce demi-jour, mêlé d'une ombre obscure,
Suffit pour te guider en ce terrestre lieu :
Regarde qui je suis, et marche sans murmure,
    Comme fait la nature
    Sur la foi de son Dieu.

La terre ne sait pas la loi qui la féconde ;
L'Océan, refoulé sous mon bras tout-puissant,
Sait-il comment, au gré du nocturne croissant,
   De sa prison profonde
   La mer vomit son onde,
   Et des bords qu'elle inonde
   Recule en mugissant ?

Ce soleil éclatant, ombre de la lumière,
Sait-il où le conduit le signe de ma main ?
S'est-il tracé lui-même un glorieux chemin ?
   Au bout de sa carrière,
   Quand j'éteins sa lumière,
   Promet-il à la terre
   Le soleil de demain ?

Cependant tout subsiste et marche en assurance.
Ma voix chaque matin réveille l'univers !
J'appelle le soleil du fond de ses déserts :
   Franchissant la distance,
   Il monte en ma présence,
   Me répond, et s'élance
   Sur le trône des airs !

  Et toi, dont mon souffle est la vie,
  Toi, sur qui mes yeux sont ouverts,
  Peux-tu craindre que je t'oublie,
  Homme, roi de cet univers ?
  Crois-tu que ma vertu sommeille ?
  Non, mon regard immense veille

Sur tous les mondes à la fois !
La mer qui fuit à ma parole,
Ou la poussière qui s'envole,
Suivent et comprennent mes lois.

Marche au flambeau de l'espérance
Jusque dans l'ombre du trépas,
Assuré que ma providence
Ne tend point de piége à tes pas.
Chaque aurore la justifie,
L'univers entier s'y confie,
Et l'homme seul en a douté !
Mais ma vengeance paternelle
Confondra ce doute infidèle
Dans l'abîme de ma bonté.

IX.

SOUVENIR.

En vain le jour succède au jour,
Ils glissent sans laisser de trace ;
Dans mon âme rien ne t'efface,
O dernier songe de l'amour !

Je vois mes rapides années
S'accumuler derrière moi,
Comme le chêne autour de soi
Voit tomber ses feuilles fanées.

Mon front est blanchi par le temps ;
Mon sang refroidi coule à peine,
Semblable à cette onde qu'enchaîne
Le souffle glacé des autans.

Mais la jeune et brillante image,
Que le regret vient embellir,
Dans mon sein ne saurait vieillir :
Comme l'âme, elle n'a point d'âge.

Non, tu n'as pas quitté mes yeux ;
Et quand mon regard solitaire
Cessa de te voir sur la terre,
Soudain je te vis dans les cieux.

Là, tu m'apparais telle encore
Que tu fus à ce dernier jour,

Quand vers ton céleste séjour
Tu t'envolas avec l'aurore.

Ta pure et touchante beauté
Dans les cieux même t'a suivie ;
Tes yeux, où s'éteignait la vie,
Rayonnent d'immortalité !

Du zéphyr l'amoureuse haleine
Soulève encor tes longs cheveux ;
Sur ton sein leurs flots onduleux
Retombent en tresses d'ébène.

L'ombre de ce voile incertain
Adoucit encor ton image,
Comme l'aube qui se dégage
Des derniers voiles du matin.

Du soleil la céleste flamme
Avec les jours revient et fuit ;
Mais mon amour n'a pas de nuit,
Et tu luis toujours sur mon âme.

C'est toi que j'entends, que je vois :
Dans le désert, dans le nuage,
L'onde réfléchit ton image :
Le zéphyr m'apporte ta voix.

Tandis que la terre sommeille,
Si j'entends le vent soupirer,
Je crois t'entendre murmurer
Des mots sacrés à mon oreille.

Si j'admire ces feux épars
Qui des nuits parsèment le voile,
Je crois te voir dans chaque étoile
Qui plaît le plus à mes regards.

Et si le souffle du zéphyre
M'enivre du parfum des fleurs,
Dans ses plus suaves odeurs
C'est ton souffle que je respire.

C'est ta main qui sèche mes pleurs,
Quand je vais, triste et solitaire,
Répandre en secret ma prière
Près des autels consolateurs.

Quand je dors, tu veilles dans l'ombre;
Tes ailes reposent sur moi;
Tous mes songes viennent de toi,
Doux comme le regard d'une ombre.

Pendant mon sommeil, si ta main
De mes jours déliait la trame,
Céleste moitié de mon âme,
J'irais m'éveiller dans ton sein!

Comme deux rayons de l'aurore,
Comme deux soupirs confondus,
Nos deux âmes ne forment plus
Qu'une âme, et je soupire encore!

X.

ODE.

>Delicta majorum immeritus lues.
>HORAT. od. vi, lib. iii.

Peuple ! des crimes de tes pères
Le ciel, punissant tes enfans,
De châtimens héréditaires
Accablera leurs descendans !
Jusqu'à ce qu'une main propice
Relève l'auguste édifice
Par qui la terre touche aux cieux ;
Et que le zèle et la prière
Dissipent l'indigne poussière
Qui couvre l'image des dieux !

Sortez de vos débris antiques,
Temples que pleurait Israël ;
Relevez-vous, sacrés portiques,
Lévites, montez à l'autel !
Aux sons des harpes de Solyme,
Que la renaissante victime
S'immole sous vos chastes mains,
Et qu'avec les pleurs de la terre
Son sang éteigne le tonnerre
Qui gronde encor sur les humains !

Plein d'une superbe folie,
Ce peuple au front audacieux
S'est dit un jour : « Dieu m'humilie ;
Soyons à nous-mêmes nos dieux.
Notre intelligence sublime
A sondé le ciel et l'abîme
Pour y chercher ce grand esprit ;
Mais, ni dans les flancs de la terre,
Mais, ni dans les feux de la sphère,
Son nom pour nous ne fut écrit.

« Déjà nous enseignons au monde
A briser le sceptre des rois ;
Déjà notre audace profonde
Se rit du joug usé des lois.
Secouez, malheureux esclaves,
Secouez d'indignes entraves,
Rentrez dans votre liberté !
Mortel ! du jour où tu respires,
Ta loi, c'est ce que tu désires ;
Ton devoir, c'est la volupté !

« Ta pensée a franchi l'espace,
Tes calculs précèdent les temps,
La foudre cède à ton audace,
Les cieux roulent tes chars flottans ;
Comme un feu que tout alimente,
Ta raison, sans cesse croissante,
S'étendra sur l'immensité !
Et ta puissance, qu'elle assure,

N'aura de terme et de mesure
Que l'espace et l'éternité.

« Heureux nos fils ! heureux cet âge
Qui, fécondé par nos leçons,
Viendra recueillir l'héritage
Des dogmes que nous lui laissons !
Pourquoi les jalouses années
Bornent-elles nos destinées
A de si rapides instans ?
O loi trop injuste et trop dure !
Pour triompher de la nature
Que nous a-t-il manqué ? le temps. »

Hé bien ! le temps sur vos poussières
A peine encore a fait un pas !
Sortez, ô mânes de nos pères,
Sortez de la nuit du trépas !
Venez contempler votre ouvrage !
Venez partager de cet âge
La gloire et la félicité !
O race en promesses féconde,
Paraissez ! bienfaiteurs du monde,
Voilà votre postérité !

Que vois-je ? ils détournent la vue,
Et, se cachant sous leurs lambeaux,
Leur foule, de honte éperdue,
Fuit et rentre dans les tombeaux.
Non, non ; restez, ombres coupables,

Auteurs de nos jours déplorables,
Restez ! ce supplice est trop doux !
Le ciel, trop lent à vous poursuivre,
Devait vous condamner à vivre
Dans le siècle enfanté par vous !

Où sont-ils ces jours où la France,
A la tête des nations,
Se levait comme un astre immense
Inondant tout de ses rayons ?
Parmi nos siècles, siècle unique,
De quel cortége magnifique
La gloire composait ta cour !
Semblable au dieu qui nous éclaire,
Ta grandeur étonnait la terre,
Dont tes clartés étaient l'amour !

Toujours les siècles du génie
Sont donc les siècles des vertus !
Toujours les dieux de l'harmonie
Pour les héros sont descendus !
Près du trône qui les inspire
Voyez-les déposer la lyre
Dans de pures et chastes mains ;
Et les Racine et les Turenne
Enchaîner les grâces d'Athène
Au char triomphant des Romains !

Mais, ô déclin ! quel souffle avide
De notre âge a séché les fleurs ?

Eh quoi ! le lourd compas d'Euclide
Étouffe nos arts enchanteurs !
Élans de l'âme et du génie,
Des calculs la froide manie
Chez nos pères vous remplaça :
Ils posèrent sur la nature
Le doigt glacé qui la mesure,
Et la nature se glaça !

Et toi, prêtresse de la terre,
Vierge du Pinde ou de Sion !
Tu fuis ce globe de matière,
Privé de ton dernier rayon !
Ton souffle divin se retire
De ces cœurs flétris que la lyre
N'émeut plus de ses sons touchans ;
Et pour son Dieu qui le contemple,
Sans toi l'univers est un temple
Qui n'a plus ni parfums ni chants !

Pleurons donc, enfans de nos pères !
Pleurons ! de deuil couvrons nos fronts !
Lavons dans nos larmes amères
Tant d'irréparables affronts !
Comme les fils d'Héliodore,
Rassemblons du soir à l'aurore
Les débris du temple abattu ;
Et sous ces cendres criminelles
Cherchons encor les étincelles
Du génie et de la vertu !

XI.

L'ENTHOUSIASME.

Ainsi, quand l'aigle du tonnerre,
Enlevait Ganymède aux cieux,
L'enfant, s'attachant à la terre,
Luttait contre l'oiseau des dieux;
Mais entre ses serres rapides
L'aigle, pressant ses flancs timides,
L'arrachait aux champs paternels,
Et, sourd à la voix qui l'implore,
Il le jetait, tremblant encore,
Jusques aux pieds des immortels.

Ainsi, quand tu fonds sur mon âme,
Enthousiasme, aigle vainqueur,
Au bruit de tes ailes de flamme
Je frémis d'une sainte horreur;
Je me débats sous ta puissance,
Je fuis, je crains que ta présence
N'anéantisse un cœur mortel;
Comme un feu que la foudre allume,
Qui ne s'éteint plus, et consume
Le bûcher, le temple et l'autel.

Mais à l'essor de la pensée
L'instinct des sens s'oppose en vain :

Sous le dieu mon âme oppressée
Bondit, s'élance, et bat mon sein.
La foudre en mes veines circule :
Étonné du feu qui me brûle,
Je l'irrite en le combattant,
Et la lave de mon génie
Déborde en torrens d'harmonie,
Et me consume en s'échappant.

Muse, contemple ta victime !
Ce n'est plus ce front inspiré,
Ce n'est plus ce regard sublime
Qui lançait un rayon sacré :
Sous ta dévorante influence,
A peine un reste d'existence
A ma jeunesse est échappé.
Mon front, que la pâleur efface,
Ne conserve plus que la trace
De la foudre qui m'a frappé.

Heureux le poëte insensible !
Son luth n'est point baigné de pleurs ;
Son enthousiasme paisible
N'a point ces tragiques fureurs.
De sa veine féconde et pure
Coulent avec nombre et mesure
Des ruisseaux de lait et de miel ;
Et ce pusillanime Icare,
Trahi par l'aile de Pindare,
Ne retombe jamais du ciel.

Mais nous, pour embraser les âmes,
Il faut brûler, il faut ravir
Au ciel jaloux ses triples flammes.
Pour tout peindre, il faut tout sentir.
Foyers brûlans de la lumière,
Nos cœurs de la nature entière
Doivent concentrer les rayons ;
Et l'on accuse notre vie !
Mais ce flambeau qu'on nous envie
S'allume au feu des passions.

Non, jamais un sein pacifique
N'enfanta ces divins élans,
Ni ce désordre sympathique
Qui soumet le monde à nos chants.
Non, non, quand l'Apollon d'Homère,
Pour lancer ses traits sur la terre,
Descendait des sommets d'Éryx,
Volant aux rives infernales,
Il trempait ses armes fatales
Dans les eaux bouillantes du Styx.

Descendez de l'auguste cime
Qu'indignent de lâches transports !
Ce n'est que d'un luth magnanime
Que partent les divins accords.
Le cœur des enfans de la lyre
Ressemble au marbre qui soupire
Sur le sépulcre de Memnon :
Pour lui donner la voix et l'âme,

Il faut que de sa chaste flamme
L'œil du jour lui lance un rayon.

Et tu veux qu'éveillant encore
Des feux sous la cendre couverts,
Mon reste d'âme s'évapore
En accens perdus dans les airs !
La gloire est le rêve d'une ombre ;
Elle a trop retranché le nombre
Des jours qu'elle devait charmer.
Tu veux que je lui sacrifie
Ce dernier souffle de ma vie !
Je veux le garder pour aimer.

XII.

LA RETRAITE.

A M. DE C***.

Aux bords de ton lac enchanté,
Loin des sots préjugés que l'erreur déifie,
Couvert du bouclier de ta philosophie,
Le temps n'emporte rien de ta félicité;
Ton matin fut brillant; et ma jeunesse envie
L'azur calme et serein du beau soir de ta vie.

Ce qu'on appelle nos beaux jours
N'est qu'un éclair brillant dans une nuit d'orage :
Et rien, excepté nos amours,
N'y mérite un regret du sage.
Mais, que dis-je? on aime à tout âge:
Ce feu durable et doux, dans l'âme renfermé,
Donne plus de chaleur en jetant moins de flamme;
C'est le souffle divin dont tout homme est formé,
Il ne s'éteint qu'avec son âme.

Étendre son esprit, resserrer ses désirs,
C'est là ce grand secret ignoré du vulgaire :
Tu le connais, ami, cet heureux coin de terre
Renferme tes amours, tes goûts et tes plaisirs;

Tes vœux ne passent point ton champêtre domaine,
Mais ton esprit plus vaste étend son horizon ;
    Et du monde embrassant la scène,
Le flambeau de l'étude éclaire ta raison.

Tu vois qu'aux bords du Tibre, et du Nil et du Gange,
En tous lieux, en tous temps, sous des masques divers,
L'homme partout est l'homme, et qu'en cet univers
Dans un ordre éternel tout passe, et rien ne change ;
Tu vois les nations s'éclipser tour à tour
    Comme les astres dans l'espace ;
    De mains en mains le sceptre passe ;
Chaque peuple a son siècle, et chaque homme a son jour.

    Sujets à cette loi suprême,
    Empire, gloire, liberté,
    Tout est par le temps emporté :
    Le temps emporta les dieux même
    De la crédule antiquité,
Et ce que les mortels, dans leur orgueil extrême,
    Osaient nommer la vérité !

    Au milieu de ce grand nuage,
    Réponds-moi : que fera le sage
Toujours entre le doute et l'erreur combattu ?
Content du peu de jours qu'il saisit au passage,
    Il se hâte d'en faire usage
    Pour le bonheur et la vertu.

J'ai vu ce sage heureux ; dans ses belles demeures

J'ai goûté l'hospitalité :
A l'ombre du jardin que ses mains ont planté,
Aux doux sons de sa lyre il endormait les heures
En chantant sa félicité.

Soyez touché, grand Dieu, de sa reconnaissance.
Il ne vous lasse point d'un inutile vœu ;
Gardez-lui seulement sa rustique opulence ;
Donnez tout à celui qui vous demande peu.

Des doux objets de sa tendresse
Qu'à son riant foyer toujours environné,
Sa femme et ses enfans couronnent sa vieillesse,
Comme de ses fruits mûrs un arbre est couronné ;
Que sous l'or des épis ses collines jaunissent ;
Qu'au pied de son rocher son lac soit toujours pur ;
Que de ses beaux jasmins les ombres épaississent ;
Que son soleil soit doux, que son ciel soit d'azur,
Et que pour l'étranger toujours ses vins mûrissent.

Pour moi, loin de ce port de la félicité,
Hélas ! par la jeunesse et l'espoir emporté,
Je vais tenter encore et les flots et l'orage ;
Mais, ballotté par l'onde et fatigué du vent,
Au pied de ton rocher sauvage,
Ami, je reviendrai souvent
Rattacher, vers le soir, ma barque à ton rivage.

XIII.

LE LAC.

Ainsi, toujours poussés vers de nouveaux rivages,
Dans la nuit éternelle emportés sans retour,
Ne pourrons-nous jamais sur l'océan des âges
    Jeter l'ancre un seul jour?

O lac! l'année à peine a fini sa carrière,
Et près des flots chéris qu'elle devait revoir,
Regarde! je viens seul m'asseoir sur cette pierre
    Où tu la vis s'asseoir!

Tu mugissais ainsi sous ces roches profondes,
Ainsi tu te brisais sur leurs flancs déchirés;
Ainsi le vent jetait l'écume de tes ondes
    Sur ses pieds adorés.

Un soir, t'en souvient-il? nous voguions en silence;
On n'entendait au loin, sur l'onde et sous les cieux,
Que le bruit des rameurs qui frappaient en cadence
    Tes flots harmonieux.

Tout à coup des accens inconnus à la terre
Du rivage charmé frappèrent les échos:
Le flot fut attentif, et la voix qui m'est chère
    Laissa tomber ces mots:

MÉDITATIONS.

Mais je demande en vain quelques moments encor.
Le temps m'échappe et fuit;
Je dois à cette nuit des plaisirs la rendre, et l'aurore
Va dissiper la nuit.

Le Lac, Méd[...]

Publié par A. Gosselin 1823

« O temps ! suspends ton vol ; et vous, heures propices !
  « Suspendez votre cours ;
« Laissez-nous savourer les rapides délices
  « Des plus beaux de nos jours !

« Assez de malheureux ici-bas vous implorent,
  « Coulez, coulez pour eux ;
« Prenez avec leurs jours les soins qui les dévorent ;
  « Oubliez les heureux.

« Mais je demande en vain quelques momens encore ;
  « Le temps m'échappe et fuit ;
« Je dis à cette nuit : Sois plus lente ; et l'aurore
  « Va dissiper la nuit.

« Aimons donc, aimons donc ! de l'heure fugitive,
  « Hâtons-nous, jouissons !
« L'homme n'a point de port, le temps n'a point de rive ;
  « Il coule, et nous passons ! »

Temps jaloux, se peut-il que ces momens d'ivresse
Où l'amour à longs flots nous verse le bonheur
S'envolent loin de nous de la même vitesse
  Que les jours de malheur ?

Eh quoi ! n'en pourrons-nous fixer au moins la trace ?
Quoi ! passés pour jamais ! quoi ! tout entiers perdus !
Ce temps qui les donna, ce temps qui les efface,
  Ne nous les rendra plus !

Éternité, néant, passé, sombres abîmes,
Que faites-vous des jours que vous engloutissez?
Parlez: nous rendrez-vous ces extases sublimes
    Que vous nous ravissez?

O lac! rochers muets! grottes! forêt obscure!
Vous que le temps épargne ou qu'il peut rajeunir,
Gardez de cette nuit, gardez, belle nature,
    Au moins le souvenir!

Qu'il soit dans ton repos, qu'il soit dans tes orages,
Beau lac, et dans l'aspect de tes rians coteaux,
Et dans ces noirs sapins, et dans ces rocs sauvages
    Qui pendent sur tes eaux!

Qu'il soit dans le zéphyr qui frémit et qui passe,
Dans les bruits de tes bords par tes bords répétés,
Dans l'astre au front d'argent qui blanchit ta surface
    De ses molles clartés!

Que le vent qui gémit, le roseau qui soupire,
Que les parfums légers de ton air embaumé,
Que tout ce qu'on entend, l'on voit ou l'on respire,
    Tout dise: Ils ont aimé!

XIV.

LA GLOIRE.

A UN POËTE EXILÉ.

Généreux favoris des filles de Mémoire,
Deux sentiers différens devant vous vont s'ouvrir :
L'un conduit au bonheur, l'autre mène à la gloire ;
    Mortels, il faut choisir.

Ton sort, ô Manoël ! suivit la loi commune ;
La muse t'enivra de précoces faveurs ;
Tes jours furent tissus de gloire et d'infortune,
    Et tu verses des pleurs !

Rougis plutôt, rougis d'envier au vulgaire
Le stérile repos dont son cœur est jaloux :
Les dieux ont fait pour lui tous les biens de la terre ;
    Mais la lyre est à nous.

Les siècles sont à toi, le monde est ta patrie.
Quand nous ne sommes plus, notre ombre a des autels
Où le juste avenir prépare à ton génie
    Des honneurs immortels.

Ainsi l'aigle superbe au séjour du tonnerre
S'élance, et, soutenant son vol audacieux,
Semble dire aux mortels : Je suis né sur la terre,
  Mais je vis dans les cieux.

Oui, la gloire t'attend ; mais, arrête, et contemple
A quel prix on pénètre en ces parvis sacrés ;
Vois : l'infortune, assise à la porte du temple,
  En garde les degrés.

Ici c'est un vieillard que l'ingrate Ionie
A vu de mers en mers promener ses malheurs :
Aveugle, il mendiait au prix de son génie
  Un pain mouillé de pleurs.

Là le Tasse, brûlé d'une flamme fatale,
Expiant dans les fers sa gloire et son amour,
Quand il va recueillir la palme triomphale,
  Descend au noir séjour.

Partout des malheureux, des proscrits, des victimes,
Luttant contre le sort ou contre les bourreaux ;
On dirait que le ciel aux cœurs plus magnanimes
  Mesure plus de maux.

Impose donc silence aux plaintes de ta lyre :
Des cœurs nés sans vertu l'infortune est l'écueil ;
Mais toi, roi détrôné, que ton malheur t'inspire
  Un généreux orgueil !

Que t'importe, après tout, que cet ordre barbare
T'enchaîne loin des bords qui furent ton berceau ?
Que t'importe en quels lieux le destin te prépare
    Un glorieux tombeau ?

Ni l'exil, ni les fers de ces tyrans du Tage
N'enchaîneront ta gloire aux bords où tu mourras :
Lisbonne la réclame, et voilà l'héritage
    Que tu lui laisseras !

Ceux qui l'ont méconnu pleureront le grand homme ;
Athène à des proscrits ouvre son Panthéon ;
Coriolan expire, et les enfans de Rome
    Revendiquent son nom.

Aux rivages des morts avant que de descendre,
Ovide lève au ciel ses suppliantes mains :
Aux Sarmates grossiers il a légué sa cendre,
    Et sa gloire aux Romains.

XV.

LA NAISSANCE DU DUC DE BORDEAUX.

ODE.

Versez du sang; frappez encore!
Plus vous retranchez ses rameaux,
Plus le tronc sacré voit éclore
Ses rejetons toujours nouveaux!
Est-ce un dieu qui trompe le crime?
Toujours d'une auguste victime
Le sang est fertile en vengeur!
Toujours, échappé d'Athalie,
Quelque enfant que le fer oublie
Grandit à l'ombre du Seigneur!

Il est né l'enfant du miracle!
Héritier du sang d'un martyr,
Il est né d'un tardif oracle,
Il est né d'un dernier soupir!
Aux accens du bronze qui tonne
La France s'éveille et s'étonne
Du fruit que la mort a porté!
Jeux du sort! merveilles divines!
Ainsi fleurit sur des ruines
Un lis que l'orage a planté.

Il vient, quand les peuples victimes
Du sommeil de leurs conducteurs
Errent aux penchans des abîmes
Comme des troupeaux sans pasteurs !
Entre un passé qui s'évapore,
Vers un avenir qu'il ignore,
L'homme nage dans un chaos !
Le doute égare sa boussole,
Le monde attend une parole,
La terre a besoin d'un héros !

Courage ! c'est ainsi qu'ils naissent !
C'est ainsi que dans sa bonté
Un dieu les sème ! Ils apparaissent
Sur des jours de stérilité !
Ainsi, dans une sainte attente,
Quand des pasteurs la troupe errante
Parlait d'un Möise nouveau,
De la nuit déchirant le voile,
Une mystérieuse étoile
Les conduisit vers un berceau !

Sacré berceau ! frêle espérance
Qu'une mère tient dans ses bras !
Déjà tu rassures la France ;
Les miracles ne trompent pas !
Confiante dans son délire,
A ce berceau déjà ma lyre
Ouvre un avenir triomphant,
Et comme ces rois de l'Aurore,

Un instinct que mon âme ignore
Me fait adorer un enfant!

Comme l'orphelin de Pergame,
Il verra près de son berceau
Un roi, des princes, une femme,
Pleurer aussi sur un tombeau!
Bercé sur le sein de sa mère,
S'il vient à demander son père,
Il verra se baisser les yeux!
Et cette veuve inconsolée,
En lui cachant le mausolée,
Du doigt lui montrera les cieux!

Jeté sur le déclin des âges,
Il verra l'empire sans fin,
Sorti de glorieux orages,
Frémir encor de son déclin.
Mais son glaive aux champs de victoire
Nous rappellera la mémoire
Des destins promis à Clovis,
Tant que le tronçon d'une épée,
D'un rayon de gloire frappée,
Brillerait aux mains de ses fils!

Sourd aux leçons efféminées
Dont le siècle aime à les nourrir,
Il saura que les destinées
Font roi pour régner ou mourir;
Que des vieux héros de sa race

Le premier titre fut l'audace,
Et le premier trône un pavois;
Et qu'en vain l'humanité crie :
Le sang versé pour la patrie
Est toujours la pourpre des rois !

Tremblant à la voix de l'histoire,
Ce juge vivant des humains,
Français, il saura que la gloire
Tient deux flambeaux entre ses mains.
L'un d'une sanglante lumière
Sillonne l'horrible carrière
Des peuples par le crime heureux ;
Semblable aux torches des Furies
Que jadis les fameux impies
Sur leurs pas traînaient après eux !

L'autre du sombre oubli des âges,
Tombeau des peuples et des rois,
Ne sauve que les siècles sages
Et les légitimes exploits :
Ses clartés immenses et pures,
Traversant les races futures,
Vont s'unir au jour éternel :
Pareil à ces feux pacifiques,
O Vesta ! que des mains pudiques
Entretenaient sur ton autel.

Il saura qu'aux jours où nous sommes,
Pour vieillir au trône des rois,

Il faut montrer aux yeux des hommes
Ses vertus auprès de ses droits ;
Qu'assis à ce degré suprême,
Il faut s'y défendre soi-même,
Comme les dieux sur leurs autels ;
Rappeler en tout leur image,
Et faire adorer le nuage
Qui les sépare des mortels !

Au pied du trône séculaire
Où s'assied un autre Nestor,
De la tempête populaire
Le flot calmé murmure encor !
Ce juste, que le ciel contemple,
Lui montrera par son exemple
Comment, sur les écueils jeté,
On élève sur le rivage,
Avec les débris du naufrage,
Un temple à l'immortalité !

Ainsi s'expliquaient sur ma lyre
Les destins présens à mes yeux ;
Et tout secondait mon délire,
Et sur la terre, et dans les cieux !
Le doux regard de l'Espérance
Éclairait le deuil de la France :
Comme après une longue nuit,
Sortant d'un berceau de ténèbres,
L'aube efface les pas funèbres
De l'ombre obscure qui s'enfuit.

XVI.

LA PRIÈRE.

Le roi brillant du jour, se couchant dans sa gloire,
Descend avec lenteur de son char de victoire.
Le nuage éclatant qui le cache à nos yeux
Conserve en sillons d'or sa trace dans les cieux,
Et d'un reflet de pourpre inonde l'étendue.
Comme une lampe d'or dans l'azur suspendue,
La lune se balance aux bords de l'horizon :
Ses rayons affaiblis dorment sur le gazon,
Et le voile des nuits sur les monts se déplie :
C'est l'heure où la nature, un moment recueillie,
Entre la nuit qui tombe et le jour qui s'enfuit,
S'élève au créateur du jour et de la nuit,
Et semble offrir à Dieu, dans son brillant langage,
De la création le magnifique hommage.

Voilà le sacrifice immense, universel !
L'univers est le temple, et la terre est l'autel ;
Les cieux en sont le dôme, et ses astres sans nombre,
Ces feux demi-voilés, pâle ornement de l'ombre,
Dans la voûte d'azur avec ordre semés,
Sont les sacrés flambeaux pour ce temple allumés.
Et ces nuages purs qu'un jour mourant colore,

Et qu'un souffle léger, du couchant à l'aurore,
Dans les plaines de l'air repliant mollement,
Roule en flocons de pourpre aux bords du firmament,
Sont les flots de l'encens qui monte et s'évapore
Jusqu'au trône du Dieu que la nature adore.

Mais ce temple est sans voix. Où sont les saints concerts?
D'où s'élèvera l'hymne au roi de l'univers?
Tout se tait : mon cœur seul parle dans ce silence.
La voix de l'univers, c'est mon intelligence.
Sur les rayons du soir, sur les ailes du vent,
Elle s'élève à Dieu comme un parfum vivant ;
Et, donnant un langage à toute créature,
Prête, pour l'adorer, mon âme à la nature.
Seul, invoquant ici son regard paternel,
Je remplis le désert du nom de l'Éternel ;
Et celui qui, du sein de sa gloire infinie,
Des sphères qu'il ordonne écoute l'harmonie,
Écoute aussi la voix de mon humble raison,
Qui contemple sa gloire et murmure son nom.

Salut, principe et fin de toi-même et du monde,
Toi qui rends d'un regard l'immensité féconde.
Ame de l'univers, Dieu, père, créateur,
Sous tous ces noms divers je crois en toi, Seigneur ;
Et sans avoir besoin d'entendre ta parole,
Je lis au front des cieux mon glorieux symbole.
L'étendue à mes yeux révèle ta grandeur ;
La terre, ta bonté ; les astres, ta splendeur.
Tu t'es produit toi-même en ton brillant ouvrage !

L'univers tout entier réfléchit ton image,
Et mon âme à son tour réfléchit l'univers.
Ma pensée, embrassant tes attributs divers,
Partout autour de toi te découvre et t'adore,
Se contemple soi-même, et t'y découvre encore :
Ainsi l'astre du jour éclate dans les cieux,
Se réfléchit dans l'onde, et se peint à mes yeux.

C'est peu de croire en toi, bonté, beauté suprême ;
Je te cherche partout, j'aspire à toi, je t'aime !
Mon âme est un rayon de lumière et d'amour,
Qui, du foyer divin détaché pour un jour,
De désirs dévorans loin de toi consommée,
Brûle de remonter à sa source enflammée.
Je respire, je sens, je pense, j'aime en toi !
Ce monde qui te cache est transparent pour moi ;
C'est toi que je découvre au fond de la nature,
C'est toi que je bénis dans toute créature.
Pour m'approcher de toi, j'ai fui dans ces déserts ;
Là, quand l'aube, agitant son voile dans les airs,
Entr'ouvre l'horizon qu'un jour naissant colore,
Et sème sur les monts les perles de l'aurore,
Pour moi c'est ton regard qui, du divin séjour,
S'entr'ouvre sur le monde et lui répand le jour ;
Quand l'astre à son midi, suspendant sa carrière,
M'inonde de chaleur, de vie et de lumière,
Dans ses puissans rayons, qui raniment mes sens,
Seigneur, c'est ta vertu, ton souffle que je sens ;
Et quand la nuit, guidant son cortége d'étoiles,
Sur le monde endormi jette ses sombres voiles,

Seul, au sein du désert et de l'obscurité,
Méditant de la nuit la douce majesté,
Enveloppé de calme, et d'ombre, et de silence,
Mon âme de plus près adore ta présence;
D'un jour intérieur je me sens éclairer,
Et j'entends une voix qui me dit d'espérer.

Oui, j'espère, Seigneur, en ta magnificence :
Partout à pleines mains prodiguant l'existence,
Tu n'auras pas borné le nombre de mes jours
A ces jours d'ici-bas, si troublés et si courts.
Je te vois en tous lieux conserver et produire;
Celui qui peut créer dédaigne de détruire.
Témoin de ta puissance, et sûr de ta bonté,
J'attends le jour sans fin de l'immortalité.
La mort m'entoure en vain de ses ombres funèbres;
Ma raison voit le jour à travers ses ténèbres :
C'est le dernier degré qui m'approche de toi,
C'est le voile qui tombe entre ta face et moi.
Hâte pour moi, Seigneur, ce moment que j'implore,
Ou, si dans tes secrets tu le retiens encore,
Entends du haut du ciel le cri de mes besoins;
L'atome et l'univers sont l'objet de tes soins;
Des dons de ta bonté soutiens mon indigence,
Nourris mon corps de pain, mon âme d'espérance;
Réchauffe d'un regard de tes yeux tout-puissans
Mon esprit éclipsé par l'ombre de mes sens;
Et, comme le soleil aspire la rosée,
Dans ton sein à jamais absorbe ma pensée.

XVII.

INVOCATION.

O toi qui m'apparus dans ce désert du monde !
Habitante du ciel, passagère en ces lieux,
O toi qui fis briller dans cette nuit profonde
      Un rayon d'amour à mes yeux ;
A mes yeux étonnés montre-toi tout entière,
Dis-moi quel est ton nom, ton pays, ton destin,
      Ton berceau fut-il sur la terre ?
      Ou n'es-tu qu'un souffle divin ?

Vas-tu revoir demain l'éternelle lumière ?
Ou dans ce lieu d'exil, de deuil et de misère,
Dois-tu poursuivre encor ton pénible chemin ?
Ah ! quel que soit ton nom, ton destin, ta patrie,
O fille de la terre, ou du divin séjour,
      Ah ! laisse-moi toute ma vie
      T'offrir mon culte ou mon amour.

Si tu dois comme nous achever ta carrière,
Sois mon appui, mon guide, et souffre qu'en tous lieux
De tes pas adorés je baise la poussière.
Mais si tu prends ton vol, et si, loin de nos yeux,
Sœur des anges, bientôt tu remontes près d'eux,
Après m'avoir aimé quelques jours sur la terre,
      Souviens-toi de moi dans les cieux.

XVIII.

LA FOI.

O néant ! ô seul dieu que je puisse comprendre !
Silencieux abîme où je vais redescendre,
Pourquoi laissas-tu l'homme échapper de ta main ?
De quel sommeil profond je dormais dans ton sein !
Dans l'éternel oubli j'y dormirais encore ;
Mes yeux n'auraient pas vu ce faux jour que j'abhorre,
Et dans ta longue nuit mon paisible sommeil
N'aurait jamais connu ni songes ni réveil.

— Mais puisque je naquis, sans doute il fallait naître.
Si l'on m'eût consulté, j'aurais refusé l'être.
Vains regrets ! le destin me condamnait au jour,
Et je viens, ô soleil ! te maudire à mon tour.

— Cependant, il est vrai, cette première aurore,
Ce réveil incertain d'un être qui s'ignore,
Cet espace infini s'ouvrant devant ses yeux,
Ce long regard de l'homme interrogeant les cieux,
Ce vague enchantement, ces torrens d'espérance,
Éblouissent les yeux au seuil de l'existence.
Salut, nouveau séjour où le temps m'a jeté !
Globe, témoin futur de ma félicité !
Salut ! sacré flambeau qui nourris la nature !
Soleil, premier amour de toute créature !

Vastes cieux, qui cachez le Dieu qui vous a faits!
Terre, berceau de l'homme, admirable palais!
Homme, semblable à moi, mon compagnon, mon frère!
Toi plus belle à mes yeux, à mon âme plus chère!
Salut, objets, témoins, instrumens de bonheur!
Remplissez vos destins, je vous apporte un cœur.....

—Que ce rêve est brillant! mais, hélas! c'est un rêve.
Il commençait alors; maintenant il s'achève.
La douleur lentement m'entr'ouvre le tombeau:
Salut, mon dernier jour! sois mon jour le plus beau!

J'ai vécu; j'ai passé ce désert de la vie
Où toujours sous mes pas chaque fleur s'est flétrie:
Où toujours l'Espérance, abusant ma raison,
Me montrait le bonheur dans un vague horizon,
Où du vent de la mort les brûlantes haleines
Sous mes lèvres toujours tarissaient les fontaines.
Qu'un autre, s'exhalant en regrets superflus,
Redemande au passé ses jours qui ne sont plus,
Pleure de son printemps l'aurore évanouie,
Et consente à revivre une seconde vie;
Pour moi, quand le destin m'offrirait, à mon choix,
Le sceptre du génie ou le trône des rois,
La gloire, la beauté, les trésors, la sagesse,
Et joindrait à ses dons l'éternelle jeunesse,
J'en jure par la mort, dans un monde pareil,
Non, je ne voudrais pas rajeunir d'un soleil.
Je ne veux pas d'un monde où tout change, où tout passe;
Où, jusqu'au souvenir, tout s'use et tout s'efface;

Où tout est fugitif, périssable, incertain ;
Où le jour du bonheur n'a pas de lendemain.

—Combien de fois ainsi, trompé par l'existence,
De mon sein pour jamais j'ai banni l'espérance !
Combien de fois ainsi mon esprit abattu
A cru s'envelopper d'une froide vertu,
Et, rêvant de Zénon la trompeuse sagesse,
Sous un manteau stoïque a caché sa faiblesse !
Dans son indifférence un jour enseveli,
Pour trouver le repos il invoquait l'oubli.
Vain repos ! faux sommeil !—Tel qu'au pied des collines
Où Rome sort du sein de ses propres ruines,
L'œil voit dans ce chaos, confusément épars,
D'antiques monumens, de modernes remparts,
Des théâtres croulans, dont les frontons superbes
Dorment dans la poussière ou rampent sous les herbes,
Les palais des héros par les ronces couverts,
Des dieux couchés au seuil de leurs temples déserts,
L'obélisque éternel ombrageant la chaumière,
La colonne portant une image étrangère,
L'herbe dans les forum, les fleurs dans les tombeaux,
Et ces vieux panthéons peuplés de dieux nouveaux ;
Tandis que s'élevant de distance en distance,
Un faible bruit de vie interrompt ce silence...
Telle est notre âme après ces longs ébranlemens ;
Secouant la raison jusqu'en ses fondemens,
Le malheur n'en fait plus qu'une immense ruine,
Où comme un grand débris le désespoir domine !
De sentimens éteints silencieux chaos,

Élémens opposés, sans vie et sans repos,
Restes des passions par le temps effacées,
Combat désordonné de vœux et de pensées,
Souvenirs expirans, regrets, dégoûts, remord.
Si du moins ces débris nous attestaient sa mort !
Mais sous ce vaste deuil l'âme encore est vivante ;
Ce feu sans aliment soi-même s'alimente ;
Il renaît de sa cendre, et ce fatal flambeau
Craint de brûler encore au-delà du tombeau.

Ame ! qui donc es-tu ? flamme qui me dévore,
Dois-tu vivre après moi, dois-tu souffrir encore ?
Hôte mystérieux, que vas-tu devenir ?
Au grand flambeau du jour vas-tu te réunir ?
Peut-être de ce feu tu n'es qu'une étincelle,
Qu'un rayon égare, que cet astre rappelle.
Peut-être que, mourant lorsque l'homme est détruit,
Tu n'es qu'un suc plus pur que la terre a produit,
Une fange animée, une argile pensante...
Mais que vois-je ? à ce mot tu frémis d'épouvante :
Redoutant le néant, et lasse de souffrir,
Hélas ! tu crains de vivre, et trembles de mourir.

—Qui te révèlera, redoutable mystère ?
J'écoute en vain la voix des sages de la terre :
Le doute égare aussi ces sublimes esprits,
Et de la même argile ils ont été pétris.
Rassemblant les rayons de l'antique sagesse,
Socrate te cherchait aux beaux jours de la Grèce ;
Platon à Sunium te cherchait après lui ;

Deux mille ans sont passés, je te cherche aujourd'hui ;
Deux mille ans passeront, et les enfans des hommes
S'agiteront encor dans la nuit où nous sommes.
La vérité rebelle échappe à nos regards,
Et Dieu seul réunit tous ses rayons épars.

— Ainsi, prêt à fermer mes yeux à la lumière,
Nul espoir ne viendra consoler ma paupière :
Mon âme aura passé, sans guide et sans flambeau,
De la nuit d'ici-bas dans la nuit du tombeau ;
Et j'emporte au hasard, au monde où je m'élance,
Ma vertu sans espoir, mes maux sans récompense.
Réponds-moi, Dieu cruel ! s'il est vrai que tu sois,
J'ai donc le droit fatal de maudire tes lois !
Après le poids du jour, du moins le mercenaire
Le soir s'assied à l'ombre, et reçoit son salaire ;
Et moi, quand je fléchis sous le fardeau du sort,
Quand mon jour est fini, mon salaire est la mort !
. . . .
. . . .

— Mais tandis qu'exhalant le doute et le blasphème,
Les yeux sur mon tombeau, je pleure sur moi-même,
La foi, se réveillant comme un doux souvenir,
Jette un rayon d'espoir sur mon pâle avenir,
Sous l'ombre de la mort me ranime et m'enflamme,
Et rend à mes vieux jours la jeunesse de l'âme.
Je remonte, aux lueurs de ce flambeau divin,
Du couchant de ma vie à son riant matin ;
J'embrasse d'un regard la destinée humaine ;

A mes yeux satisfaits tout s'ordonne et s'enchaîne ;
Je lis dans l'avenir la raison du présent ;
L'espoir ferme après moi les portes du néant,
Et, rouvrant l'horizon à mon âme ravie,
M'explique par la mort l'énigme de la vie.

Cette foi, qui m'attend aux bords de mon tombeau,
Hélas ! il m'en souvient, plana sur mon berceau.
De la terre promise immortel héritage,
Les pères à leurs fils l'ont transmis d'âge en âge.
Notre esprit la reçoit à son premier réveil,
Comme les dons d'en-haut, la vie et le soleil ;
Comme le lait de l'âme, en ouvrant la paupière,
Elle a coulé pour nous des lèvres d'une mère ;
Elle a pénétré l'homme en sa tendre saison ;
Son flambeau dans les cœurs précéda la raison.
L'enfant, en essayant sa première parole,
Balbutie au berceau son sublime symbole ;
Et, sous l'œil maternel germant à son insu,
Il la sent dans son cœur croître avec la vertu.

Ah ! si la vérité fut faite pour la terre,
Sans doute elle a reçu ce simple caractère ;
Sans doute, dès l'enfance offerte à nos regards,
Dans l'esprit par les sens entrant de toutes parts,
Comme les purs rayons de la céleste flamme,
Elle a dû dès l'aurore environner notre âme,
De l'esprit par l'amour descendre dans les cœurs,
S'unir au souvenir, se fondre dans les mœurs ;
Ainsi qu'un grain fécond que l'hiver couvre encore,

Dans notre sein longtemps germer avant d'éclore;
Et, quand l'homme a passé son orageux été,
Donner son fruit divin pour l'immortalité.

Soleil mystérieux! flambeau d'une autre sphère,
Prête à mes yeux mourans ta mystique lumière!
Pars du sein du Très-Haut, rayon consolateur!
Astre vivifiant, lève-toi dans mon cœur!
Hélas! je n'ai que toi : dans mes heures funèbres,
Ma raison qui pâlit m'abandonne aux ténèbres;
Cette raison superbe, insuffisant flambeau,
S'éteint comme la vie aux portes du tombeau.
Viens donc la remplacer, ô céleste lumière!
Viens d'un jour sans nuage inonder ma paupière;
Tiens-moi lieu du soleil que je ne dois plus voir,
Et brille à l'horizon comme l'astre du soir.

XIX.

LE GÉNIE.

A M. DE BONALD.

> Impavidum ferient ruinæ.
> HORAT., od. 3, liv. III.

Ainsi, quand parmi les tempêtes,
Au sommet brûlant du Sina,
Jadis le plus grand des prophètes
Gravait les tables de Juda ;
Pendant cet entretien sublime,
Un nuage couvrait la cime
Du mont inaccessible aux yeux,
Et, tremblant aux coups du tonnerre ;
Juda, couché dans la poussière,
Vit ses lois descendre des cieux.

Ainsi, des sophistes célèbres
Dissipant les fausses clartés,
Tu tires du sein des ténèbres
D'éblouissantes vérités.
Ce voile qui des lois premières
Couvrait les augustes mystères
Se déchire et tombe à ta voix ;
Et tu suis ta route assurée

Jusqu'à cette source sacrée
Où le monde a puisé ses lois.

Assis sur la base immuable
De l'éternelle vérité,
Tu vois d'un œil inaltérable
Les phases de l'humanité.
Secoués de leurs gonds antiques,
Les empires, les républiques
S'écroulent en débris épars ;
Tu ris des terreurs où nous sommes :
Partout où nous voyons les hommes,
Un Dieu se montre à tes regards !

En vain par quelque faux système
Un système faux est détruit ;
Par le désordre à l'ordre même
L'univers moral est conduit.
Et comme autour d'un astre unique,
La terre, dans sa route oblique,
Décrit sa route dans les airs,
Ainsi, par une loi plus belle,
Ainsi la justice éternelle
Est le pivot de l'univers.

Mais quoi ! tandis que le génie
Te ravit si loin de nos yeux,
Les lâches clameurs de l'envie
Te suivent jusque dans les cieux !
Crois-moi, dédaigne d'en descendre,

Ne t'abaisse pas pour entendre
Ces bourdonnemens détracteurs.
Poursuis ta sublime carrière,
Poursuis : le mépris du vulgaire
Est l'apanage des grands cœurs.

Objet de ses amours frivoles,
Ne l'as-tu pas vu tour à tour
Se forger de frêles idoles
Qu'il adore et brise en un jour ?
N'as-tu pas vu son inconstance
De l'héréditaire croyance
Éteindre les sacrés flambeaux ?
Brûler ce qu'adoraient ses pères,
Et donner le nom de lumières
A l'épaisse nuit des tombeaux ?

Secouant ses antiques rênes,
Mais par d'autres tyrans flatté,
Tout meurtri du poids de ses chaînes,
L'entends-tu crier : *Liberté!*
Dans ses sacriléges caprices,
Le vois-tu, donnant à ses vices
Les noms de toutes les vertus,
Traîner Socrate aux gémonies,
Pour faire en des temples impies
L'apothéose d'Anitus ?

Si, pour caresser sa faiblesse,
Sous tes pinceaux adulateurs,

Tu parais du nom de sagesse
Les leçons de ses corrupteurs,
Tu verrais ses mains avilies
Arrachant des palmes flétries
De quelque front déshonoré,
Les répandre sur ton passage,
Et, changeant la gloire en outrage,
T'offrir un triomphe abhorré !

Mais, loin d'abandonner la lice
Où ta jeunesse a combattu,
Tu sais que l'estime du vice
Est un outrage à la vertu.
Tu t'honores de tant de haine ;
Tu plains ces faibles cœurs qu'entraîne
Le cours de leur siècle égaré ;
Et, seul contre le flot rapide,
Tu marches d'un pas intrépide
Au but que la gloire a montré !

Tel un torrent, fils de l'orage,
En roulant du sommet des monts,
S'il rencontre sur son passage
Un chêne, l'orgueil des vallons,
Il s'irrite, il écume, il gronde,
Il presse des plis de son onde
L'arbre vainement menacé :
Mais, debout parmi les ruines,
Le chêne aux profondes racines
Demeure ; et le fleuve a passé.

Toi donc, des mépris de ton âge
Sans être jamais rebuté,
Retrempe ton mâle courage
Dans les flots de l'adversité !
Pour cette lutte qui s'achève
Que la vérité soit ton glaive,
La justice ton bouclier.
Va, dédaigne d'autres armures ;
Et si tu reçois des blessures,
Nous les couvrirons de laurier ?

Vois-tu dans la carrière antique,
Autour des coursiers et des chars,
Jaillir la poussière olympique
Qui les dérobe à nos regards ?
Dans sa course ainsi le génie
Par les nuages de l'envie
Marche longtemps environné ;
Mais au terme de la carrière,
Des flots de l'indigne poussière
Il sort vainqueur et couronné.

XX.

PHILOSOPHIE.

AU MARQUIS DE LA MAISONFORT.

Oh! qui m'emportera vers les tièdes rivages
Où l'Arno, couronné de ses pâles ombrages,
Aux murs de Médicis en sa course arrêté,
Réfléchit le palais par un sage habité,
Et semble, au bruit flatteur de son onde plus lente,
Murmurer les grands noms de Pétrarque et du Dante?
Ou plutôt, que ne puis-je, au doux tomber du jour,
Quand, le front soulagé du fardeau de la cour,
Tu vas sous tes bosquets chercher ton Égérie,
Suivre, en rêvant, tes pas de prairie en prairie,
Jusqu'au modeste toit par tes mains embelli,
Où tu cours adorer le silence et l'oubli!
J'adore aussi ces dieux : depuis que la sagesse
Aux rayons du malheur a mûri ma jeunesse,
Pour nourrir ma raison des seuls fruits immortels,
J'y cherche en soupirant l'ombre de leurs autels ;
Et, s'il est au sommet de la verte colline,
S'il est sur le penchant du coteau qui s'incline,
S'il est aux bords déserts du torrent ignoré
Quelque rustique abri, de verdure entouré,

Dont le pampre arrondi sur le seuil domestique
Dessine en serpentant le flexible portique,
Semblable à la colombe errante sur les eaux,
Qui des cèdres d'Aral découvrant les rameaux,
Vola sur leur sommet poser ses pieds de rose,
Soudain mon âme errante y vole et s'y repose.
Aussi, pendant qu'admis dans les conseils des rois,
Représentant d'un maître honoré par son choix,
Tu tiens un des grands fils de la trame du monde,
Moi, parmi les pasteurs, assis aux bords de l'onde,
Je suis d'un œil rêveur les barques sur les eaux,
J'écoute les soupirs du vent dans les roseaux,
Nonchalamment couché près du lit des fontaines :
Je suis l'ombre qui tourne autour du tronc des chênes,
Ou je grave un vain nom sur l'écorce des bois,
Ou je parle à l'écho qui répond à ma voix;
Ou, dans le vague azur contemplant les nuages,
Je laisse errer, comme eux, mes flottantes images;
La nuit tombe, et le Temps, de son doigt redouté,
Me marque un jour de plus, que je n'ai pas compté.

Quelquefois seulement, quand mon âme oppressée
Sent en rhythmes nombreux déborder ma pensée,
Au souffle inspirateur du soir, dans les déserts
Ma lyre abandonnée exhale encor des vers !
J'aime à sentir ces fruits d'une séve plus mûre
Tomber, sans qu'on les cueille, au gré de la nature;
Comme le sauvageon secoué par les vents,
Sur les gazons flétris, de ses rameaux mouvans
Laisse tomber ses fruits que la branche abandonne,

Et qui meurent au pied de l'arbre qui les donne.
Il fut un temps peut-être où mes jours mieux remplis,
Par la gloire éclairés, par l'amour embellis,
Et fuyant loin de moi sur des ailes rapides,
Dans la nuit du passé ne tombaient pas si vides.
Aux douteuses clartés de l'humaine raison,
Égaré dans les cieux sur les pas de Platon,
Par ma propre vertu je cherchais à connaître
Si l'âme est en effet un souffle du grand Être ;
Si ce rayon divin, dans l'argile enfermé,
Doit être par la mort éteint ou rallumé ;
S'il doit après mille ans revivre sur la terre ;
Ou si, changeant sept fois de destins et de sphère,
Et montant d'astre en astre à son centre divin,
D'un but qui fuit toujours il s'approche sans fin ;
Si dans ces changemens nos souvenirs survivent ;
Si nos soins, nos amours, si nos vertus nous suivent ;
S'il est un juge assis aux portes des enfers,
Qui sépare à jamais les justes des pervers ;
S'il est de saintes lois qui, du ciel émanées,
Des empires mortels prolongent les années,
Jettent un frein au peuple indocile à leur voix,
Et placent l'équité sous la garde des rois ;
Ou si d'un dieu qui dort l'aveugle nonchalance
Laisse au gré du destin trébucher sa balance,
Et livre, en détournant ses yeux indifférens,
La nature au hasard, et la terre aux tyrans.
Mais, ainsi que des cieux, où son vol se déploie,
L'aigle souvent trompé redescend sans sa proie,
Dans ces vastes hauteurs où mon œil s'est porté

Je n'ai rien découvert que doute et vanité;
Et, las d'errer sans fin dans des champs sans limite,
Au seul jour où je vis, au seul bord que j'habite
J'ai borné désormais ma pensée et mes soins :
Pourvu qu'un dieu caché fournisse à mes besoins ;
Pourvu que, dans les bras d'une épouse chérie,
Je goûte obscurément les doux fruits de ma vie ;
Que le rustique enclos, par mes pères planté,
Me donne un toit l'hiver, et de l'ombre l'été ;
Et que d'heureux enfans ma table couronnée
D'un convive de plus se peuple chaque année,
Ami, je n'irai plus ravir si loin de moi,
Dans les secrets de Dieu, ces comment, ces pourquoi,
Ni du risible effort de mon faible génie
Aider péniblement la Sagesse infinie.
Vivre est assez pour nous ; un plus sage l'a dit :
Le soin de chaque jour à chaque jour suffit.
Humble, et du Saint des Saints respectant les mystères,
J'héritai l'innocence et le Dieu de mes pères ;
En inclinant mon front j'élève à lui mes bras ;
Car la terre l'adore et ne le comprend pas :
Semblable à l'alcyon, que la mer dorme ou gronde,
Qui dans son nid flottant s'endort en paix sur l'onde,
Me reposant sur Dieu du soin de me guider
A ce port invisible où tout doit aborder,
Je laisse mon esprit libre, d'inquiétude,
D'un facile bonheur faisant sa seule étude,
Et, prêtant sans orgueil la voile à tous les vents,
Les yeux tournés vers lui, suivre le cours du temps.

Toi qui, longtemps battu des vents et de l'orage,
Jouissant aujourd'hui de ce ciel sans nuage,
Du sein de ton repos contemples du même œil
Nos revers sans dédain, nos erreurs sans orgueil;
Dont la raison facile, et chaste sans rudesse,
Des sages de son temps n'a pris que la sagesse,
Et qui reçus d'en haut ce don mystérieux
De parler aux mortels dans la langue des dieux;
De ces bords enchanteurs où ta voix me convie,
Où s'écoule à flots purs l'automne de ta vie,
Où les eaux et les fleurs, et l'ombre et l'amitié,
De tes jours nonchalans usurpent la moitié,
Dans ces vers inégaux que ta muse entrelace,
Dis-nous, comme autrefois nous l'aurait dit Horace,
Si l'homme doit combattre ou suivre son destin;
Si je me suis trompé de but ou de chemin;
S'il est vers la sagesse une autre route à suivre,
Et si l'art d'être heureux n'est pas tout l'art de vivre?

XXI.

LE GOLFE DE BAIA.

Vois-tu comme le flot paisible
Sur le rivage vient mourir?
Vois-tu le volage zéphyr
Rider d'une haleine insensible
L'onde qu'il aime à parcourir ?
Montons sur ma barque légère
Que ma main guide sans efforts,
Et de ce golfe solitaire
Rasons timidement les bords.

Loin de nous déjà fuit la rive :
Tandis que d'une main craintive
Tu tiens le docile aviron,
Courbé sur la rame bruyante,
Au sein de l'onde frémissante
Je trace un rapide sillon.

Dieu ! quelle fraîcheur on respire !
Plongé dans le sein de Téthys,
Le soleil a cédé l'empire
A la pâle reine des nuits ;
Le sein des fleurs demi-fermées

S'ouvre, et de vapeurs embaumées
En ce moment remplit les airs ;
Et du soir la brise légère
Des plus doux parfums de la terre
A son tour embaume les mers.

Quels chants sur ces flots retentissent ?
Quels chants éclatent sur ces bords ?
De ces deux concerts qui s'unissent
L'écho prolonge les accords.
N'osant se fier aux étoiles,
Le pêcheur, repliant ses voiles,
Salue, en chantant, son séjour ;
Tandis qu'une folle jeunesse
Pousse au ciel des cris d'allégresse,
Et fête son heureux retour.

Mais déjà l'ombre plus épaisse
Tombe, et brunit les vastes mers ;
Le bord s'efface, le bruit cesse,
Le Silence occupe les airs.
C'est l'heure où la Mélancolie
S'assied pensive et recueillie
Aux bords silencieux des mers ;
Et, méditant sur les ruines,
Contemple au penchant des collines
Ce palais, ces temples déserts.

O de la Liberté vieille et sainte patrie !
Terre, autrefois féconde en sublimes vertus,

Sous d'indignes Césars[1] maintenant asservie,
Ton empire est tombé; tes héros ne sont plus !
    Mais dans ton sein l'âme agrandie
Croit sur leurs monumens respirer leur génie,
Comme on respire encor dans un temple aboli
La majesté du dieu dont il était rempli.
Mais n'interrogeons pas vos cendres généreuses,
Vieux Romains ! fiers Catons ! mânes des deux Brutus !
Allons redemander à ces murs abattus
Des souvenirs plus doux, des ombres plus heureuses.

    Horace, dans ce frais séjour,
    Dans une retraite embellie
    Par le plaisir et le génie,
    Fuyait les pompes de la cour ;
    Properce y visitait Cynthie,
    Et sous les regards de Délie
Tibulle y modulait les soupirs de l'amour.
Plus loin, voici l'asile où vint chanter le Tasse,
Quand, victime à la fois du génie et du sort,
Errant dans l'univers, sans refuge et sans port,
La pitié recueillit son illustre disgrâce.
Non loin des mêmes bords, plus tard il vint mourir :
La gloire l'appelait, il arrive, il succombe :
La palme qui l'attend devant lui semble fuir,
Et son laurier tardif n'ombrage que sa tombe.
Colline de Baïa ! poétique séjour !
Voluptueux vallon qu'habita tour à tour

---

[1] Ceci était écrit en 1813.

Tout ce qui fut grand dans le monde,
Tu ne retentis plus de gloire ni d'amour.
Pas une voix qui me réponde,
Que le bruit plaintif de cette onde,
Ou l'écho réveillé des débris d'alentour !

Ainsi tout change, ainsi tout passe ;
Ainsi nous-mêmes nous passons ;
Hélas ! sans laisser plus de trace
Que cette barque où nous glissons
Sur cette mer où tout s'efface.

XXII.

LE TEMPLE.

Qu'il est doux, quand du soir l'étoile solitaire,
Précédant de la nuit le char silencieux,
S'élève lentement dans la voûte des cieux,
Et que l'ombre et le jour se disputent la terre;
Qu'il est doux de porter ses pas religieux
Dans le fond du vallon, vers ce temple rustique
Dont la mousse a couvert le modeste portique,
Mais où le ciel encor parle à des cœurs pieux!
Salut, bois consacré! Salut, champ funéraire,
Des tombeaux du village humble dépositaire;
Je bénis en passant tes simples monumens.
Malheur à qui des morts profane la poussière!
J'ai fléchi le genou devant leur humble pierre,
Et la nef a reçu mes pas retentissans.
Quelle nuit! quel silence! au fond du sanctuaire
A peine on aperçoit la tremblante lumière
De la lampe qui brûle auprès des saints autels.
Seule elle luit encor quand l'univers sommeille,
Emblème consolant de la bonté qui veille
Pour recueillir ici les soupirs des mortels.

Avançons. Aucun bruit n'a frappé mon oreille;
Le parvis frémit seul sous mes pas mesurés,
Du sanctuaire enfin j'ai franchi les degrés.
Murs sacrés! saints autels! je suis seul, et mon âme

Peut verser devant vous ses douleurs et sa flamme,
Et confier au ciel des accens ignorés,
Que lui seul connaîtra, que vous seuls entendrez.
Mais quoi ! de ces autels j'ose approcher sans crainte !
J'ose apporter, grand Dieu ! dans cette auguste enceinte
Un cœur encor brûlant de douleur et d'amour !
Et je ne tremble pas que ta majesté sainte
Ne venge le respect qu'on doit à son séjour !
Non : je ne rougis plus du feu qui me consume :
L'amour est innocent quand la vertu l'allume.
Aussi pur que l'objet à qui je l'ai juré,
Le mien brûle mon cœur, mais c'est d'un feu sacré ;
La constance l'honore et le malheur l'épure.
Je l'ai dit à la terre, à toute la nature ;
Devant tes saints autels je l'ai dit sans effroi :
J'oserais, Dieu puissant, la nommer devant toi.
Oui, malgré la terreur que ton temple m'inspire,
Ma bouche a murmuré tout bas le nom d'Elvire ;
Et ce nom répété de tombeaux en tombeaux,
Comme l'accent plaintif d'une ombre qui soupire,
De l'enceinte funèbre a troublé le repos.

Adieu, froids monumens ! adieu, saintes demeures !
Deux fois l'écho nocturne a répété les heures
Depuis que devant vous mes larmes ont coulé :
Le ciel a vu ces pleurs, et je sors consolé.
Peut-être au même instant, sur un autre rivage,
Elvire veille aussi, seule avec mon image,
Et dans un temple obscur, les yeux baignés de pleurs,
Vient aux autels déserts confier ses douleurs.

XXIII.

CHANTS LYRIQUES DE SAUL.

IMITATION DES PSAUMES DE DAVID.

Je répandrai mon âme au seuil du sanctuaire,
Seigneur, dans ton nom seul je mettrai mon espoir ;
Mes cris t'éveilleront, et mon humble prière
S'élèvera vers toi comme l'encens du soir !

Dans quel abaissement ma gloire s'est perdue !
J'erre sur la montagne ainsi qu'un passereau,
Et par tant de rigueurs mon âme confondue,
Mon âme est devant toi comme un désert sans eau.

Pour mes fiers ennemis ce deuil est une fête.
Ils se montrent, Seigneur, ton Christ humilié.
Le voilà, disent-ils ; ses dieux l'ont oublié ;
Et Moloch en passant a secoué la tête
        Et souri de pitié.

. . . .
. . . .
. . . .
. . . .

Seigneur, tendez votre arc ; levez-vous, jugez-moi !
Remplissez mon carquois de vos flèches brûlantes.

Que des hauteurs du ciel vos foudres dévorantes
Portent sur eux la mort qu'ils appelaient sur moi !

Dieu se lève, il s'élance, il abaisse la voûte
De ces cieux éternels ébranlés sous ses pas ;
Le soleil et la foudre ont éclairé sa route ;
Ses anges devant lui font voler le trépas.

Le feu de son courroux fait monter la fumée,
Son éclat a fendu les nuages des cieux ;
  La terre est consumée
  D'un regard de ses yeux.

  Il parle ; sa voix foudroyante
  A fait chanceler d'épouvante
Les cèdres du Liban, les rochers des déserts ;
Le Jourdain montre à nu sa source reculée ;
  De la terre ébranlée
  Les os sont découverts.

Le Seigneur m'a livré la race criminelle
  Des superbes enfans d'Ammon.
Levez-vous, ô Saül ! et que l'ombre éternelle
  Engloutisse jusqu'à leur nom !

. . . .
. . . .
. . . .
. . . .

Que vois-je? vous tremblez, orgueilleux oppresseurs !
      Le héros prend sa lance,
      Il l'agite, il s'élance ;
      A sa seule présence,
La terreur de ses yeux a passé dans vos cœurs.

Fuyez !... Il est trop tard ! sa redoutable épée
Décrit autour de vous un cercle menaçant,
En tout lieu vous poursuit, en tout lieu vous attend ;
Et déjà mille fois dans votre sang trempée,
      S'enivre encor de votre sang.

          Son coursier superbe
          Foule comme l'herbe
          Les corps des mourans ;
          Le héros l'excite
          Et le précipite
          A travers les rangs ;
          Les feux l'environnent ;
          Les casques résonnent
          Sous ses pieds sanglans ;
          Devant sa carrière
          Cette foule altière
          Tombe tout entière
          Sous ses traits brûlans,
          Comme la poussière
          Qu'emportent les vents.

      Où sont ces fiers Ismaélites,
Ces enfans de Moab, cette race d'Édom ?

Iduméens, guerriers d'Ammon,
Et vous, superbes fils de Tyr et de Sidon,
Et vous, cruels Amalécites?

Les voilà devant moi comme un fleuve tari,
Et leur mémoire même avec eux a péri !

. . . .
. . . .
. . . .
. . . .

Que de biens le Seigneur m'apprête !
Qu'il couronne d'honneurs la vieillesse du roi !
Éphraïm, Manassé, Galaad, sont à moi ;
Jacob, mon bouclier, est l'appui de ma tête.
Que de biens le Seigneur m'apprête !
Qu'il couronne d'honneurs la vieillesse du roi !

Des bords où l'aurore se lève
Aux bords où le soleil achève
Son cours tracé par l'Éternel,
L'opulente Saba, la fertile Éthiopie,
La riche mer de Tyr, les déserts d'Arabie,
Adorent le roi d'Israël.

Peuples, frappez des mains ; le Roi des rois s'avance !
Il monte, il s'est assis sur son trône éclatant ;
Il pose de Sion l'éternel fondement ;
La montagne frémit de joie et d'espérance.

Peuples, frappez des mains; le Roi des rois s'avance;
Il pose de Sion l'éternel fondement.

  De sa main pleine de justice
Il verse aux nations l'abondance et la paix.
Réjouis-toi, Sion, sous ton ombre propice,
Ainsi que le palmier qui parfume Cadès,
La paix et l'équité fleurissent à jamais.
  De sa main pleine de justice
Il verse aux nations l'abondance et la paix.

Dieu chérit de Sion les sacrés tabernacles
  Plus que les tentes d'Israël ;
Il y fait sa demeure, il y rend ses oracles :
Il y fait éclater sa gloire et ses miracles :
Sion, ainsi que lui, ton nom est immortel.
Dieu chérit de Sion les sacrés tabernacles
  Plus que les tentes d'Israël.

  C'est là qu'un jour vaut mieux que mille,
C'est là qu'environné de la troupe docile
De ses nombreux enfans, sa gloire et son appui,
Le roi vieillit, semblable à l'olivier fertile
Qui voit ses rejetons fleurir autour de lui.

XXIV.

HYMNE AU SOLEIL.

Vous avez pris pitié de sa longue douleur,
Vous me rendez le jour, Dieu que l'amour implore !
Déjà mon front, couvert d'une molle pâleur,
Des teintes de la vie à ses yeux se colore ;
Déjà dans tout mon être une douce chaleur
Circule avec mon sang, remonte dans mon cœur :
      Je renais pour aimer encore !

Mais la nature aussi se réveille en ce jour :
Au doux soleil de mai nous la voyons renaître :
Les oiseaux de Vénus, autour de ma fenêtre,
Du plus chéri des mois proclament le retour !
Guidez mes premiers pas dans nos vertes campagnes !
Conduis-moi, chère Elvire, et soutiens ton amant :
Je veux voir le soleil s'élever lentement,
Précipiter son char du haut de nos montagnes,
Jusqu'à l'heure où dans l'onde il ira s'engloutir,
Et cèdera les airs au nocturne zéphyr.
Viens ! Que crains-tu pour moi ? le ciel est sans nuage :
Le plus beau de nos jours passera sans orage ;
Et c'est l'heure où déjà, sur les gazons en fleurs,
Dorment, près des troupeaux, les paisibles pasteurs.

Le jour en reparant la nuit de la lumière,
L'Éternel te lança dans ta vaste carrière,
L'univers tout entier te reconnut pour Roi,
Et l'homme en t'adorant, s'inclina devant toi.

Hymne au soleil, Rolien ✦

Publié par Ch. Gosselin 1823

Dieu! que les airs sont doux! que la lumière est pure!
Tu règnes en vainqueur sur toute la nature,
O Soleil! et des cieux, où ton char est porté,
Tu lui verses la vie et la fécondité.
Le jour, où séparant la nuit de la lumière,
L'Éternel te lança dans ta vaste carrière,
L'univers tout entier te reconnut pour roi ;
Et l'homme, en t'adorant, s'inclina devant toi.
De ce jour, poursuivant ta carrière enflammée,
Tu décris sans repos ta route accoutumée ;
L'éclat de tes rayons ne s'est point affaibli,
Et sous la main des temps ton front n'a point pâli !

Quand la voix du matin vient réveiller l'aurore,
L'Indien prosterné te bénit et t'adore ;
Et moi, quand le midi de ses feux bienfaisans
Ranime par degrés mes membres languissans,
Il me semble qu'un Dieu, dans tes rayons de flamme,
En échauffant mon sein pénètre dans mon âme !
Et je sens de ses fers mon esprit détaché,
Comme si du Très-Haut le bras m'avait touché.
Mais ton sublime auteur défend-il de le croire?
N'es-tu point, ô Soleil! un rayon de sa gloire?
Quand tu vas mesurant l'immensité des cieux,
O Soleil! n'es-tu point un regard de ses yeux?

Ah ! si j'ai quelquefois, aux jours de l'infortune,
Blasphémé du soleil la lumière importune,
Si j'ai maudit les dons que j'ai reçus de toi,
Dieu, qui lis dans nos cœurs, ô Dieu! pardonne-moi.

Je n'avais pas goûté la volupté suprême
De revoir la nature auprès de ce que j'aime,
De sentir dans mon cœur, aux rayons d'un beau jour,
Redescendre à la fois et la vie et l'amour.
Insensé ! j'ignorais tout le prix de la vie ;
Mais ce jour me l'apprend, et je te glorifie !

XXV.

ADIEU.

Oui, j'ai quitté ce port tranquille,
Ce port si longtemps appelé,
Où, loin des ennuis de la ville,
Dans un loisir doux et facile,
Sans bruit mes jours auraient coulé.
J'ai quitté l'obscure vallée,
Le toit champêtre d'un ami ;
Loin des bocages de Bissy,
Ma muse, à regret exilée,
S'éloigne triste et désolée,
Du séjour qu'elle avait choisi.
Nous n'irons plus dans les prairies,
Au premier rayon du matin,
Égarer, d'un pas incertain,
Nos poétiques rêveries.
Nous ne verrons plus le soleil
Du haut des cimes d'Italie
Précipitant son char vermeil,
Semblable au père de la vie,
Rendre à la nature assoupie
Le premier éclat du réveil.
Nous ne goûterons plus votre ombre,
Vieux pins, l'honneur de ces forêts,

Vous n'entendrez plus nos secrets ;
Sous cette grotte humide et sombre
Nous ne chercherons plus le frais,
Et, le soir, au temple rustique,
Quand la cloche mélancolique
Appellera tout le hameau,
Nous n'irons plus à la prière,
Nous courber sur la simple pierre
Qui couvre un rustique tombeau.
Adieu, vallons ! adieu, bocages !
Lac azuré, roches sauvages,
Bois touffus, tranquille séjour,
Séjour des heureux et des sages,
Je vous ai quittés sans retour !
Déjà ma barque fugitive,
Au souffle des zéphyrs trompeurs,
S'éloigne à regret de la rive
Que m'offraient les dieux protecteurs.
J'affronte de nouveaux orages ;
Sans doute à de nouveaux naufrages
Mon frêle esquif est dévoué ;
Et pourtant, à la fleur de l'âge,
Sur quels écueils, sur quel rivage,
Déjà n'ai-je pas échoué ?
Mais d'une plainte téméraire
Pourquoi fatiguer le destin ?
A peine au milieu du chemin,
Faut-il regarder en arrière ?
Mes lèvres à peine ont goûté
Le calice amer de la vie,

Loin de moi je l'ai rejeté ;
Mais l'arrêt cruel est porté :
Il faut boire jusqu'à la lie !
Lorsque mes pas auront franchi
Les deux tiers de notre carrière,
Sous le poids d'une vie entière
Quand mes cheveux auront blanchi,
Je reviendrai du vieux Bissy
Visiter le toit solitaire,
Où le ciel me garde un ami.
Dans quelque retraite profonde,
Sous les arbres par lui plantés,
Nous verrons couler comme l'onde
La fin de nos jours agités.
Là, sans crainte et sans espérance,
Sur notre orageuse existence
Ramenés par le souvenir,
Jetant nos regards en arrière,
Nous mesurerons la carrière
Qu'il aura fallu parcourir.

Tel un pilote octogénaire,
Du haut d'un rocher solitaire,
Le soir, tranquillement assis,
Laisse au loin égarer sa vue,
Et contemple encor l'étendue
Des mers qu'il sillonna jadis.

XXVI.

LA SEMAINE SAINTE

A LA ROCHE-GUYON.

Ici viennent mourir les derniers bruits du monde;
Nautoniers sans étoile, abordez! c'est le port :
Ici l'âme se plonge en une paix profonde,
    Et cette paix n'est pas la mort.

Ici jamais le ciel n'est orageux ni sombre;
Un jour égal et pur y repose les yeux :
C'est ce vivant soleil dont le soleil est l'ombre,
    Qui le répand du haut des cieux.

Comme un homme éveillé longtemps avant l'aurore,
Jeunes, nous avons fui dans cet heureux séjour;
Notre rêve est fini, le vôtre dure encore :
    Éveillez-vous! voilà le jour.

Cœurs tendres, approchez! ici l'on aime encore;
Mais l'amour, épuré, s'allume sur l'autel :
Tout ce qu'il a d'humain à ce feu s'évapore;
    Tout ce qui reste est immortel!

La prière, qui veille en ces saintes demeures,
De l'astre matinal nous annonce le cours;
Et, conduisant pour nous le char pieux des heures,
    Remplit et mesure nos jours.

L'airain religieux s'éveille avec l'aurore;
Il mêle notre hommage à la voix des zéphyrs;
Et les airs, ébranlés sous le marteau sonore,
    Prennent l'accent de nos soupirs.

Dans le creux du rocher, sous une voûte obscure,
S'élève un simple autel : Roi du ciel, est-ce toi?
Oui, contraint par l'amour, le Dieu de la nature
    Y descend, visible à la foi.

Que ma raison se taise, et que mon cœur adore!
La croix à mes regards révèle un nouveau jour;
Aux pieds d'un Dieu mourant puis-je douter encore?
    Non : l'amour m'explique l'amour.

Tous ces fronts prosternés, ce feu qui les embrase,
Ces parfums, ces soupirs s'exhalant du saint lieu,
Ces élans enflammés, ces larmes de l'extase,
    Tout me répond que c'est un Dieu.

Favoris du Seigneur, souffrez qu'à votre exemple,
Ainsi qu'un mendiant aux portes du palais,
J'adore aussi de loin, sur le seuil de son temple,
    Le Dieu qui vous donne la paix.

Ah ! laissez-moi mêler mon hymne à vos louanges !
Que mon encens souillé monte avec votre encens.
Jadis les fils de l'homme aux saints concerts des anges
    Ne mêlaient-ils pas leurs accens?

Du nombre des vivans chaque aurore m'efface ;
Je suis rempli de jours, de douleurs, de remords.
Sous le portique obscur venez marquer ma place,
    Ici, près du séjour des morts !

Souffrez qu'un étranger veille auprès de leur cendre.
Brûlant sur un cercueil comme ces saints flambeaux,
La mort m'a tout ravi, la mort doit tout me rendre ;
    J'attends le réveil des tombeaux !

Ah ! puissé-je près d'eux, au gré de mon envie,
A l'ombre de l'autel, et non loin de ce port,
Seul, achever ainsi les restes de ma vie
    Entre l'espérance et la mort !

XXVII.

LE CHRÉTIEN MOURANT.

Qu'entends-je? autour de moi l'airain sacré résonne!
Quelle foule pieuse en pleurant m'environne?
Pour qui ce chant funèbre et ce pâle flambeau?
O mort! est-ce ta voix qui frappe mon oreille
Pour la dernière fois? Eh quoi! je me réveille
      Sur le bord du tombeau!

O toi! d'un feu divin précieuse étincelle,
De ce corps périssable habitante immortelle,
Dissipe ces terreurs : la mort vient t'affranchir!
Prends ton vol, ô mon âme! et dépouille tes chaînes.
Déposer le fardeau des misères humaines,
      Est-ce donc là mourir?

Oui, le temps a cessé de mesurer mes heures.
Messagers rayonnans des célestes demeures,
Dans quels palais nouveaux allez-vous me ravir?
Déjà, déjà je nage en des flots de lumière;
L'espace devant moi s'agrandit, et la terre
      Sous mes pieds semble fuir!

Mais qu'entends-je? Au moment où mon âme s'éveille,
Des soupirs, des sanglots ont frappé mon oreille !
Compagnons de l'exil, quoi ! vous pleurez ma mort !
Vous pleurez ! et déjà dans la coupe sacrée
J'ai bu l'oubli des maux, et mon âme enivrée
      Entre au céleste port.

XXVIII.

DIEU.

A M. L'ABBÉ F. DE LAMENNAIS.

Oui, mon âme se plaît à secouer ses chaînes :
Déposant le fardeau des misères humaines,
Laissant errer mes sens dans ce monde des corps,
Au monde des esprits je monte sans efforts.
Là, foulant à mes pieds cet univers visible,
Je plane en liberté dans les champs du possible.
Mon âme est à l'étroit dans sa vaste prison :
Il me faut un séjour qui n'ait pas d'horizon.

Comme une goutte d'eau dans l'Océan versée,
L'infini dans son sein absorbe ma pensée ;
Là, reine de l'espace et de l'éternité,
Elle ose mesurer le temps, l'immensité,
Aborder le néant, parcourir l'existence,
Et concevoir de Dieu l'inconcevable essence.
Mais sitôt que je veux peindre ce que je sens,
Toute parole expire en efforts impuissans :
Mon âme croit parler ; ma langue embarrassée
Frappe l'air de vains sons, ombre de ma pensée.

Dieu fit pour les esprits deux langages divers :
En sons articulés l'un vole dans les airs ;

Ce langage borné s'apprend parmi les hommes ;
Il suffit aux besoins de l'exil où nous sommes,
Et, suivant des mortels les destins inconstans,
Change avec les climats ou passe avec les temps.
L'autre, éternel, sublime, universel, immense,
Est le langage inné de toute intelligence :
Ce n'est point un son mort dans les airs répandu ;
C'est un verbe vivant dans le cœur entendu :
On l'entend, on l'explique, on le parle avec l'âme,
Ce langage senti, touche, illumine, enflamme :
De ce que l'âme éprouve interprètes brûlans
Il n'a que des soupirs, des ardeurs, des élans ;
C'est la langue du ciel que parle la prière,
Et que le tendre amour comprend seul sur la terre.

Aux pures régions où j'aime à m'envoler,
L'enthousiasme aussi vient me la révéler ;
Lui seul est mon flambeau dans cette nuit profonde,
Et mieux que la raison il m'explique le monde.
Viens donc ; il est mon guide, et je veux t'en servir.
A ses ailes de feu, viens, laisse-toi ravir.
Déjà l'ombre du monde à nos regards s'efface :
Nous échappons au temps, nous franchissons l'espace,
Et dans l'ordre éternel de la réalité,
Nous voilà face à face avec la vérité !

Cet astre universel, sans déclin, sans aurore,
C'est Dieu, c'est ce grand tout, qui soi-même s'adore !
Il est ; tout est en lui : l'immensité, les temps,
De son être infini sont les purs élémens ;

L'espace est son séjour, l'éternité son âge ;
Le jour est son regard, le monde est son image :
Tout l'univers subsiste à l'ombre de sa main ;
L'être à flots éternels découlant de son sein,
Comme un fleuve nourri par cette source immense,
S'en échappe, et revient finir où tout commence.

Sans bornes, comme lui, ses ouvrages parfaits
Bénissent en naissant la main qui les a faits !
Il peuple l'infini chaque fois qu'il respire ;
Pour lui, vouloir c'est faire, exister c'est produire !
Tirant tout de soi seul, rapportant tout à soi,
Sa volonté suprême est sa suprême loi !
Mais cette volonté, sans ombre et sans faiblesse,
Est à la fois puissance, ordre, équité, sagesse.
Sur tout ce qui peut être il l'exerce à son gré ;
Le néant jusqu'à lui s'élève par degré :
Intelligence, amour, force, beauté, jeunesse,
Sans épuiser jamais, il peut donner sans cesse ;
Et, comblant le néant de ses dons précieux,
Des derniers rangs de l'être il peut tirer des dieux !
Mais ces dieux de sa main, ces fils de sa puissance,
Mesurent d'eux à lui l'éternelle distance,
Tendant par la nature à l'être qui les fit ;
Il est leur fin à tous, et lui seul se suffit !
Voilà, voilà le Dieu que tout esprit adore,
Qu'Abraham a servi, que rêvait Pythagore,
Que Socrate annonçait, qu'entrevoyait Platon ;
Ce Dieu que l'univers révèle à la raison,
Que la justice attend, que l'infortune espère,

Et que le Christ enfin vint montrer à la terre !
Ce n'est plus là ce Dieu par l'homme fabriqué,
Ce Dieu par l'imposture à l'erreur expliqué ;
Ce Dieu défiguré par la main des faux prêtres,
Qu'adoraient en tremblant nos crédules ancêtres.
Il est seul, il est un, il est juste, il est bon ;
La terre voit son œuvre, et le ciel sait son nom !

Heureux qui le connaît ! plus heureux qui l'adore !
Qui, tandis que le monde ou l'outrage ou l'ignore,
Seul, aux rayons pieux des lampes de la nuit,
S'élève au sanctuaire où la foi l'introduit,
Et, consumé d'amour et de reconnaissance,
Brûle, comme l'encens, son âme en sa présence !
Mais, pour monter à lui, notre esprit abattu
Doit emprunter d'en haut sa force et sa vertu.
Il faut voler au ciel sur des ailes de flamme :
Le désir et l'amour sont les ailes de l'âme.
Ah ! que ne suis-je né dans l'âge où les humains,
Jeunes, à peine encore échappés de ses mains,
Près de Dieu par le temps, plus près par l'innocence,
Conversaient avec lui, marchaient en sa présence !
Que n'ai-je vu le monde à son premier soleil !
Que n'ai-je entendu l'homme à son premier réveil !
Tout lui parlait de toi, tu lui parlais toi-même ;
L'univers respirait ta majesté suprême ;
La nature, sortant des mains du Créateur,
Étalait en tous sens le nom de son auteur :
Ce nom, caché depuis sous la rouille des âges,
En traits plus éclatans brillait sur tes ouvrages ;

L'homme dans le passé ne remontait qu'à toi ;
Il invoquait son père, et tu disais : C'est moi.

Longtemps comme un enfant ta voix daigna l'instruire,
Et par la main longtemps tu voulus le conduire.
Que de fois dans ta gloire à lui tu t'es montré,
Aux vallons de Sennar, aux chênes de Membré,
Dans le buisson d'Oreb, ou sur l'auguste cime
Où Moïse aux Hébreux dictait sa loi sublime !
Ces enfans de Jacob, premiers-nés des humains,
Reçurent quarante ans la manne de tes mains :
Tu frappais leur esprit par tes vivans oracles ;
Tu parlais à leurs yeux par la voix des miracles ;
Et lorsqu'ils t'oubliaient, tes anges descendus
Rappelaient ta mémoire à leurs cœurs éperdus.
Mais enfin comme un fleuve éloigné de sa source,
Ce souvenir si pur s'altéra dans sa course ;
De cet astre vieilli la sombre nuit des temps
Éclipsa par degrés les rayons éclatans.
Tu cessas de parler : l'oubli, la main des âges,
Usèrent ce grand nom empreint dans tes ouvrages ;
Les siècles en passant firent pâlir la foi ;
L'homme plaça le doute entre le monde et toi.

Oui, ce monde, Seigneur, est vieilli pour ta gloire ;
Il a perdu ton nom, ta race et ta mémoire,
Et pour les retrouver il nous faut, dans son cours,
Remonter flots à flots le long fleuve des jours !
Nature ! firmament ! l'œil en vain vous contemple :
Hélas ! sans voir le Dieu, l'homme admire le temple ;

Il voit, il suit en vain, dans les déserts des cieux,
De leurs mille soleils le cours mystérieux ;
Il ne reconnaît plus la main qui les dirige ;
Un prodige éternel cesse d'être un prodige !
Comme ils brillaient hier ils brilleront demain !
Qui sait où commença leur glorieux chemin ?
Qui sait si ce flambeau, qui luit et qui féconde,
Une première fois s'est levé sur le monde ?
Nos pères n'ont point vu briller son premier tour,
Et les jours éternels n'ont point de premier jour.
Sur le monde moral en vain ta providence
Dans ces grands changemens révèle ta présence.
C'est en vain qu'en tes jeux l'empire des humains
Passe d'un sceptre à l'autre, errant de mains en mains ;
Nos yeux, accoutumés à sa vicissitude,
Se sont fait de la gloire une froide habitude :
Les siècles ont tant vu de ces grands coups du sort !
Le spectacle est usé ; l'homme engourdi s'endort.

Réveille-nous, grand Dieu ! parle, et change le monde ;
Fais entendre au néant ta parole féconde :
Il est temps ! lève-toi ! sors de ce long repos ;
Tire un autre univers de cet autre chaos.
A nos yeux assoupis il faut d'autres spectacles !
A nos esprits flottans il faut d'autres miracles !
Change l'ordre des cieux qui ne nous parle plus !
Lance un nouveau soleil à nos yeux éperdus ;
Détruis ce vieux palais, indigne de ta gloire ;
Viens ! montre-toi toi-même, et force-nous de croire !
Mais peut-être, avant l'heure où dans les cieux déserts

Le soleil cessera d'éclairer l'univers,
De ce soleil moral la lumière éclipsée
Cessera par degrés d'éclairer la pensée,
Et le jour qui verra ce grand flambeau détruit
Plongera l'univers dans l'éternelle nuit.
Alors tu briseras ton inutile ouvrage.
Ses débris foudroyés rediront d'âge en âge :
Seul je suis ! hors de moi rien ne peut subsister !
L'homme cessa de croire, il cessa d'exister !

XXIX.

L'AUTOMNE.

Salut! bois couronnés d'un reste de verdure!
Feuillages jaunissans sur les gazons épars!
Salut! derniers beaux jours; le deuil de la nature
Convient à la douleur, et plaît à mes regards.

Je suis d'un pas rêveur le sentier solitaire;
J'aime à revoir encor, pour la dernière fois,
Ce soleil pâlissant, dont la faible lumière
Perce à peine à mes pieds l'obscurité des bois.

Oui, dans ces jours d'automne où la nature expire,
A ses regards voilés je trouve plus d'attraits;
C'est l'adieu d'un ami, c'est le dernier sourire
Des lèvres que la mort va fermer pour jamais.

Ainsi, prêt à quitter l'horizon de la vie,
Pleurant de mes longs jours l'espoir évanoui,
Je me retourne encore, et d'un regard d'envie
Je contemple ses biens dont je n'ai pas joui.

Terre, soleil, vallons, belle et douce nature,
Je vous dois une larme aux bords de mon tombeau!
L'air est si parfumé! la lumière est si pure!
Aux regards d'un mourant le soleil est si beau!

Publié par Ch. Gosselin 1825

Je voudrais maintenant vider jusqu'à la lie
Ce calice mêlé de nectar et de fiel :
Au fond de cette coupe où je buvais la vie,
Peut-être restait-il une goutte de miel.

Peut-être l'avenir me gardait-il encore
Un retour de bonheur dont l'espoir est perdu?
Peut-être dans la foule une âme que j'ignore
Aurait compris mon âme, et m'aurait répondu!...

La fleur tombe en livrant ses parfums au zéphyre;
A la vie, au soleil, ce sont là ses adieux;
Moi, je meurs; et mon âme, au moment qu'elle expire,
S'exhale comme un son triste et mélodieux.

XXX.

LA POÉSIE SACRÉE.

DITHYRAMBE.

A M. EUGÈNE DE GENOUDE [1].

Son front est couronné de palmes et d'étoiles;
Son regard immortel, que rien ne peut ternir,
Traversant tous les temps, soulevant tous les voiles,
Réveille le passé, plonge dans l'avenir!
Du monde sous ses yeux les fastes se déroulent,
Les siècles à ses pieds comme un torrent s'écoulent;
A son gré descendant ou remontant leur cours,
Elle sonne aux tombeaux l'heure, l'heure fatale,
    Ou sur sa lyre virginale
Chante au monde vieilli ce jour, père des jours.

    Écoutez! — Jéhova s'élance
    Du sein de son éternité.

---

[1] M. de Genoude, à qui ce dithyrambe est adressé, est le premier qui ait fait passer dans la langue française la sublime poésie des Hébreux. Jusqu'à présent nous ne connaissions que le sens des livres de Job, d'Isaïe, de David; grâce à lui, l'expression, la couleur, le mouvement, l'énergie, vivent aujourd'hui dans notre langue. Ce dithyrambe est un témoignage de la reconnaissance de l'auteur pour la manière nouvelle dont M. de Genoude lui a fait envisager la poésie sacrée.

Le chaos endormi s'éveille en sa présence ;
Sa vertu le féconde, et sa toute-puissance
   Repose sur l'immensité.
Dieu dit, et le jour fut ; Dieu dit, et les étoiles
De la nuit éternelle éclaircirent les voiles ;
   Tous les élémens divers
   A sa voix se séparèrent ;
   Les eaux soudain s'écoulèrent
   Dans le lit creusé des mers ;
   Les montagnes s'élevèrent,
   Et les aquilons volèrent
   Dans les libres champs des airs.

Sept fois de Jéhova la parole féconde
   Se fit entendre au monde,
Et sept fois le néant à sa voix répondit ;
Et Dieu dit : Faisons l'homme à ma vivante image.
Il dit, l'homme naquit ; à ce dernier ouvrage
Le Verbe créateur s'arrête et s'applaudit.

Mais ce n'est plus un Dieu ; — c'est l'homme qui soupire :
Éden a fui... voilà le travail et la mort.
   Dans les larmes sa voix expire ;
La corde du bonheur se brise sur sa lyre,
Et Job en tire un son triste comme le sort.
Ah ! périsse à jamais le jour qui m'a vu naître !
Ah ! périsse à jamais la nuit qui m'a conçu,
   Et le sein qui m'a donné l'être,
   Et les genoux qui m'ont reçu !

Que du nombre des jours Dieu pour jamais l'efface !
Que, toujours obscurci des ombres du trépas,
Ce jour parmi les jours ne trouve plus sa place !
    Qu'il soit comme s'il n'était pas !

Maintenant dans l'oubli je dormirais encore,
    Et j'achèverais mon sommeil
Dans cette longue nuit qui n'aura point d'aurore,
Avec ces conquérans que la terre dévore,
Avec le fruit conçu qui meurt avant d'éclore,
    Et qui n'a pas vu le soleil.

    Mes jours déclinent comme l'ombre ;
    Je voudrais les précipiter.
    O mon Dieu ! retranchez le nombre
    Des soleils que je dois compter.
    L'aspect de ma longue infortune
    Éloigne, repousse, importune
    Mes frères lassés de mes maux ;
    En vain je m'adresse à leur foule,
    Leur pitié m'échappe, et s'écoule
    Comme l'onde au flanc des coteaux.

    Ainsi qu'un nuage qui passe,
    Mon printemps s'est évanoui ;
    Mes yeux ne verront plus la trace
    De tous ces biens dont j'ai joui.
    Par le souffle de la colère,
    Hélas ! arraché de la terre,
    Je vais d'où l'on ne revient pas :
    Mes vallons, ma propre demeure,

Et cet œil même qui me pleure,
Ne reverront jamais mes pas!

L'homme vit un jour sur la terre
Entre la mort et la douleur;
Rassasié de sa misère,
Il tombe enfin comme la fleur.
Il tombe! Au moins par la rosée
Des fleurs la racine arrosée
Peut-elle un moment refleurir;
Mais l'homme, hélas! après la vie,
C'est un lac dont l'eau s'est enfuie:
On le cherche, il vient de tarir.

Mes jours fondent comme la neige
Au souffle du courroux divin;
Mon espérance, qu'il abrège,
S'enfuit comme l'eau de ma main;
Ouvrez-moi mon dernier asile;
Là, j'ai dans l'ombre un lit tranquille,
Lit préparé pour mes douleurs.
O tombeau! vous êtes mon père;
Et je dis aux vers de la terre:
Vous êtes ma mère et mes sœurs!

Mais les jours heureux de l'impie
Ne s'éclipsent pas au matin;
Tranquille, il prolonge sa vie
Avec le sang de l'orphelin.
Il étend au loin ses racines;

　　　　Comme un troupeau sur les collines,
　　　　Sa famille couvre Ségor;
　　　　Puis dans un riche mausolée
　　　　Il est couché dans la vallée, .
　　　　Et l'on dirait qu'il vit encor.

C'est le secret de Dieu; je me tais et j'adore.
C'est sa main qui traça les sentiers de l'aurore,
Qui pesa l'Océan, qui suspendit les cieux.
Pour lui, l'abîme est nu, l'enfer même est sans voiles.
Il a fondé la terre et semé les étoiles;
　　　Et qui suis-je à ses yeux?

———

Mais la harpe a frémi sous les doigts d'Isaïe;
De son sein bouillonnant la menace à longs flots
S'échappe; un Dieu l'appelle, il s'élance, il s'écrie:
Cieux et terre, écoutez! silence au fils d'Amos!
Osias n'était plus : Dieu m'apparut : je vis
Adonaï vêtu de gloire et d'épouvante :
Les bords éblouissans de sa robe flottante
　　　Remplissaient le sacré parvis.

Des séraphins, debout sur des marches d'ivoire,
Se voilaient devant lui de six ailes de feux;
Volant de l'un à l'autre, ils se disaient entre eux :
Saint, saint, saint, le Seigneur, le Dieu, le roi des dieux!
　　Toute la terre est pleine de sa gloire!

Du temple à ces accens la voûte s'ébranla ;
Adonaï s'enfuit sous la nue enflammée ;
Le saint lieu fut rempli de torrens de fumée ;
    La terre sous mes pieds trembla.

Et moi, je resterais dans un lâche silence !
Moi qui t'ai vu, Seigneur, je n'oserais parler !
    A ce peuple impur qui t'offense
    Je craindrais de te révéler !

Qui marchera pour nous ? dit le Dieu des armées.
Qui parlera pour moi ? dit Dieu. Qui ? moi, Seigneur.
    Touche mes lèvres enflammées :
    Me voilà ! je suis prêt !... Malheur !

    Malheur à vous qui dès l'aurore
    Respirez les parfums du vin ,
    Et que le soir retrouve encore
    Chancelans aux bords du festin !
    Malheur à vous qui par l'usure
    Étendez sans fin ni mesure
    La borne immense de vos champs !
    Voulez-vous donc , mortels avides ,
    Habiter dans vos champs arides
    Seuls sur la terre des vivans ?

    Malheur à vous, race insensée !
    Enfans d'un siècle audacieux,
    Qui dites dans votre pensée :
    Nous sommes sages à nos yeux :

Vous changez la nuit en lumière,
Et le jour en ombre grossière
Où se cachent vos voluptés!
Mais, comme un taureau dans la plaine,
Vous traînez après vous la chaîne
De vos longues iniquités!

Malheur à vous, filles de l'onde!
Iles de Sidon et de Tyr!
Tyrans, qui trafiquez du monde
Avec la pourpre et l'or d'Ophir!
Malheur à vous! votre heure sonne;
En vain l'Océan vous couronne!
Malheur à toi, reine des eaux,
A toi qui, sur des mers nouvelles,
Fais retentir comme des ailes
Les voiles de mille vaisseaux!

Ils sont enfin venus les jours de ma justice;
Ma colère, dit Dieu, se dérobe sur vous!
   Plus d'encens, plus de sacrifice
    Qui puisse éteindre mon courroux!
Je livrerai ce peuple à la mort, au carnage :
Le fer moissonnera comme l'herbe sauvage
    Ses bataillons entiers!
—Seigneur, épargnez-nous! Seigneur!—Non, point de trêve;
Et je ferai sur lui ruisseler de mon glaive
    Le sang de ses guerriers!
Ses torrens sécheront sous ma brûlante haleine;
Ma main nivellera, comme une vaste plaine,

Ses murs et ses palais ;
Le feu les brûlera comme il brûle le chaume.
Là, plus de nation, de ville, de royaume ;
Le silence à jamais !

Ses murs se couvriront de ronces et d'épines ;
L'hyène et le serpent peupleront ses ruines ;
Les hiboux, les vautours,
L'un l'autre s'appelant durant la nuit obscure,
Viendront à leurs petits porter la nourriture
Au sommet de ses tours !

———

Mais Dieu ferme à ces mots les lèvres d'Isaïe.
Le sombre Ézéchiel
Sur le tronc desséché de l'ingrat Israël
Fait descendre à son tour la parole de vie !

———

L'Éternel emporta mon esprit au désert :
D'ossemens desséchés le sol était couvert ;
J'approche en frissonnant ; mais Jéhova me crie :
Si je parle à ces os, reprendront-ils la vie ?
— Éternel, tu le sais. — Eh bien ! dit le Seigneur,
Écoute mes accens ; retiens-les, et dis-leur :
Ossemens desséchés, insensible poussière,
Levez-vous ! recevez l'esprit et la lumière !
Que vos membres épars s'assemblent à ma voix !

Que l'esprit vous anime une seconde fois!
Qu'entre vos os flétris vos muscles se replacent!
Que votre sang circule et vos nerfs s'entrelacent!
Levez-vous et vivez, et voyez qui je suis!
J'écoutai le Seigneur, j'obéis, et je dis :
Esprit, soufflez sur eux, du couchant, de l'aurore;
Soufflez de l'aquilon, soufflez!... Pressés d'éclore,
Ces restes du tombeau, réveillés par mes cris,
Entrechoquent soudain leurs ossemens flétris;
Aux clartés du soleil leur paupière se rouvre,
Leurs os sont rassemblés et la chair les recouvre!
Et ce champ de la mort tout entier se leva,
Redevint un grand peuple, et connut Jéhova!

Mais Dieu de ses enfans a perdu la mémoire;
La fille de Sion, méditant ses malheurs,
S'assied en soupirant, et, veuve de sa gloire,
Écoute Jérémie, et retrouve des pleurs.

Le Seigneur, m'accablant du poids de sa colère,
Retire tour à tour et ramène sa main;
  Vous qui passez par le chemin,
Est-il une misère égale à ma misère?

En vain ma voix s'élève, il n'entend plus ma voix.
Il m'a choisi pour but de ses flèches de flamme,

Et tout le jour contre mon âme
Sa fureur a lancé les fils de son carquois.

Sur mes os consumés ma peau s'est desséchée ;
Les enfans m'ont chanté dans leurs dérisions ;
Seul, au milieu des nations,
Le Seigneur m'a jeté comme une herbe arrachée.

Il s'est enveloppé de son divin courroux ;
Il a fermé ma route, il a troublé ma voie :
Mon sein n'a plus connu la joie,
Et j'ai dit au Seigneur : Seigneur, souvenez-vous,

Souvenez-vous, Seigneur, de ces jours de colère ;
Souvenez-vous du fiel dont vous m'avez nourri ;
Non, votre amour n'est point tari :
Vous me frappez, Seigneur, et c'est pourquoi j'espère.

Je repasse en pleurant ces misérables jours ;
J'ai connu le Seigneur dès ma plus tendre aurore :
Quand il punit, il aime encore ;
Il ne s'est pas, mon âme, éloigné pour toujours.

Heureux qui le connaît ! heureux qui, dès l'enfance,
Porta le joug d'un Dieu clément dans sa rigueur !
Il croit au salut du Seigneur,
S'assied au bord du fleuve, et l'attend en silence !

Il sent peser sur vous ce joug de votre amour ;
Il répand dans la nuit ses pleurs et sa prière,

Et, la bouche dans la poussière,
Il invoque, il espère, il attend votre jour.

Silence, ô lyre ! et vous, silence,
Prophètes, voix de l'avenir !
Tout l'univers se tait d'avance
Devant celui qui doit venir.
Fermez-vous, lèvres inspirées ;
Reposez-vous, harpes sacrées,
Jusqu'au jour où, sur les hauts lieux,
Une voix au monde inconnue
Fera retentir dans la nue :
Paix à la terre et gloire aux cieux !

NOUVELLES
MÉDITATIONS POÉTIQUES

I.

LE PASSÉ.

A M. A. DE V***.

Arrêtons-nous sur la colline
A l'heure où, partageant les jours,
L'astre du matin qui décline
Semble précipiter son cours.
En avançant dans sa carrière,
Plus faible il rejette en arrière
L'ombre terrestre qui le suit;
Et de l'horizon qu'il colore
Une moitié le voit encore,
L'autre se plonge dans la nuit.

C'est l'heure où, sous l'ombre inclinée,
Le laboureur, dans le vallon,

Suspend un moment sa journée,
Et s'assied au bord du sillon :
C'est l'heure où, près de la fontaine,
Le voyageur reprend haleine
Après sa course du matin ;
Et c'est l'heure où l'âme qui pense
Se retourne, et voit l'espérance
Qui l'abandonne en son chemin.

Ainsi notre étoile pâlie,
Jetant de mourantes lueurs
Sur le midi de notre vie,
Brille à peine à travers nos pleurs.
De notre rapide existence
L'ombre de la mort qui s'avance
Obscurcit déjà la moitié :
Et près de ce terme funeste,
Comme à l'aurore, il ne nous reste
Que l'espérance et l'amitié.

Ami, qu'un même jour vit naître,
Compagnon depuis le berceau,
Et qu'un même jour doit peut-être
Endormir au même tombeau ;
Voici la borne qui partage
Ce douloureux pèlerinage
Qu'un même sort nous a tracé :
De ce sommet qui nous rassemble,
Viens, jetons un regard ensemble,
Sur l'avenir et le passé.

Repassons nos jours, si tu l'oses;
Jamais l'espoir des matelots
Couronna-t-il d'autant de roses
Le navire qu'on lance aux flots?
Jamais d'une teinte plus belle
L'aube en riant colora-t-elle,
Le front rayonnant du matin?
Jamais d'un œil perçant d'audace
L'aigle embrassa-t-il plus d'espace
Que nous en ouvrait le destin?

En vain, sur la route fatale,
Dont les cyprès tracent le bord,
Quelques tombeaux par intervalle
Nous avertissaient de la mort.
Ces monumens mélancoliques,
Nous semblaient, comme aux jours antiques,
Un vain ornement du chemin.
Nous nous asseyions sous leur ombre,
Et nous rêvions des jours sans nombre,
Hélas! entre hier et demain!

Combien de fois, près du rivage,
Où Nisida dort sur les mers,
La beauté crédule ou volage
Accourut à nos doux concerts!
Combien de fois la barque errante
Berça sur l'onde transparente
Deux couples par l'amour conduits;
Tandis qu'une déesse amie

Jetait sur la vague endormie
Le voile parfumé des nuits !

Combien de fois, dans le délire
Qui succédait à nos festins,
Aux sons antiques de la lyre,
J'évoquai des songes divins ;
Aux parfums des roses mourantes,
Aux vapeurs des coupes fumantes,
Ils volaient à nous tour à tour !
Et sur leurs ailes nuancées
Égaraient nos molles pensées
Dans les dédales de l'Amour !

Mais dans leur insensible pente,
Les jours qui succédaient aux jours
Entraînaient comme une eau courante
Et nos songes et nos amours.
Pareil à la fleur fugitive
Qui du front joyeux d'un convive
Tombe avant l'heure du festin,
Ce bonheur que l'ivresse cueille,
De nos fronts tombant feuille à feuille,
Jonchait le lugubre chemin.

Et maintenant, sur cet espace
Que nos pas ont déjà quitté,
Retourne-toi ; cherchons la trace
De l'amour, de la volupté.
En foulant leurs rives fanées,

Remontons le cours des années,
Tandis qu'un souvenir glacé,
Comme l'astre adouci des ombres,
Éclaire encor de teintes sombres
La scène vide du passé.

Ici, sur la scène du monde
Se leva ton premier soleil.
Regarde : quelle nuit profonde
A remplacé ce jour vermeil !
Tout sous les cieux semblait sourire :
La feuille, l'onde, le zéphyre,
Murmuraient des accords charmans.
Écoute : la feuille est flétrie ;
Et les vents sur l'onde tarie
Rendent de sourds gémissemens.

Reconnais-tu ce beau rivage,
Cette mer aux flots argentés,
Qui ne fait que bercer l'image
Des bords dans son sein répétés ?
Un nom chéri vole sur l'onde !...
Mais pas une voix qui réponde,
Que le flot grondant sur l'écueil.
Malheureux ! quel nom tu prononces !
Ne vois-tu pas parmi ces ronces
Ce nom gravé sur un cercueil ?...

Plus loin, sur la rive où s'épanche
Un fleuve épris de ces coteaux,

Vois-tu ce palais qui se penche
Et jette une ombre au sein des eaux?
Là, sous une forme étrangère,
Un ange exilé de sa sphère
D'un céleste amour t'enflamma.
Pourquoi trembler? quel bruit t'étonne?
Ce n'est qu'une ombre qui frissonne
Aux pas du mortel qu'elle aima.

Hélas! partout où tu repasses,
C'est le deuil, le vide ou la mort;
Et rien n'a germé sur nos traces
Que la douleur ou le remord.
Voilà ce cœur où ta tendresse
Sema des fruits que ta vieillesse,
Hélas! ne recueillera pas:
Là l'oubli perdit ta mémoire;
Là l'envie étouffa ta gloire;
Là ta vertu fit des ingrats.

Là l'illusion éclipsée
S'enfuit sur un nuage obscur;
Ici l'espérance lassée
Replia ses ailes d'azur.
Là, sous la douleur qui le glace,
Ton sourire perdit sa grâce,
Ta voix oublia ses concerts;
Tes sens épuisés se plaignirent,
Et tes blonds cheveux se teignirent
Au souffle argenté des hivers.

Ainsi des rives étrangères
Quand l'homme, à l'insu des tyrans,
Vers la demeure de ses pères
Porte en secret ses pas errans,
L'ivraie a couvert ses collines,
Son toit sacré pend en ruines,
Dans ses jardins l'onde a tari;
Et sur le seuil qui fut sa joie,
Dans l'ombre un chien féroce aboie
Contre les mains qui l'ont nourri.

Mais ces sens qui s'appesantissent
Et du temps subissent la loi,
Ces yeux, ce cœur, qui se ternissent,
Cette ombre enfin, ce n'est pas toi.
Sans regret, au flot des années
Livre ces dépouilles fanées
Qu'enlève le souffle des jours;
Comme on jette au courant de l'onde
La feuille aride et vagabonde
Que l'onde entraîne dans son cours!

Ce n'est plus le temps de sourire
A ces roses de peu de jours,
De mêler aux sons de la lyre
Les tendres soupirs des Amours;
De semer sur des fonds stériles
Ces vœux, ces projets inutiles,
Par les vents du ciel emportés,
A qui le temps qui nous dévore

Ne donne pas l'heure d'éclore
Pendant nos rapides étés.

Levons les yeux vers la colline
Où luit l'étoile du matin,
Saluons la splendeur divine
Qui se lève dans le lointain.
Cette clarté pure et féconde
Aux yeux de l'âme éclaire un monde
Où la foi monte sans effort.
D'un saint espoir ton cœur palpite;
Ami, pour y voler plus vite,
Prenons les ailes de la mort.

En vain, dans ce désert aride,
Sous nos pas tout s'est effacé.
Viens : où l'éternité réside,
On retrouve jusqu'au passé.
Là sont nos rêves pleins de charmes,
Et nos adieux trempés de larmes,
Nos vœux et nos soupirs perdus.
Là refleuriront nos jeunesses ;
Et les objets de nos tristesses
A nos regrets seront rendus.

Ainsi, quand les vents de l'automne
Ont dissipé l'ombre des bois,
L'hirondelle agile abandonne
Le faîte du palais des rois :
Suivant le soleil dans sa course,

Elle remonte vers la source
D'où l'astre nous répand les jours ;
Et sur ses pas retrouve encore
Un autre ciel, une autre aurore,
Un autre nid pour ses amours.

Ce roi, dont la sainte tristesse
Immortalisa les douleurs
Vit ainsi sa verte jeunesse
Se renouveler sous les pleurs.
Sa harpe, à l'ombre de la tombe,
Soupirait comme la colombe
Sous les verts cyprès du Carmel ;
Et son cœur, qu'une lampe éclaire,
Résonnait comme un sanctuaire
Où retentit l'hymne éternel.

II.

ISCHIA[1].

Le soleil va porter le jour à d'autres mondes ;
Dans l'horizon désert Phœbé monte sans bruit,
Et jette, en pénétrant les ténèbres profondes,
Un voile transparent sur le front de la nuit.

Voyez du haut des monts ses clartés ondoyantes
Comme un fleuve de flamme inonder les coteaux,
Dormir dans les vallons, ou glisser sur les pentes,
Ou rejaillir au loin du sein brillant des eaux.

La douteuse lueur, dans l'ombre répandue,
Teint du jour azuré la pâle obscurité,
Et fait nager au loin dans la vague étendue
Les horizons baignés par sa molle clarté.

L'Océan amoureux de ces rives tranquilles
Calme, en voyant leurs pieds, ses orageux transports,
Et, pressant dans ses bras ces golfes et ces îles,
De son humide haleine en rafraîchit les bords.

[1] Ile de la Méditerranée, dans le golfe de Naples.

Du flot qui tour à tour s'avance et se retire
L'œil aime à suivre au loin le flexible contour :
On dirait un amant qui presse en son délire
La vierge qui résiste et cède tour à tour.

Doux comme le soupir de l'enfant qui sommeille,
Un son vague et plaintif se répand dans les airs :
Est-ce un écho du ciel qui charme notre oreille?
Est-ce un soupir d'amour de la terre et des mers?

Il s'élève, il retombe, il renaît, il expire,
Comme un cœur oppressé d'un poids de volupté ;
Il semble qu'en ces nuits la nature respire,
Et se plaint comme nous de sa félicité.

Mortel, ouvre ton âme à ces torrens de vie ;
Reçois par tous les sens les charmes de la nuit :
A t'enivrer d'amour son ombre te convie ;
Son astre dans le ciel se lève et te conduit.

Vois-tu ce feu lointain trembler sur la colline?
Par la main de l'Amour c'est un phare allumé ;
Là, comme un lis penché l'amante qui s'incline,
Prête une oreille avide aux pas du bien-aimé.

La beauté, dans le songe où son âme s'égare,
Soulève un œil d'azur qui réfléchit les cieux,
Et ses doigts au hasard errant sur sa guitare
Jettent aux vents du soir des sons mystérieux.

« Viens : l'amoureux silence occupe au loin l'espace ;
« Viens du soir près de moi respirer la fraîcheur :
« C'est l'heure ; à peine au loin la voile qui s'efface
« Blanchit, en ramenant le paisible pêcheur.

« Depuis l'heure où ta barque a fui loin de la rive,
« J'ai suivi tout le jour ta voile sur les mers,
« Ainsi que de son lit la colombe craintive
« Suit l'aile du ramier qui blanchit dans les airs.

« Tandis qu'elle glissait sous l'ombre du rivage,
« J'ai reconnu ta voix dans la voix des échos ;
« Et la brise du soir, en mourant sur la plage,
« Me rapportait tes chants prolongés sur les flots.

« Quand la vague a grondé sur la côte écumante,
« A l'étoile des mers j'ai murmuré ton nom,
« J'ai rallumé sa lampe, et de ta seule amante
« L'amoureuse prière a fait fuir l'aquilon.

« Maintenant sous le ciel tout repose, ou tout aime :
« La vague en ondulant vient dormir sur le bord :
« La fleur dort sur sa tige, et la nature même
« Sous le dais de la nuit se recueille et s'endort.

« Vois : la mousse a pour nous tapissé la vallée ;
« Le pampre s'y recourbe en replis tortueux,
« Et l'haleine de l'onde à l'oranger mêlée,
« De ses fleurs qu'elle effeuille embaume mes cheveux.

« A la molle clarté de la voûte sereine
« Nous chanterons ensemble assis sous le jasmin,
« Jusqu'à l'heure où la lune, en glissant vers Misène,
« Se perd en pâlissant dans les feux du matin. »

Elle chante ; et sa voix par intervalle expire,
Et, des accords du luth plus faiblement frappés,
Les échos assoupis ne livrent au zéphyre
Que des soupirs mourans, de silences coupés.

Celui qui, le cœur plein de délire et de flamme,
A cette heure d'amour, sous cet astre enchanté,
Sentirait tout à coup le rêve de son âme
S'animer sous les traits d'une chaste beauté ;

Celui qui, sur la mousse, au pied du sycomore,
Au murmure des eaux, sous un dais de saphirs,
Assis à ses genoux, de l'une à l'autre aurore,
N'aurait pour lui parler que l'accent des soupirs ;

Celui qui, respirant son haleine adorée,
Sentirait ses cheveux, soulevés par les vents,
Caresser en passant sa paupière effleurée,
Ou rouler sur son front leurs anneaux ondoyans ;

Celui qui, suspendant les heures fugitives,
Fixant avec l'amour son âme en ce beau lieu,
Oublîrait que le temps coule encor sur ces rives,
Serait-il un mortel, ou serait-il un dieu ?

Et nous, aux doux penchans de ces verts Élysées,
Sur ces bords où l'Amour eût caché son Éden,
Au murmure plaintif des vagues apaisées,
Aux rayons endormis de l'astre élyséen ;

Sous ce ciel où la vie, où le bonheur abonde,
Sur ces rives que l'œil se plaît à parcourir,
Nous avons respiré cet air d'un autre monde,
Élise !... et cependant on dit qu'il faut mourir !

III.

SAPHO.

ÉLÉGIE ANTIQUE.

L'aurore se levait, la mer battait la plage ;
Ainsi parla Sapho debout sur le rivage ;
Et près d'elle, à genoux, les filles de Lesbos
Se penchaient sur l'abîme et contemplaient les flots.

    Fatal rocher, profond abîme,
    Je vous aborde sans effroi !
Vous allez à Vénus dérober sa victime :
J'ai méconnu l'Amour, l'Amour punit mon crime.
O Neptune ! tes flots seront plus doux pour moi !
Vois-tu de quelles fleurs j'ai couronné ma tête ?
Vois : ce front si longtemps chargé de mon ennui,
Orné pour mon trépas comme pour une fête,
Du bandeau solennel étincelle aujourd'hui.
On dit que dans ton sein... mais je ne puis le croire,
On échappe au courroux de l'implacable Amour ;
On dit que par tes soins si l'on renaît au jour,
D'une flamme insensée on y perd la mémoire.
Mais de l'abîme, ô dieu ! quel que soit le secours,
Garde-toi, garde-toi de préserver mes jours !
Je ne viens pas chercher dans tes ondes propices

Un oubli passager, vain remède à mes maûx!
J'y viens, j'y viens trouver le calme des tombeaux.
Reçois, ô roi des mers, mes joyeux sacrifices!
Et vous, pourquoi ces pleurs? pourquoi ces vains sanglots?
Chantez, chantez un hymne, ô vierges de Lesbos!

Importuns souvenirs, me suivrez-vous sans cesse?
C'était sous les bosquets du temple de Vénus;
Moi-même, de Vénus insensible prêtresse,
Je chantais sur la lyre un hymne à la déesse :
Au pied de ses autels soudain je t'aperçus.
Dieux! quels transports nouveaux! ô dieux! comment décrire
Tous les feux dont mon sein se remplit à la fois!
Ma langue se glaça, je demeurai sans voix,
Et ma tremblante main laissa tomber ma lyre.
Non, jamais aux regards de l'ingrate Daphné
Tu ne parus plus beau, divin fils de Latone;
Jamais, le thyrse en main, de pampre couronné,
Le jeune dieu de l'Inde, en triomphe traîné,
N'apparut plus brillant aux regards d'Érigone.
Tout sortit... de lui seul je me souvins, hélas!
Sans rougir de ma flamme, en tout temps, à toute heure,
J'errais seule et pensive autour de sa demeure :
Un pouvoir plus qu'humain m'enchaînait sur ses pas.
Que j'aimais à le voir de la foule enivrée,
Au gymnase, au théâtre, attirer tous les yeux,
Lancer le disque au loin d'une main assurée,
Et sur tous ses rivaux l'emporter dans nos jeux!
Que j'aimais à le voir, penché sur la crinière
D'un coursier de l'Élide aussi prompt que les vents,

S'élancer le premier au bout de la carrière,
Et, le front couronné, revenir à pas lents !
Ah ! de tous ses succès que mon âme était fière !
Et si de ce beau front de sueur humecté
J'avais pu seulement essuyer la poussière !
O dieux ! j'aurais donné tout, jusqu'à ma beauté,
Pour être un seul instant ou sa sœur ou sa mère !
Vous qui n'avez jamais rien pu pour mon bonheur,
Vaines divinités des rives du Permesse,
Moi-même dans vos arts j'instruisis sa jeunesse ;
Je composai pour lui ces chants pleins de douceur,
Ces chants qui m'ont valu les transports de la Grèce.
Ces chants qui des Enfers fléchiraient la rigueur,
Malheureuse Sapho, n'ont pu fléchir son cœur,
Et son ingratitude a payé ta tendresse.

Redoublez vos soupirs, redoublez vos sanglots !
Pleurez, pleurez ma honte, ô filles de Lesbos !

Si mes soins, si mes chants, si mes trop faibles charmes
A son indifférence avaient pu l'arracher ;
Si l'ingrat cependant s'était laissé toucher ;
S'il eût été du moins attendri par mes larmes ;
Jamais pour un mortel, jamais la main des dieux
N'aurait filé des jours plus doux, plus glorieux.
Que d'éclat cet amour eût jeté sur sa vie !
Ses jours à ces dieux même auraient pu faire envie ;
Et l'amant de Sapho, fameux dans l'univers,
Aurait été, comme eux, immortel dans mes vers.
C'est pour lui que j'aurais, sur tes autels propices
Fait fumer en tout temps l'encens des sacrifices ;

O Vénus, c'est pour lui que j'aurais nuit et jour
Suspendu quelque offrande aux autels de l'Amour.
C'est pour lui que j'aurais, durant des nuits entières,
Aux trois fatales sœurs adressé mes prières ;
Ou bien que, reprenant mon luth mélodieux,
J'aurais redit les airs qui lui plaisaient le mieux.
Pour lui j'aurais voulu, dans les jeux d'Ionie,
Disputer aux vainqueurs les palmes du génie.
Que ces lauriers brillans, à mon orgueil offerts,
En les cueillant pour lui m'auraient été plus chers !
J'aurais mis à ses pieds le prix de ma victoire,
Et couronné son front des rayons de ma gloire.

Souvent, à la prière abaissant mon orgueil,
De ta porte, ô Phaon ! j'allais baiser le seuil.
Au moins, disais-je, au moins, si ta rigueur jalouse
Me refuse à jamais ce doux titre d'épouse,
Souffre, ô trop cher Phaon, que Sapho, près de toi,
Esclave si tu veux, vive au moins sous ta loi.
Que m'importe ce nom et cette ignominie,
Pourvu qu'à tes côtés je consume ma vie ;
Pourvu que je te voie, et qu'à mon dernier jour
D'un regard de pitié tu plaignes tant d'amour !
Ne crains pas mes périls, ne crains pas ma faiblesse ;
Vénus égalera ma force à ma tendresse.
Sur les flots, sur la terre, attachée à tes pas,
Tu me verras te suivre au milieu des combats ;
Tu me verras, de Mars affrontant la furie,
Détourner tous les traits qui menacent ta vie,
Entre la mort et toi toujours prompte à courir...
Trop heureuse, pour lui si j'avais pu mourir !

Lorsqu'enfin, fatigué des travaux de Bellone,
Sous la tente, au sommeil ton âme s'abandonne,
Ce sommeil, ô Phaon ! qui n'est plus fait pour moi,
Seule me laissera veillant autour de toi ;
Et si quelque souci vient rouvrir ta paupière,
Assise à tes côtés durant la nuit entière,
Mon luth sur mes genoux soupirant mon amour,
Je charmerai ta peine, en attendant le jour.
Je disais, et les vents emportaient ma prière,
L'écho répétait seul ma plainte solitaire ;
Et l'écho seul encor répond à mes sanglots !
Pleurez ! pleurez ma honte, ô filles de Lesbos !

Toi qui fus une fois mon bonheur et ma gloire,
O lyre ! que ma main fit résonner pour lui,
Ton aspect que j'aimais m'importune aujourd'hui ;
Et chacun de tes airs rappelle à ma mémoire
Et mes feux, et ma honte, et l'ingrat qui m'a fui.
Brise-toi dans mes mains, lyre à jamais funeste !
Aux autels de Vénus, dans ses sacrés parvis,
Je ne te suspends pas : que le courroux céleste
Sur ces flots orageux disperse tes débris,
Et que de mes tourmens nul vestige ne reste !
Que ne puis-je de même engloutir dans ces mers
Et ma fatale gloire, et mes chants, et mes vers !
Que ne puis-je effacer mes traces sur la terre !
Que ne puis-je aux Enfers descendre tout entière !
Et, brûlant ces écrits où doit vivre Phaon,
Emporter avec moi l'opprobre de mon nom !

Cependant si les dieux que sa rigueur outrage
Poussaient en cet instant ses pas vers le rivage;
Si de ce lieu suprême il pouvait s'approcher;
S'il venait contempler sur le fatal rocher
Sapho, les yeux en pleurs, errante, échevelée,
Frappant de vains sanglots la rive désolée,
Brûlant encor pour lui, lui pardonnant son sort,
Et dressant lentement les apprêts de sa mort,
Sans doute, à cet aspect, touché de mon supplice,
Il se repentirait de sa longue injustice;
Sans doute, par mes pleurs se laissant désarmer,
Il dirait à Sapho : Vis encor pour aimer!
Qu'ai-je dit? Loin de moi, quelque remords, peut-être,
A défaut de l'amour dans son cœur a pu naître;
Peut-être dans sa fuite, averti par les dieux,
Il frissonne, il s'arrête, il revient vers ces lieux :
Il revient m'arrêter sur les bords de l'abîme,
Il revient!... il m'appelle... il sauve sa victime!...
Oh! qu'entends-je?... Écoutez... du côté de Lesbos
Une clameur lointaine a frappé les échos!
J'ai reconnu l'accent de cette voix si chère,
J'ai vu sur le chemin s'élever la poussière!
O vierges! regardez; ne le voyez-vous pas
Descendre la colline et me tendre les bras?
Mais non! tout est muet dans la nature entière,
Un silence de mort règne au loin sur la terre;
Le chemin est désert!... Je n'entends que les flots!
Pleurez! pleurez ma honte, ô filles de Lesbos!

Mais déjà, s'élançant vers les cieux qu'il colore,

Le soleil de son char précipite le cours.
Toi qui viens commencer le dernier de mes jours,
Adieu, dernier soleil! adieu, suprême aurore!
Demain du sein des flots vous jaillirez encore;
Et moi, je meurs! et moi, je m'éteins pour toujours!
Adieu, champs paternels! adieu, douce contrée!
Adieu, chère Lesbos à Vénus consacrée!
Rivage où j'ai reçu la lumière des cieux;
Temple auguste où ma mère, aux jours de ma naissance,
D'une tremblante main me consacrant aux dieux,
Au culte de Vénus dévoua mon enfance;
Et toi, forêt sacrée, où les filles du ciel,
Entourant mon berceau, m'ont nourri de leur miel,
Adieu! Leurs vains présens que le vulgaire envie,
Ni les traits de l'Amour, ni les coups du destin,
Misérable Sapho! n'ont pu sauver ta vie!
Tu vécus dans les pleurs, et tu meurs au matin!
Ainsi tombe une fleur avant le temps fanée;
Ainsi, cruel Amour, sous le couteau mortel,
Une jeune victime à ton temple amenée,
Qu'à ton culte en naissant le pâtre a destinée,
Vient tomber avant l'âge au pied de ton autel.

Et vous qui reverrez le cruel que j'adore,
Quand l'ombre du trépas aura couvert mes yeux,
Compagnes de Sapho, portez-lui ces adieux;
Dites-lui... qu'en mourant je le nommais encore!...

Elle dit. Et le soir, quittant le bord des flots,
Vous revîntes sans elle, ô vierges de Lesbos!

IV.

LA SAGESSE.

O vous qui passez comme l'ombre
Par ce triste vallon de pleurs,
Passagers sur ce globe sombre,
Hommes! mes frères en douleurs,
Écoutez : voici vers Solime
Un son de la harpe sublime
Qui charmait l'écho du Thabor :
Sion en frémit sous sa cendre,
Et le vieux palmier croit entendre
La voix du vieillard de Ségor.

Insensé le mortel qui pense ;
Toute pensée est une erreur.
Vivez et mourez en silence ;
Car la parole est au Seigneur.
Il sait pourquoi flottent les mondes ;
Il sait pourquoi coulent les ondes,
Pourquoi les cieux pendent sur nous,
Pourquoi le jour brille et s'efface,
Pourquoi l'homme soupire et passe :
Et vous, mortels, que savez-vous?

Asseyez-vous près des fontaines
Tandis qu'agitant les rameaux,

Du midi les tièdes haleines
Font flotter l'ombre sur les eaux :
Au doux murmure de leurs ondes
Exprimez vos grappes fécondes
Où rougit l'heureuse liqueur ;
Et de main en main sous vos treilles
Passez-vous ces coupes vermeilles
Pleines de l'ivresse du cœur.

Ainsi qu'on choisit une rose
Dans les guirlandes de Sârons,
Choisissez une vierge éclose
Parmi les lis de vos vallons ;
Enivrez-vous de son haleine,
Écartez ses tresses d'ébène,
Goûtez les fruits de sa beauté,
Vivez, aimez, c'est la sagesse :
Hors le plaisir et la tendresse
Tout est mensonge et vanité.

Comme un lis penché par la pluie
Courbe ses rameaux éplorés,
Si la main du Seigneur vous plie,
Baissez votre tête, et pleurez.
Une larme à ses pieds versée
Luit plus que la perle enchâssée
Dans son tabernacle immortel ;
Et le cœur blessé qui soupire
Rend un son plus doux que la lyre
Sous les colonnes de l'autel.

Les astres roulent en silence
Sans savoir les routes des cieux ;
Le Jourdain vers l'abîme immense
Poursuit son cours mystérieux ;
L'aquilon, d'une aile rapide,
Sans savoir où l'instinct le guide,
S'élance et court sur vos sillons ;
Les feuilles que l'hiver entasse,
Sans savoir où le vent les chasse,
Volent en pâles tourbillons.

Et vous, pourquoi d'un soin stérile
Empoisonner vos jours bornés ?
Le jour présent vaut mieux que mille
Des siècles qui ne sont pas nés.
Passez, passez, ombres légères,
Allez, où sont allés vos pères,
Dormir auprès de vos aïeux.
De ce lit où la mort sommeille
On dit qu'un jour elle s'éveille
Comme l'aurore dans les cieux.

V.

LE POÈTE MOURANT.

La coupe de mes jours s'est brisée encor pleine ;
Ma vie en longs soupirs s'enfuit à chaque haleine ;
Ni larmes ni regrets ne peuvent l'arrêter :
Et l'aile de la mort, sur l'airain qui me pleure,
En sons entrecoupés frappe ma dernière heure :
    Faut-il gémir ? faut-il chanter ?...

Chantons, puisque mes doigts sont encor sur la lyre ;
Chantons, puisque la mort, comme au cygne, m'inspire
Au bord d'un autre monde un cri mélodieux.
C'est un présage heureux donné par mon génie :
Si notre âme n'est rien qu'amour et qu'harmonie,
    Qu'un chant divin soit ses adieux !

La lyre en se brisant jette un son plus sublime ;
La lampe qui s'éteint tout à coup se ranime,
Et d'un éclat plus pur brille avant d'expirer ;
Le cygne voit le ciel à son heure dernière :
L'homme seul, reportant ses regards en arrière,
    Compte ses jours pour les pleurer.

Qu'est-ce donc que des jours pour valoir qu'on les pleure ?
Un soleil, un soleil, une heure, et puis une heure ;

Celle qui vient ressemble à celle qui s'enfuit ;
Ce qu'une nous apporte, une autre nous l'enlève :
Travail, repos, douleur, et quelquefois un rêve,
  Voilà le jour, puis vient la nuit.

Ah ! qu'il pleure, celui dont les mains acharnées
S'attachant comme un lierre aux débris des années,
Voit avec l'avenir s'écouler son espoir !
Pour moi, qui n'ai point pris racine sur la terre,
Je m'en vais sans effort comme l'herbe légère
  Qu'enlève le souffle du soir.

Le poëte est semblable aux oiseaux de passage
Qui ne bâtissent point leurs nids sur le rivage,
Qui ne se posent point sur les rameaux des bois ;
Nonchalamment bercés sur le courant de l'onde,
Ils passent en chantant loin des bords, et le monde
  Ne connaît rien d'eux que leur voix.

Jamais aucune main sur la corde sonore
Ne guida dans ses jeux ma main novice encore ;
L'homme n'enseigne pas ce qu'inspire le ciel :
Le ruisseau n'apprend pas à couler dans sa pente,
L'aigle à fendre les airs d'une aile indépendante,
  L'abeille à composer son miel.

L'airain retentissant dans sa haute demeure,
Sous le marteau sacré tour à tour chante et pleure
Pour célébrer l'hymen, la naissance ou la mort ;
J'étais comme ce bronze épuré par la flamme,

Et chaque passion, en frappant sur mon âme,
    En tirait un sublime accord.

Telle durant la nuit la harpe éolienne;
Mêlant au bruit des eaux sa plainte aérienne,
Résonne d'elle-même au souffle des zéphyrs.
Le voyageur s'arrête étonné de l'entendre,
Il écoute, il admire, et ne saurait comprendre
    D'où partent ces divins soupirs.

Ma harpe fut souvent de larmes arrosée;
Mais les pleurs sont pour nous la céleste rosée;
Sous un ciel toujours pur le cœur ne mûrit pas:
Dans la coupe écrasé le jus du pampre coule,
Et le baume flétri sous le pied qui le foule
    Répand ses parfums sur vos pas.

Dieu d'un souffle brûlant avait formé mon âme;
Tout ce qu'elle approchait s'embrasait de sa flamme.
Don fatal! et je meurs pour avoir trop aimé!
Tout ce que j'ai touché s'est réduit en poussière:
Ainsi le feu du ciel tombé sur la bruyère
    S'éteint quand tout est consumé.

Mais le temps?—Il n'est plus.—Mais la gloire?—Eh! qu'importe
Cet écho d'un vain son qu'un siècle à l'autre apporte;
Ce nom, brillant jouet de la postérité?
Vous qui de l'avenir lui promettez l'empire,
Écoutez cet accord que va rendre ma lyre...
    Les vents déjà l'ont emporté!

Ah! donnez à la mort un espoir moins frivole.
Eh quoi! le souvenir de ce son qui s'envole
Autour d'un vain tombeau retentirait toujours?
Ce souffle d'un mourant, quoi! c'est là de la gloire!
Mais vous qui promettez les temps à sa mémoire,
      Mortels, possédez-vous deux jours?

J'en atteste les dieux! Depuis que je respire
Mes lèvres n'ont jamais prononcé sans sourire
Ce grand nom inventé par le délire humain;
Plus j'ai pressé ce mot, plus je l'ai trouvé vide,
Et je l'ai rejeté, comme une écorce aride
      Que nos lèvres pressent en vain.

Dans le stérile espoir d'une gloire incertaine,
L'homme livre, en passant, au courant qui l'entraîne
Un nom de jour en jour dans sa course affaibli;
De ce brillant débris le flot du temps se joue:
De siècle en siècle il flotte, il avance, il échoue
      Dans les abîmes de l'oubli.

Je jette un nom de plus à ces flots sans rivage;
Au gré des vents, du ciel, qu'il s'abîme ou surnage,
En serai-je plus grand? Pourquoi? ce n'est qu'un nom;
Le cygne qui s'envole aux voûtes éternelles,
Amis, s'informe-t-il si l'ombre de ses ailes
      Flotte encor sur un vil gazon?

Mais pourquoi chantais-tu? — Demande à Philomèle
Pourquoi, durant les nuits, sa douce voix se mêle

Au doux bruit des ruisseaux sous l'ombrage roulant :
Je chantais, mes amis, comme l'homme respire,
Comme l'oiseau gémit, comme le vent soupire,
  Comme l'eau murmure en coulant.

Aimer, prier, chanter, voilà toute ma vie.
Mortel, de tous ces biens qu'ici-bas l'homme envie,
A l'heure des adieux je ne regrette rien;
Rien que l'ardent soupir qui vers le ciel s'élance,
L'extase de la lyre, ou l'amoureux silence
  D'un cœur pressé contre le mien.

Aux pieds de la beauté sentir frémir sa lyre,
Voir d'accord en accord l'harmonieux délire
Couler avec le son et passer dans son sein,
Faire pleuvoir les pleurs de ces yeux qu'on adore,
Comme au souffle des vents les larmes de l'aurore
  Pleuvent d'un calice trop plein;

Voir le regard plaintif de la vierge modeste
Se tourner tristement vers la voûte céleste,
Comme pour s'envoler avec le son qui fuit,
Puis retombant sur vous plein d'une chaste flamme
Sous ses cils abaissés laisser briller son âme,
  Comme un feu tremblant dans la nuit;

Voir passer sur son front l'ombre de sa pensée,
La parole manquer à sa bouche oppressée,
Et de ce long silence entendre enfin sortir
Ce mot qui retentit jusque dans le ciel même,

Ce mot, le mot des dieux et des hommes... je t'aime !
    Voilà ce qui vaut un soupir.

Un soupir ! un regret ! inutile parole !
Sur l'aile de la mort mon âme au ciel s'envole,
Je vais où leur instinct emporte nos désirs ;
Je vais où le regard voit briller l'espérance ;
Je vais où va le son qui de mon luth s'élance ;
    Où sont allés tous mes soupirs !

Comme l'oiseau qui voit dans les ombres funèbres,
La foi, cet œil de l'âme, a percé mes ténèbres,
Son prophétique instinct m'a révélé mon sort.
Aux champs de l'avenir combien de fois mon âme,
S'élançant jusqu'au ciel sur des ailes de flamme,
    A-t-elle devancé la mort !

N'inscrivez point de nom sur ma demeure sombre ;
Du poids d'un monument ne chargez pas mon ombre :
D'un peu de sable, hélas ! je ne suis point jaloux.
Laissez-moi seulement à peine assez d'espace
Pour que le malheureux qui sur ma tombe passe
    Puisse y poser ses deux genoux.

Souvent, dans le secret de l'ombre et du silence,
Du gazon d'un cercueil la prière s'élance
Et trouve l'espérance à côté de la mort.
Le pied sur une tombe on tient moins à la terre ;
L'horizon est plus vaste ; et l'âme, plus légère,
    Monte au ciel avec moins d'effort.

Brisez, livrez aux vents, aux ondes, à la flamme,
Ce luth qui n'a qu'un son pour répondre à mon âme :
Celui des séraphins va frémir sous mes doigts.
Bientôt, vivant comme eux d'un immortel délire,
Je vais guider, peut-être, aux accords de ma lyre,
      Des cieux suspendus à ma voix.

Bientôt... Mais de la mort la main lourde et muette
Vient de toucher la corde, elle se brise, et jette
Un son plaintif et sourd dans le vague des airs.
Mon luth glacé se tait... Amis, prenez le vôtre ;
Et que mon âme encor passe d'un monde à l'autre
      Au bruit de vos sacrés concerts.

VI.

L'ESPRIT DE DIEU.

A L. DE V....

Le feu divin qui nous consume
Ressemble à ces feux indiscrets
Qu'un pasteur imprudent allume
Aux bords des profondes forêts :
Tant qu'aucun souffle ne l'éveille,
L'humble foyer couve et sommeille ;
Mais s'il respire l'aquilon,
Tout à coup la flamme engourdie
S'enfle, déborde ; et l'incendie
Embrase un immense horizon !

O mon âme ! de quels rivages
Viendra ce souffle inattendu ?
Sera-ce un enfant des orages,
Un soupir à peine entendu ?
Viendra-t-il, comme un doux zéphyre,
Mollement caresser ma lyre,
Ainsi qu'il caresse une fleur ?
Ou sous ses ailes frémissantes
Briser ces cordes gémissantes
Du cri perçant de la douleur ?

Viens du couchant ou de l'aurore,
Doux ou terrible au gré du sort :
Le sein généreux qui t'implore
Brave la souffrance ou la mort !
Aux cœurs altérés d'harmonie
Qu'importe le prix du génie ?
Si c'est la mort, il faut mourir !...
On dit que la bouche d'Orphée,
Par les flots de l'Èbre étouffée,
Rendit un immortel soupir.

Mais soit qu'un mortel vive ou meure,
Toujours rebelle à nos souhaits,
L'Esprit ne souffle qu'à son heure,
Et ne se repose jamais...
Préparons-lui des lèvres pures,
Un œil chaste, un front sans souillures,
Comme, aux approches du saint lieu,
Des enfans, des vierges voilées,
Jonchent de roses effeuillées
La route où va passer un Dieu !

Fuyant des bords qui l'ont vu naître,
De Laban l'antique berger
Un jour devant lui vit paraître
Un mystérieux étranger :
Dans l'ombre, ses larges prunelles
Lançaient de pâles étincelles ;
Ses pas ébranlaient le vallon ;
Le courroux gonflait sa poitrine,

Et le souffle de sa narine
Résonnait comme l'aquilon.

Dans un formidable silence
Ils se mesurent un moment ;
Soudain l'un sur l'autre s'élance,
Saisi d'un même emportement ;
Leurs bras menaçans se replient ;
Leurs fronts luttent, leurs membres crient,
Leurs flancs pressent leurs flancs pressés ;
Comme un chêne qu'on déracine,
Leur tronc se balance et s'incline
Sur leurs genoux entrelacés.

Tous deux ils glissent dans la lutte,
Et Jacob enfin terrassé,
Chancelle, tombe, et dans sa chute
Entraîne l'ange renversé :
Palpitant de crainte et de rage,
Soudain le pasteur se dégage
Des bras du combattant des cieux,
L'abat, le presse, le surmonte,
Et sur son sein gonflé de honte
Pose un genou victorieux !

Mais sur le lutteur qu'il domine
Jacob, encor mal affermi,
Sent à son tour sur sa poitrine
Le poids du céleste ennemi :
Enfin, depuis les heures sombres

Où le soir lutte avec les ombres,
Tantôt vaincu, tantôt vainqueur,
Contre ce rival qu'il ignore
Il combattit jusqu'à l'aurore...
Et c'était l'Esprit du Seigneur!

Attendons le souffle suprême
Dans un repos silencieux;
Nous ne sommes rien de nous-même
Qu'un instrument mélodieux.
Quand le doigt d'en haut se retire,
Restons muets comme la lyre
Qui recueille ses saints transports;
Jusqu'à ce que la main puissante
Touche la corde frémissante
Où dorment les divins accords.

VII.

BONAPARTE.

Sur un écueil battu par la vague plaintive,
Le nautonnier de loin voit blanchir sur la rive
Un tombeau près du bord par les flots déposé ;
Le temps n'a pas encor bruni l'étroite pierre,
Et sous le vert tissu de la ronce et du lierre
      On distingue... un sceptre brisé !

Ici gît... point de nom !... demandez à la terre !
Ce nom ? il est inscrit en sanglant caractère
Des bords du Tanaïs au sommet du Cédar,
Sur le bronze et le marbre, et sur le sein des braves,
Et jusque dans le cœur de ces troupeaux d'esclaves
      Qu'il foulait tremblans sous son char.

Depuis les deux grands noms qu'un siècle au siècle annonce,
Jamais nom qu'ici-bas toute langue prononce
Sur l'aile de la foudre aussi loin ne vola.
Jamais d'aucun mortel le pied qu'un souffle efface
N'imprima sur la terre une plus forte trace ;
      Et ce pied s'est arrêté là...

Il est là !... sous trois pas un enfant le mesure !
Son ombre ne rend pas même un léger murmure.

Le pied d'un ennemi foule en paix son cercueil.
Sur ce front foudroyant le moucheron bourdonne,
Et son ombre n'entend que le bruit monotone
  D'une vague contre un écueil.

Ne crains pas cependant, ombre encore inquiète!
Que je vienne outrager ta majesté muette.
Non. La lyre aux tombeaux n'a jamais insulté.
La mort de tout temps fut l'asile de la gloire.
Rien ne doit jusqu'ici poursuivre une mémoire;
  Rien... excepté la vérité!

Ta tombe et ton berceau sont couverts d'un nuage,
Mais pareil à l'éclair tu sortis d'un orage;
Tu foudroyas le monde avant d'avoir un nom :
Tel ce Nil dont Memphis boit les vagues fécondes
Avant d'être nommé fait bouillonner ses ondes
  Aux solitudes de Memnon.

Les dieux étaient tombés, les trônes étaient vides,
La victoire te prit sur ses ailes rapides.
D'un peuple de Brutus la gloire te fit roi.
Ce siècle dont l'écume entraînait dans sa course
Les mœurs, les rois, les dieux... refoulé vers sa source,
  Recula d'un pas devant toi.

Tu combattis l'erreur sans regarder le nombre,
Pareil au fier Jacob tu luttas contre une ombre;
Le fantôme croula sous le poids d'un mortel;
Et de tous ces grands noms profanateur sublime,

Tu jouas avec eux, comme la main du crime
    Avec les vases de l'autel.

Ainsi, dans les accès d'un impuissant délire
Quand un siècle vieilli de ses mains se déchire
En jetant dans ses fers un cri de liberté,
Un héros tout à coup de la poudre s'élève,
Le frappe avec son sceptre... Il s'éveille, et le rêve
    Tombe devant la vérité.

Ah! si, rendant ce sceptre à ses mains légitimes,
Plaçant sur ton pavois de royales victimes,
Tes mains des saints bandeaux avaient lavé l'affront!
Soldat vengeur des rois, plus grand que ces rois même,
De quel divin parfum, de quel pur diadème,
    La gloire aurait sacré ton front!

Gloire, honneur, liberté, ces mots que l'homme adore
Retentissaient pour toi comme l'airain sonore
Dont un stupide écho répète au loin le son :
De cette langue en vain ton oreille frappée
Ne comprit ici-bas que le cri de l'épée,
    Et le mâle accord du clairon.

Superbe, et dédaignant ce que la terre admire,
Tu ne demandais rien au monde, que l'empire.
Tu marchais... tout obstacle était ton ennemi.
Ta volonté volait comme ce trait rapide
Qui va frapper le but où le regard le guide,
    Même à travers un cœur ami.

Jamais, pour éclaircir ta royale tristesse,
La coupe des festins ne te versa l'ivresse ;
Tes yeux d'une autre pourpre aimaient à s'enivrer.
Comme un soldat debout qui veille sous ses armes,
Tu vis de la beauté le sourire ou les larmes,
    Sans sourire et sans soupirer.

Tu n'aimais que le bruit du fer, le cri d'alarmes,
L'éclat resplendissant de l'aube sur les armes ;
Et ta main ne flattait que ton léger coursier,
Quand les flots ondoyans de sa pâle crinière
Sillonnaient, comme un vent, la sanglante poussière,
    Et que ses pieds brisaient l'acier.

Tu grandis sans plaisir, tu tombas sans murmure.
Rien d'humain ne battait sous ton épaisse armure :
Sans haine et sans amour, tu vivais pour penser.
Comme l'aigle régnant dans un ciel solitaire,
Tu n'avais qu'un regard pour mesurer la terre,
    Et des serres pour l'embrasser.

S'élancer d'un seul bond au char de la victoire,
Foudroyer l'univers des splendeurs de sa gloire,
Fouler d'un même pied des tribuns et des rois ;
Forger un joug trempé dans l'amour et la haine ;
Et faire frissonner sous le frein qui l'enchaîne
    Un peuple échappé de ses lois ;

Être d'un siècle entier la pensée et la vie,
Émousser le poignard, décourager l'envie,

Ébranler, raffermir l'univers incertain;
Aux sinistres clartés de ta foudre qui gronde
Vingt fois contre les dieux jouer le sort du monde,
  Quel rêve!!! et ce fut ton destin!...

Tu tombas cependant de ce sublime faîte;
Sur ce rocher désert jeté par la tempête,
Tu vis tes ennemis déchirer ton manteau;
Et le sort, ce seul dieu qu'adora ton audace,
Pour dernière faveur t'accorda cet espace
  Entre le trône et le tombeau.

Oh! qui m'aurait donné d'y sonder ta pensée,
Lorsque le souvenir de ta grandeur passée
Venait, comme un remords, t'assaillir loin du bruit;
Et que, les bras croisés sur ta large poitrine,
Sur ton front chauve et nu, que la pensée incline,
  L'horreur passait comme la nuit!

Tel qu'un pasteur debout sur la rive profonde
Voit son ombre de loin se prolonger sur l'onde,
Et du fleuve orageux suivre en flottant le cours :
Tel du sommet désert de ta grandeur suprême,
Dans l'ombre du passé te recherchant toi-même,
  Tu rappelais tes anciens jours.

Ils passaient devant toi comme des flots sublimes
Dont l'œil voit sur les mers étinceler les cimes :
Ton oreille écoutait leur bruit harmonieux;
Et, d'un reflet de gloire éclairant ton visage,

Chaque flot t'apportait une brillante image
      Que tu suivais longtemps des yeux.

Là, sur un pont tremblant tu défiais la foudre,
Là, du désert sacré tu réveillais la poudre;
Ton coursier frissonnait dans les flots du Jourdain.
Là, tes pas abaissaient une cime escarpée :
Là, tu changeais en sceptre une invincible épée.
      Ici... Mais quel effroi soudain !

Pourquoi détournes-tu ta paupière éperdue?
D'où vient cette pâleur sur ton front répandue?
Qu'as-tu vu tout à coup dans l'horreur du passé?
Est-ce de vingt cités la ruine fumante;
Ou du sang des humains quelque plaine écumante?
      Mais la gloire a tout effacé.

La gloire efface tout... tout, excepté le crime.
Mais son doigt me montrait le corps d'une victime,
Un jeune homme, un héros d'un sang pur inondé.
Le flot qui l'apportait, passait, passait sans cesse;
Et toujours en passant la vague vengeresse
      Lui jetait le nom de Condé...

Comme pour effacer une tache livide,
On voyait sur son front passer sa main rapide;
Mais la trace du sang sous son doigt renaissait :
Et, comme un sceau frappé par une main suprême,
La goutte ineffaçable, ainsi qu'un diadème,
      Le couronnait de son forfait.

C'est pour cela, tyran, que ta gloire ternie
Fera par ton forfait douter de ton génie;
Qu'une trace de sang suivra partout ton char :
Et que ton nom, jouet d'un éternel orage,
Sera par l'avenir ballotté d'âge en âge,
   Entre Marius et César.

Tu mourus cependant de la mort du vulgaire,
Ainsi qu'un moissonneur va chercher son salaire,
Et dort sur sa faucille avant d'être payé;
Tu ceignis en mourant ton glaive sur ta cuisse,
Et tu fus demander récompense ou justice
   Au Dieu qui t'avait envoyé.

On dit qu'aux derniers jours de sa longue agonie,
Devant l'éternité seul avec son génie,
Son regard vers le ciel parut se soulever :
Le signe rédempteur toucha son front farouche...
Et même on entendit commencer sur sa bouche
   Un nom... qu'il n'osait achever.

Achève... c'est le Dieu qui règne et qui couronne;
C'est le Dieu qui punit; c'est le Dieu qui pardonne :
Pour les héros et nous il a des poids divers.
Parle-lui sans effroi : lui seul peut te comprendre.
L'esclave et le tyran ont tous un compte à rendre;
   L'un du sceptre, l'autre des fers.

Son cercueil est fermé : Dieu l'a jugé. Silence!
Son crime et ses exploits pèsent dans la balance :

Que des faibles mortels la main n'y touche plus !
Qui peut sonder, Seigneur, ta clémence infinie ?
Et vous, fléaux de Dieu, qui sait si le génie
    N'est pas une de vos vertus?...

VIII.

LES ÉTOILES.

A MADAME DE P....

Il est pour la pensée une heure... une heure sainte,
Alors que, s'enfuyant de la céleste enceinte,
De l'absence du jour pour consoler les cieux
Le crépuscule aux monts prolonge ses adieux.
On voit à l'horizon sa lueur incertaine,
Comme les bords flottans d'une robe qui traine,
Balayer lentement le firmament obscur
Où les astres ternis revivent dans l'azur.
Alors ces globes d'or, ces îles de lumière,
Que cherche par instinct la rêveuse paupière,
Jaillissent par milliers de l'ombre qui s'enfuit,
Comme une poudre d'or sur les pas de la nuit ;
Et le souffle du soir qui vole sur sa trace,
Les sème en tourbillons dans le brillant espace.
L'œil ébloui les cherche et les perd à la fois ;
Les uns semblent planer sur les cimes des bois,
Tel qu'un céleste oiseau dont les rapides ailes
Font jaillir en s'ouvrant des gerbes d'étincelles.
D'autres en flots brillans s'étendent dans les airs,
Comme un rocher blanchi de l'écume des mers ;
Ceux-là, comme un coursier volant dans la carrière,

Déroulent à longs plis leur flottante crinière ;
Ceux-ci, sur l'horizon se penchant à demi,
Semblent des yeux ouverts sur le monde endormi ;
Tandis qu'aux bords du ciel de légères étoiles
Voguent dans cet azur comme de blanches voiles
Qui, revenant au port d'un rivage lointain,
Brillent sur l'Océan aux rayons du matin.

De ces astres brillans, son plus sublime ouvrage,
Dieu seul connaît le nombre, et la distance, et l'âge :
Les uns, déjà vieillis, pâlissent à nos yeux ;
D'autres se sont perdus dans les routes des cieux ;
D'autres, comme des fleurs que son souffle caresse,
Lèvent un front riant de grâce et de jeunesse,
Et, charmant l'orient de leurs fraîches clartés,
Étonnent tout à coup l'œil qui les a comptés.
Dans l'espace aussitôt ils s'élancent... et l'homme,
Ainsi qu'un nouveau-né, les salue et les nomme.
Quel mortel enivré de leur chaste regard,
Laissant ses yeux flottans les fixer au hasard,
Et cherchant le plus pur parmi ce chœur suprême,
Ne l'a pas consacré du nom de ce qu'il aime ?
Moi-même... il en est un, solitaire, isolé,
Qui dans mes longues nuits m'a souvent consolé,
Et dont l'éclat, voilé des ombres du mystère,
Me rappelle un regard qui brillait sur la terre.
Peut-être... ah ! puisse-t-il au céleste séjour
Porter au moins ce nom que lui donna l'amour !

Cependant la nuit marche, et sur l'abîme immense

Tous ces mondes flottans gravitent en silence,
Et nous-même avec eux emportés dans leur cours,
Vers un port inconnu nous avançons toujours.
Souvent, pendant la nuit, au souffle du zéphyre,
On sent la terre aussi flotter comme un navire;
D'une écume brillante on voit les monts couverts
Fendre d'un cours égal le flot grondant des airs;
Sur ces vagues d'azur où le globe se joue,
On entend l'aquilon se briser sous la proue,
Et du vent dans les mâts les tristes sifflemens,
Et de ses flancs battus les sourds gémissemens;
Et l'homme sur l'abîme où sa demeure flotte
Vogue avec volupté sur la foi du pilote!
Soleils! mondes errans qui voguez avec nous,
Dites, s'il vous l'a dit, où donc allons-nous tous?
Quel est le port céleste où son souffle nous guide?
Quel terme assigna-t-il à notre vol rapide?
Allons-nous sur des bords de silence et de deuil,
Échouant dans la nuit sur quelque vaste écueil,
Semer l'immensité des débris du naufrage,
Ou, conduits par sa main sur un brillant rivage,
Et sur l'ancre éternelle à jamais affermis,
Dans un golfe du ciel aborder endormis?

Vous qui nagez plus près de la céleste voûte,
Mondes étincelans, vous le savez sans doute!
Cet océan plus pur, ce ciel où vous flottez,
Laisse arriver à vous de plus vives clartés;
Plus brillantes que nous, vous savez davantage;
Car de la vérité la lumière est l'image.

Oui ; si j'en crois l'éclat dont vos orbes errans
Argentent des forêts les dômes transparens,
Ou qui, glissant soudain sur des mers irritées,
Calme en les éclairant les vagues agitées ;
Si j'en crois ces rayons qui, plus doux que le jour,
Inspirent la vertu, la prière, l'amour,
Et quand l'œil attendri s'entr'ouvre à leur lumière,
Attirent une larme aux bords de la paupière ;
Si j'en crois ces instincts, ces doux pressentimens
Qui dirigent vers vous les soupirs des amans,
Les yeux de la beauté, les rêves qu'on regrette,
Et le vol enflammé de l'aigle et du poëte,
Tentes du ciel, Édens ! temples ! brillans palais !
Vous êtes un séjour d'innocence et de paix :
Dans le calme des nuits, à travers la distance,
Vous en versez sur nous la lointaine influence.
Tout ce que nous cherchons, l'amour, la vérité,
Ces fruits tombés du ciel, dont la terre a goûté,
Dans vos brillans climats que le regard envie
Nourrissent à jamais les enfans de la vie ;
Et l'homme, un jour peut-être à ses destins rendu,
Retrouvera chez vous tout ce qu'il a perdu.
Hélas ! combien de fois seul, veillant sur ces cimes
Où notre âme plus libre a des vœux plus sublimes,
Beaux astres, fleurs du ciel dont le lis est jaloux,
J'ai murmuré tout bas : Que ne suis-je un de vous ?
Que ne puis-je, échappant à ce globe de boue,
Dans la sphère éclatante où mon regard se joue,
Jonchant d'un feu de plus le parvis du saint lieu,
Éclore tout à coup sous les pas de mon Dieu,

Ou briller sur le front de la beauté suprême,
Comme un pâle fleuron de son saint diadème !

Dans le limpide azur de ces flots de cristal,
Me souvenant encor de mon globe natal,
Je viendrais chaque nuit, tardif et solitaire,
Sur les monts que j'aimais briller près de la terre,
J'aimerais à glisser sous la nuit des rameaux,
A dormir sur les prés, à flotter sur les eaux,
A percer doucement le voile d'un nuage,
Comme un regard d'amour que la pudeur ombrage :
Je visiterais l'homme ; et s'il est ici-bas
Un front pensif, des yeux qui ne se ferment pas,
Une âme en deuil, un cœur qu'un poids sublime oppresse,
Répandant devant Dieu sa pieuse tristesse,
Un malheureux au jour dérobant ses douleurs,
Et dans le sein des nuits laissant couler ses pleurs,
Un génie inquiet, une active pensée
Par un instinct trop fort dans l'infini lancée ;
Mon rayon pénétré d'une sainte amitié,
Pour des maux trop connus prodiguant sa pitié,
Comme un secret d'amour versé dans un cœur tendre
Sur ces fronts inclinés se plairait à descendre.
Ma lueur fraternelle en découlant sur eux
Dormirait sur leur sein, sourirait à leurs yeux :
Je leur révèlerais dans la langue divine
Un mot du grand secret que le malheur devine ;
Je sècherais leurs pleurs ; et quand l'œil du matin
Ferait pâlir mon disque à l'horizon lointain,
Mon rayon, en quittant leur paupière attendrie,

Leur laisserait encor la vague rêverie,
Et la paix et l'espoir ; et, lassés de gémir,
Au moins avant l'aurore il pourraient s'endormir.

Et vous, brillantes sœurs, étoiles, mes compagnes,
Qui du bleu firmament émaillez les campagnes,
Et, cadençant vos pas à la lyre des cieux,
Nouez et dénouez vos chœurs harmonieux ;
Introduit sur vos pas dans la céleste chaîne,
Je suivrais dans l'azur l'instinct qui vous entraîne,
Vous guideriez mon œil dans ce brillant désert,
Labyrinthe de feux où le regard se perd :
Vos rayons m'apprendraient à louer, à connaître
Celui que nous cherchons, que vous voyez peut-être;
Et noyant dans mon sein ses tremblantes clartés,
Je sentirais en lui... tout ce que vous sentez.

IX.

LE PAPILLON.

Naître avec le printemps, mourir avec les roses,
Sur l'aile du zéphyr nager dans un ciel pur ;
Balancé sur le sein des fleurs à peine écloses,
S'enivrer de parfums, de lumière et d'azur ;
Secouant, jeune encor, la poudre de ses ailes,
S'envoler comme un souffle aux voûtes éternelles,
Voilà du papillon le destin enchanté :
Il ressemble au désir, qui jamais ne se pose,
Et sans se satisfaire, effleurant toute chose,
Retourne enfin au ciel chercher la volupté.

X.

A EL....

Lorsque seul avec toi, pensive et recueillie,
Tes deux mains dans la mienne, assis à tes côtés,
J'abandonne mon âme aux molles voluptés
Et je laisse couler les heures que j'oublie,
Lorsqu'au fond des forêts je t'entraîne avec moi,
Lorsque tes doux soupirs charment seuls mon oreille,
Ou que, te répétant les sermens de la veille,
Je te jure à mon tour de n'adorer que toi;
Lorsqu'enfin, plus heureux, ton front charmant repose
Sur mon genou tremblant qui lui sert de soutien,
Et que mes doux regards sont suspendus au tien
Comme l'abeille avide aux feuilles de la rose;
Souvent alors, souvent, dans le fond de mon cœur,
Pénètre comme un trait une vague terreur;
Tu me vois tressaillir; je pâlis, je frissonne,
Et troublé tout à coup dans le sein du bonheur,
Je sens couler des pleurs dont mon âme s'étonne.
Tu me presses soudain dans tes bras caressans,
   Tu m'interroges, tu t'alarmes,
Et je vois de tes yeux s'échapper quelques larmes
Qui viennent se mêler aux pleurs que je répands.
« De quel ennui secret ton âme est-elle atteinte?
« Me dis-tu; cher amour, épanche ta douleur;

« J'adoucirai ta peine en écoutant ta plainte,
« Et mon cœur versera le baume dans ton cœur. »

Ne m'interroge plus, ô moitié de moi-même !
Enlacé dans tes bras, quand tu me dis : Je t'aime,
Quand mes yeux enivrés se soulèvent vers toi,
Nul mortel sous les cieux n'est plus heureux que moi !
Mais jusque dans le sein des heures fortunées
Je ne sais quelle voix que j'entends retentir
   Me poursuit, et vient m'avertir
Que le bonheur s'enfuit sur l'aile des années,
Et que de nos amours le flambeau doit mourir.
D'un vol épouvanté, dans le sombre avenir
   Mon âme avec effroi se plonge;
   Et je me dis : Ce n'est qu'un songe
   Que le bonheur qui doit finir.

XI.

ÉLÉGIE.

Cueillons, cueillons la rose au matin de la vie;
Des rapides printemps respire au moins les fleurs;
Aux chastes voluptés abandonnons nos cœurs;
Aimons-nous sans mesure, ô mon unique amie!
Quand le nocher battu par les flots irrités
Voit son fragile esquif menacé du naufrage,
Il tourne ses regards aux bords qu'il a quittés,
Et regrette trop tard les loisirs du rivage.
Ah! qu'il voudrait alors, au toit de ses aïeux,
Près des objets chéris présens à sa mémoire,
Coulant des jours obscurs, sans périls et sans gloire,
N'avoir jamais laissé son pays ni ses dieux!

Ainsi l'homme, courbé sous le poids des années,
Pleure son doux printemps, qui ne peut revenir.
Ah! rendez-moi, dit-il, ces heures profanées;
O dieux! dans leur saison j'oubliai d'en jouir.
Il dit : la mort répond; et ces dieux qu'il implore,
Le poussant au tombeau sans se laisser fléchir,
Ne lui permettent pas de se baisser encore
Pour ramasser ces fleurs qu'il n'a pas su cueillir.

  Aimons-nous, ô ma bien-aimée!
Et rions des soucis qui bercent les mortels;

Pour le frivole appât d'une vaine fumée,
La moitié de leurs jours, hélas! est consumée
  Dans l'abandon des biens réels.

A leur stérile orgueil ne portons point envie;
Laissons le long espoir aux maîtres des humains!
  Pour nous, de notre heure incertains,
Hâtons-nous d'épuiser la coupe de la vie,
  Pendant qu'elle est entre nos mains.

  Soit que le laurier nous couronne,
Et qu'aux fastes sanglans de l'altière Bellone
Sur le marbre ou l'airain on inscrive nos noms;
Soit que des simples fleurs que la beauté moissonne
  L'amour pare nos humbles fronts;
Nous allons échouer, tous, au même rivage:
  Qu'importe, au moment du naufrage,
Sur un vaisseau fameux d'avoir fendu les airs,
  Ou sur une barque légère
  D'avoir, passager solitaire,
Rasé timidement le rivage des mers?

XII.

TRISTESSE.

Ramenez-moi, disais-je, au fortuné rivage
Où Naples réfléchit dans une mer d'azur
Ses palais, ses coteaux, ses astres sans nuage;
Où l'oranger fleurit sous un ciel toujours pur.
Que tardez-vous ? Partons, je veux revoir encore
Le Vésuve enflammé sortant du sein des eaux;
Je veux de ses hauteurs voir se lever l'aurore;
Je veux, guidant les pas de celle que j'adore,
Redescendre en rêvant de ces rians coteaux.

Suis-moi dans les détours de ce golfe tranquille;
Retournons sur ces bords à nos pas si connus,
Aux jardins de Cynthie, au tombeau de Virgile,
Près des débris épars du temple de Vénus :
Là, sous les orangers, sous la vigne fleurie
Dont le pampre flexible au myrte se marie,
Et tresse sur ta tête une voûte de fleurs,
Au doux bruit de la vague ou du vent qui murmure,
Seuls avec notre amour, seuls avec la nature,
La vie et la lumière auront plus de douceurs.

De mes jours pâlissans le flambeau se consume,
Il s'éteint par degrés au souffle du malheur,
Ou, s'il jette parfois une faible lueur,

C'est quand ton souvenir dans mon sein le rallume.
Je ne sais si les dieux me permettront enfin
D'achever ici-bas ma pénible journée :
Mon horizon se borne, et mon œil incertain
Ose l'étendre à peine au-delà d'une année.
      Mais s'il faut périr au matin,
S'il faut, sur une terre au bonheur destinée,
      Laisser échapper de ma main
      Cette coupe que le destin
Semblait avoir pour moi de roses couronnée,
Je ne demande aux dieux que de guider mes pas
Jusqu'aux bords qu'embellit ta mémoire chérie,
De saluer de loin ces fortunés climats,
Et de mourir aux lieux où j'ai goûté la vie.

XIII.

LA SOLITUDE.

Heureux qui, s'écartant des sentiers d'ici-bas,
A l'ombre du désert allant cacher ses pas,
D'un monde dédaigné secouant la poussière,
Efface, encor vivant, ses traces sur la terre,
Et dans la solitude enfin enseveli,
Se nourrit d'espérance et s'abreuve d'oubli !
Tel que ces esprits purs qui planent dans l'espace,
Tranquille spectateur de cette ombre qui passe,
Des caprices du sort à jamais défendu,
Il suit de l'œil ce char dont il est descendu !...
Il voit les passions, sur une onde incertaine,
De leur souffle orageux enfler la voile humaine.
Mais ces vents inconstans ne troublent plus sa paix ;
Il se repose en Dieu, qui ne change jamais ;
Il aime à contempler ses plus hardis ouvrages,
Ces monts, vainqueurs des vents, de la foudre et des âges,
Où dans leur masse auguste et leur solidité
Ce Dieu grava sa force et son éternité.
A cette heure, où, frappé d'un rayon de l'aurore,
Leur sommet enflammé que l'orient colore,
Comme un phare céleste allumé dans la nuit,
Jaillit étincelant de l'ombre qui s'enfuit,
Il s'élance, il franchit ces riantes collines
Que le mont jette au loin sur ses larges racines,

Et, porté par degrés jusqu'à ses sombres flancs,
Sous ses pins immortels il s'enfonce à pas lents :
Là des torrens séchés le lit seul est la route,
Tantôt les rocs minés sur lui pendent en voûte,
Et tantôt sur leurs bords tout à coup suspendu,
Il recule étonné ; son regard éperdu
Jouit avec horreur de cet effroi sublime,
Et sous ses pieds longtemps voit tournoyer l'abîme.
Il monte, et l'horizon grandit à chaque instant ;
Il monte, et devant lui l'immensité s'étend
Comme sous le regard d'une nouvelle aurore ;
Un monde à chaque pas pour ses yeux semble éclore;
Jusqu'au sommet suprême où son œil enchanté
S'empare de l'espace, et plane en liberté.
Ainsi lorsque notre âme, à sa source envolée,
Quitte enfin pour toujours la terrestre vallée,
Chaque coup de son aile, en l'élevant aux cieux,
Élargit l'horizon qui s'étend sous ses yeux ;
Des mondes sous son vol le mystère s'abaisse,
En découvrant toujours elle monte sans cesse
Jusqu'aux saintes hauteurs d'où l'œil du séraphin
Sur l'espace infini plonge un regard sans fin.

Salut, brillans sommets, champs de neige et de glace :
Vous qui d'aucun mortel n'avez gardé la trace ;
Vous que le regard même aborde avec effroi,
Et qui n'avez souffert que les aigles et moi !
OEuvres du premier jour, augustes pyramides,
Que Dieu même affermit sur vos bases solides !
Confins de l'univers, qui, depuis ce grand jour,

N'avez jamais changé de forme et de contour !
Le nuage en grondant parcourt en vain vos cimes,
Le fleuve en vain grossi sillonne vos abîmes.
La foudre frappe en vain votre front endurci ;
Votre front solennel, un moment obscurci,
Sur nous, comme la nuit versant son ombre obscure,
Et laissant pendre au loin sa noire chevelure,
Semble, toujours vainqueur du choc qui l'ébranla,
Au Dieu qui l'a fondé dire encor : Me voilà.
Et moi, me voici seul sur ces confins du monde !
Loin d'ici, sous mes pieds la foudre vole et gronde ;
Les nuages battus par les ailes des vents
Entrechoquant comme eux leurs tourbillons mouvans,
Tels qu'un autre Océan soulevé par l'orage,
Se déroulent sans fin dans des lits sans rivage,
Et devant ces sommets abaissant leur orgueil,
Brisent incessamment sur cet immense écueil.
Mais, tandis qu'à ses pieds ce noir chaos bouillonne,
D'éternelles splendeurs le soleil le couronne :
Depuis l'heure où son char s'élance dans les airs,
Jusqu'à l'heure où son disque incline vers les mers,
Cet astre, en décrivant son oblique carrière,
D'aucune ombre jamais n'y souille sa lumière ;
Et déjà la nuit sombre a descendu des cieux,
Qu'à ces sommets encore il dit de longs adieux.

Là, tandis que je nage en des torrens de joie,
Ainsi que mon regard, mon âme se déploie,
Et croit, en respirant cet air de liberté,
Recouvrer sa splendeur et sa sérénité.

Oui, dans cet air du ciel, les soins lourds de la vie,
Le mépris des mortels, leur haine ou leur envie,
N'accompagnent plus l'homme, et ne surnagent pas :
Comme un vil plomb, d'eux-même ils retombent en bas.
Ainsi, plus l'onde est pure, et moins l'homme y surnage ;
A peine de ce monde il emporte une image ;
Mais ton image, ô Dieu! dans ces grands traits épars,
En s'élevant vers toi grandit à nos regards.
Comme au prêtre habitant l'ombre du sanctuaire,
Chaque pas te révèle à l'âme solitaire :
Le silence et la nuit, et l'ombre des forêts,
Lui murmurent tout bas de sublimes secrets ;
Et l'esprit, abîmé dans ces rares spectacles,
Par la voix des déserts écoute tes oracles.
J'ai vu de l'Océan les flots épouvantés,
Pareils aux fiers coursiers dans la plaine emportés,
Déroulant à ta voix leur humide crinière,
Franchir en bondissant leur bruyante carrière ;
Puis soudain refoulés sous ton frein tout-puissant,
Dans l'abîme étonné rentrer en mugissant.
J'ai vu le fleuve, épris des gazons du rivage,
Se glisser flots à flots, de bocage en bocage,
Et dans son lit voilé d'ombrage et de fraîcheur,
Bercer en murmurant la barque du pêcheur.
J'ai vu le trait brisé de la foudre qui gronde,
Comme un serpent de feu, se dérouler sur l'onde ;
Le zéphyr embaumé des doux parfums du miel,
Balayer doucement l'azur voilé du ciel ;
La colombe, essuyant son aile encore humide,
Sur les bords de son nid poser un pied timide,

Puis, d'un vol cadencé, fendant le flot des airs,
S'abattre en soupirant sur la rive des mers.
J'ai vu ces monts voisins des cieux où tu reposes,
Cette neige où l'aurore aime à semer ses roses,
Ces trésors des hivers, d'où par mille détours,
Dans nos champs desséchés multipliant leurs cours,
Cent rochers de cristal, que tu fonds à mesure,
Viennent désaltérer la mourante verdure :
Et ces ruisseaux pleuvant de ces rocs suspendus,
Et ces torrens grondant dans les granits fendus,
Et ces pics où le temps a perdu sa victoire...
Et toute la nature est un hymne à ta gloire.

XIV.

CONSOLATION.

Quand le Dieu qui me frappe, attendri par mes larmes,
De mon cœur oppressé soulève un peu sa main,
Et, donnant quelque trêve à mes longues alarmes,
Laisse tarir mes yeux et respirer mon sein ;

Soudain, comme le flot refoulé du rivage
Aux bords qui l'ont brisé revient en gémissant,
Ou comme le roseau, vain jouet de l'orage,
Qui plie et rebondit sous la main du passant,

Mon cœur revient à Dieu, plus docile et plus tendre,
Et de ses châtimens perdant le souvenir,
Comme un enfant soumis n'ose lui faire entendre
Qu'un murmure amoureux pour se plaindre et bénir.

Que le deuil de mon âme était lugubre et sombre !
Que de nuits sans pavots, que de jours sans soleil !
Que de fois j'ai compté les pas du temps dans l'ombre,
Quand les heures passaient sans mener le sommeil !

Mais loin de moi ces temps ! que l'oubli les dévore !
Ce qui n'est plus pour l'homme a-t-il jamais été ?
Quelques jours sont perdus ; mais le bonheur encore
Peut fleurir sous mes yeux comme une fleur d'été !

Tous les jours sont à toi : que t'importe leur nombre?
Tu dis : le temps se hâte, ou revient sur ses pas :
Eh ! n'es-tu pas celui qui fit reculer l'ombre
Sur le cadran rempli d'un roi que tu sauvas !

Si tu voulais, ainsi le torrent de ma vie,
A sa source aujourd'hui remontant sans efforts,
Nourrirait de nouveau ma jeunesse tarie,
Et de ses flots vermeils féconderait ses bords ;

Ces cheveux dont la neige, hélas! argente à peine
Un front où la douleur a gravé le passé,
L'ombrageraient encor de leur touffe d'ébène,
Aussi pur que la vague où le cygne a passé ;

L'amour ranimerait l'éclat de ces prunelles,
Et ce foyer du cœur, dans les yeux répété,
Lancerait de nouveau ces chastes étincelles
Qui d'un désir craintif font rougir la beauté.

Dieu! laissez-moi cueillir cette palme féconde!
Et dans mon sein ravi l'emporter pour toujours,
Ainsi que le torrent emporte dans son onde
Les roses de Sârons qui parfument son cours.

Quand pourrai-je la voir sur l'enfant qui repose
S'incliner doucement dans le calme des nuits!
Quand verrai-je ses fils de leurs lèvres de rose
Se suspendre à son sein comme l'abeille aux lis !

A l'ombre du figuier, près du courant de l'onde,
Loin de l'œil de l'envie et des pas du pervers,
Je bâtirai pour eux un nid parmi le monde,
Comme sur un écueil l'hirondelle des mers.

Là, sans les abreuver à ces sources amères
Où l'humaine sagesse a mêlé son poison,
De ma bouche fidèle aux leçons de mes pères,
Pour unique sagesse ils apprendront ton nom.

Là, je leur laisserai le modeste héritage
Qu'aux petits des oiseaux Dieu donne à leur réveil,
L'eau pure du torrent, un nid sous le feuillage,
Les fruits tombés de l'arbre, et ma place au soleil.

Alors, le front chargé de guirlandes fanées,
Tel qu'un vieil olivier parmi ses rejetons,
Je verrai de mes fils les brillantes années
Cacher mon tronc flétri sous leurs jeunes festons.

Alors j'entonnerai l'hymne de ma vieillesse,
Et, convive enivré des vins de ta bonté,
Je passerai la coupe aux mains de la jeunesse,
Et je m'endormirai dans ma félicité.

XV.

LES PRÉLUDES.

A M. VICTOR HUGO.

La nuit, pour rafraîchir la nature embrasée,
De ses cheveux d'ébène exprimant la rosée,
Pose au sommet des monts ses pieds silencieux,
Et l'ombre et le sommeil descendent sur mes yeux :
C'était l'heure où jadis... mais aujourd'hui mon âme,
Comme un feu dont le vent n'excite plus la flamme,
Fait pour se ranimer un inutile effort,
Retombe sur soi-même, et languit et s'endort.
Que ce calme lui pèse ! O lyre ! ô mon génie !
Musique intérieure, ineffable harmonie,
Harpe, que j'entendais résonner dans les airs
Comme un écho lointain des célestes concerts,
Pendant qu'il en est temps, pendant qu'il vibre encore,
Venez, venez bercer ce cœur qui vous implore.
Et toi, qui donnes l'âme à mon luth inspiré,
Esprit capricieux, viens, prélude à ton gré.
Il descend ! il descend ! la harpe obéissante
A frémi mollement sous son vol cadencé,
  Et de la corde frémissante
Le souffle harmonieux dans mon âme a passé.

L'onde qui baise ce rivage,
De quoi se plaint-elle à ses bords?
Pourquoi le roseau sur la plage,
Pourquoi le ruisseau sous l'ombrage,
Rendent-ils de tristes accords?

De quoi gémit la tourterelle
Quand, dans le silence des bois,
Seule auprès du ramier fidèle,
L'amour fait palpiter son aile,
Les baisers étouffent sa voix?

Et toi, qui mollement te livre
Au doux sourire du bonheur
Et du regard dont tu m'enivre,
Me fais mourir, me fais revivre;
De quoi te plains-tu sur mon cœur?

Plus jeune que la jeune aurore,
Plus limpide que ce flot pur,
Ton âme au bonheur vient d'éclore,
Et jamais aucun souffle encore
N'en a terni le vague azur.

Cependant si ton cœur soupire
De quelque poids mystérieux,
Sur tes traits si la joie expire,
Et si tout près de ton sourire
Brille une larme dans tes yeux,

Hélas! c'est que notre faiblesse,
Pliant sous sa félicité
Comme un roseau qu'un souffle abaisse,
Donne l'accent de la tristesse
Même au chant de la volupté.

Ou bien peut-être qu'avertie
De la fuite de nos plaisirs,
L'âme en extase anéantie
Se réveille, et sent que la vie
Fuit dans chacun de nos soupirs.

Ah! laisse le zéphyr avide
A leur source arrêter tes pleurs;
Jouissons de l'heure rapide:
Le temps fuit, mais son flot limpide
Du ciel réfléchit les couleurs.

Tout naît, tout passe, tout arrive
Au terme ignoré de son sort:
A l'Océan l'onde plaintive,
Aux vents la feuille fugitive,
L'aurore au soir, l'homme à la mort.

Mais qu'importe, ô ma bien-aimée!
Le terme incertain de nos jours?
Pourvu que sur l'onde calmée,
Par une pente parfumée,
Le temps nous entraîne en son cours;

Pourvu que, durant le passage,
Couché dans tes bras à demi,
Les yeux tournés vers ton image,
Sans le voir, j'aborde au rivage
Comme un voyageur endormi.

Le flot murmurant se retire
Du rivage qu'il a baisé,
La voix de la colombe expire,
Et le voluptueux zéphyre
Dort sur le calice épuisé.

Embrassons-nous, mon bien suprême,
Et sans rien reprocher aux dieux,
Un jour de la terre où l'on aime
Évanouissons-nous de même
En un soupir mélodieux.

Non, non, brise à jamais cette corde amollie!
Mon cœur ne répond plus à ta voix affaiblie.
L'amour n'a pas de sons qui puissent l'exprimer :
Pour révéler sa langue, il faut, il faut aimer.
Un seul soupir du cœur que le cœur nous renvoie,
Un œil demi-voilé par des larmes de joie,
Un regard, un silence, un accent de sa voix,
Un mot toujours le même et répété cent fois,
O lyre! en disent plus que ta vaine harmonie :
L'amour est à l'amour, le reste est au génie.

Si tu veux que mon cœur résonne sous ta main,
Tire un plus mâle accord de tes fibres d'airain.

J'entends, j'entends de loin comme une voix qui gronde;
Un souffle impétueux fait frissonner les airs,
    Comme l'on voit frissonner l'onde,
Quand l'aigle, au vol pesant, rase le sein des mers.

Eh! qui m'emportera sur des flots sans rivages?
Quand pourrai-je la nuit, aux clartés des orages,
Sur un vaisseau sans mâts, au gré des aquilons,
Fendre de l'Océan les liquides vallons;
M'engloutir dans leur sein, m'élancer sur leurs cimes,
Rouler avec la vague au sein des noirs abîmes,
Et, revomi cent fois par les gouffres amers,
Flotter comme l'écume au vaste sein des mers!
D'effroi, de volupté, tour à tour éperdue,
Cent fois entre la vie et la mort suspendue,
Peut-être que mon âme, au sein de ces horreurs,
Pourrait jouir au moins de ses propres terreurs,
Et, prête à s'abîmer dans la nuit qu'elle ignore,
A la vie un moment se reprendrait encore,
Comme un homme roulant des sommets d'un rocher
De ses bras tout sanglans cherche à s'y rattacher.
Mais toujours repasser par une même route,
Voir ses jours épuisés s'écouler goutte à goutte;

Mais suivre pas à pas dans l'immense troupeau
Ces générations, inutile fardeau,
Qui meurent pour mourir, qui vécurent pour vivre,
Et dont chaque printemps la terre se délivre,
Comme dans nos forêts le chêne avec mépris
Livre aux vents des hivers ses feuillages flétris ;
Sans regrets, sans espoir, avancer dans la vie
Comme un vaisseau qui dort sur une onde assoupie;
Sentir son âme usée en impuissant effort
Se ronger lentement sous la rouille du sort;
Penser sans découvrir, aspirer sans atteindre,
Briller sans éclairer, et pâlir sans s'éteindre :
Hélas ! tel est mon sort et celui des humains.
Nos pères ont passé par les mêmes chemins.
Chargés du même sort, nos fils prendront nos places.
Ceux qui ne sont pas nés y trouveront leurs traces.
Tout s'use, tout périt, tout passe : mais hélas !
Excepté les mortels, rien ne change ici-bas.

Toi qui rendais la force à mon âme affligée,
Esprit consolateur, que ta voix est changée !
On dirait qu'on entend, au séjour des douleurs,
Rouler, à flots plaintifs, le sourd torrent des pleurs.
Pourquoi gémir ainsi, comme un souffle d'orage,
A travers les rameaux qui pleurent leur feuillage?
Pourquoi ce vain retour vers la félicité?
Quoi donc ! ce qui n'est plus a-t-il jamais été ?
Faut-il que le regret, comme une ombre ennemie,

Vienne s'asseoir sans cesse au festin de la vie,
Et, d'un regard funèbre effrayant les humains,
Fasse tomber toujours les coupes de leurs mains !
Non : de ce triste aspect que ta voix me délivre !
Oublions, oublions : c'est le secret de vivre.
Viens, chante, et, du passé détournant mes regards,
Précipite mon âme au milieu des hasards !

De quels sons belliqueux mon oreille est frappée !
C'est le cri du clairon, c'est la voix du coursier ;
  La corde de sang trempée
  Retentit comme l'épée
  Sur l'orbe du bouclier.

———

La trompette a jeté le signal des alarmes :
Aux armes ! et l'écho répète au loin : Aux armes !
Dans la plaine soudain les escadrons épars,
Plus prompts que l'aquilon, fondent de toutes parts,
Et sur les flancs épais des légions mortelles
S'étendent tout à coup comme deux sombres ailes.
Le coursier, retenu par un frein impuissant,
Sur ses jarrets pliés s'arrête en frémissant.
La foudre dort encore, et sur la foule immense
Plane, avec la terreur, un lugubre silence :
On n'entend que le bruit de cent mille soldats,
Marchant comme un seul homme au-devant du trépas,
Les roulemens des chars, les coursiers qui hennissent,
Les ordres répétés qui dans l'air retentissent,

Ou le bruit des drapeaux soulevés par les vents,
Qui, dans les camps rivaux flottant à plis mouvans,
Tantôt semblent, enflés d'un souffle de la victoire,
Vouloir voler d'eux-même au-devant de la gloire,
Et tantôt retombant le long des pavillons,
De leurs funèbres plis couvrir leurs bataillons.

Mais sur le front des camps déjà les bronzes grondent,
Ces tonnerres lointains se croisent, se répondent ;
Des tubes enflammés la foudre avec effort
Sort, et frappe en sifflant comme un souffle de mort ;
Le boulet dans les rangs laisse une large trace,
Ainsi qu'un laboureur qui passe et qui repasse,
Et, sans se reposer déchirant le vallon,
A côté du sillon creuse un autre sillon :
Ainsi le trait fatal dans les rangs se promène,
Et comme des épis les couche dans la plaine.
Ici tombe un héros moissonné dans sa fleur,
Superbe et l'œil brillant d'orgueil et de valeur.
Sur son casque ondulant, d'où jaillit la lumière,
Flotte d'un noir coursier l'ondoyante crinière :
Ce casque éblouissant sert de but au trépas ;
Par la foudre frappé d'un coup qu'il ne sent pas,
Comme un faisceau d'acier il tombe sur l'arène ;
Son coursier bondissant, qui sent flotter la rêne,
Lance un regard oblique à son maître expirant,
Revient, penche sa tête et le flaire en pleurant.
Là tombe un vieux guerrier qui, né dans les alarmes,
Eut les camps pour patrie, et pour amours ses armes.
Il ne regrette rien que ses chers étendards,

Et les suit en mourant de ses derniers regards...
La mort vole au hasard dans l'horrible carrière :
L'un périt tout entier; l'autre, sur la poussière,
Comme un tronc dont la hache a coupé les rameaux,
De ses membres épars voit voler les lambeaux,
Et se traînant encor sur la terre humectée,
Marque en ruisseaux de sang sa trace ensanglantée.
Le blessé que la mort n'a frappé qu'à demi
Fuit en vain, emporté dans les bras d'un ami :
Sur le sein l'un de l'autre ils sont frappés ensemble,
Et bénissent du moins le coup qui les rassemble.
Mais de la foudre en vain les livides éclats
Pleuvent sur les deux camps; d'intrépides soldats,
Comme la mer qu'entr'ouvre une proue écumante
Se referme soudain sur sa trace fumante,
Sur les rangs écrasés formant de nouveaux rangs,
Viennent braver la mort sur les corps des mourans!...

Cependant, las d'attendre un trépas sans vengeance,
Les deux camps, animés d'une même vaillance,
Se heurtent, et du choc ouvrant leurs bataillons,
Mêlent en tournoyant leurs sanglans tourbillons.
Sous le poids des coursiers les escadrons s'entr'ouvrent,
D'une voûte d'airain les rangs pressés se couvrent;
Les feux croisent les feux, le fer frappe le fer,
Les rangs entrechoqués lancent un seul éclair :
Le salpêtre, au milieu des torrens de fumée,
Brille et court en grondant sur la ligne enflammée,
Et, d'un nuage épais enveloppant leur sort,
Cache encore à nos yeux la victoire ou la mort.

Ainsi quand deux torrens dans deux gorges profondes
De deux monts opposés précipitant leurs ondes,
Dans le lit trop étroit qu'ils vont se disputer
Viennent au même instant tomber et se heurter,
Le flot choque le flot, les vagues courroucées,
Rejaillissant au loin par les vagues poussées,
D'une poussière humide obscurcissent les airs,
Du fracas de leur chute ébranlent les déserts,
Et portant leur fureur au lit qui les rassemble,
Tout en s'y combattant leurs flots roulent ensemble.
Mais la foudre se tait. Écoutez... Des concerts
De cette plaine en deuil s'élèvent dans les airs :
La harpe, le clairon, la joyeuse cymbale,
Mêlant leurs voix d'airain, montent par intervalle,
S'éloignent par degrés, et sur l'aile des vents
Nous jettent leurs accords, et les cris des mourans!...
De leurs brillans éclats les coteaux retentissent ;
Le cœur glacé s'arrête, et tous les sens frémissent ;
Et dans les airs pesans que le son vient froisser
On dirait qu'on entend l'âme des morts passer !
Tout à coup le soleil dissipant le nuage,
Éclaire avec horreur la scène du carnage ;
Et son pâle rayon, sur la terre glissant,
Découvre à nos regards de longs ruisseaux de sang,
Des coursiers et des chars brisés dans la carrière,
Des membres mutilés épars sur la poussière,
Les débris confondus des armes et des corps,
Et les drapeaux jetés sur des monceaux de morts.

Accourez maintenant, amis, épouses, mères !

Venez compter vos fils, vos amans et vos frères ;
Venez sur ces débris disputer aux vautours
L'espoir de vos vieux ans, le fruit de vos amours...
Que de larmes sans fin sur eux vont se répandre !
Dans vos cités en deuil, que de cris vont s'entendre,
Avant qu'avec douleur la terre ait reproduit,
Misérables mortels ! ce qu'un jour a détruit !
Mais au sort des humains la nature insensible
Sur leurs débris épars suivra son cours paisible :
Demain, la douce aurore, en se levant sur eux,
Dans leur acier sanglant réfléchira ses feux ;
Le fleuve lavera sa rive ensanglantée,
Les vents balayeront leur poussière infectée,
Et le sol, engraissé de leurs restes fumans,
Cachera sous des fleurs leurs pâles ossemens !

———

Silence, Esprit de feu, mon âme épouvantée
Suit le frémissement de ta corde irritée,
Et court en frissonnant sur tes pas belliqueux,
Comme un char emporté par des coursiers fougueux ;
Mais mon œil attristé de ces sombres images
Se détourne en pleurant vers de plus doux rivages ;
N'as-tu point sur ta lyre un chant consolateur ?
N'as-tu pas entendu la flûte du pasteur,
Quand seul, assis en paix sous le pampre qui plie,
Il charme par ses airs les heures qu'il oublie,
Et que l'écho des bois, où le fleuve en coulant,
Porte de saule en saule un son plaintif et lent ?

Souvent, pour l'écouter, le soir, sur la colline,
Du côté de ses chants mon oreille s'incline,
Mon cœur, par un soupir soulagé de son poids,
Dans un monde étranger se perd avec la voix ;
Et je sens par momens, sur mon âme calmée,
Passer avec le son une brise embaumée,
Plus douce qu'à mes sens l'ombre des arbrisseaux
Ou que l'air rafraîchi qui sort du lit des eaux.

   Un vent caresse ma lyre :
   Est-ce l'aile d'un oiseau?
   Sa voix dans le cœur expire,
   Et l'humble corde soupire
   Comme un flexible roseau.

O vallons paternels! doux champs, humble chaumière,
Au bord penchant des bois suspendue aux coteaux,
Dont l'humble toit, caché sous des touffes de lierre,
  Ressemble au nid sous les rameaux ;

Gazons entrecoupés de ruisseaux et d'ombrages,
Seuil antique où mon père, adoré comme un roi,
Comptait ses gras troupeaux rentrant des pâturages,
  Ouvrez-vous! ouvrez-vous! c'est moi.

Voilà du dieu des champs la rustique demeure.
J'entends l'airain frémir au sommet de ses tours ;

Il semble que dans l'air une voix qui me pleure
    Me rappelle à mes premiers jours.

Oui, je reviens à toi, berceau de mon enfance,
Embrasser pour jamais tes foyers protecteurs ;
Loin de moi les cités et leur vaine opulence,
    Je suis né parmi les pasteurs !

Enfant, j'aimais, comme eux, à suivre dans la plaine
Les agneaux pas à pas, égarés jusqu'au soir ;
A revenir, comme eux, baigner leur blanche laine
    Dans l'eau courante du lavoir.

J'aimais à me suspendre aux lianes légères,
A gravir dans les airs de rameaux en rameaux,
Pour ravir, le premier, sous l'aile de leurs mères,
    Les tendres œufs des tourtereaux.

J'aimais les voix du soir dans les airs répandues,
Le bruit lointain des chars gémissant sous leur poids ;
Et le sourd tintement des cloches suspendues
    Au cou des chevreaux, dans les bois.

Et depuis, exilé de ces douces retraites,
Comme un vase imprégné d'une première odeur,
Toujours, loin des cités, des voluptés secrètes
    Entrainaient mes yeux et mon cœur.

Beaux lieux, recevez-moi sous vos sacrés ombrages ;
Vous qui couvrez le seuil de rameaux éplorés,

Saules contemporains, courbez vos longs feuillages
　　Sur le frère que vous pleurez..

Reconnaissez mes pas, doux gazons que je foule,
Arbres que dans mes jeux j'insultais autrefois ;
Et toi qui, loin de moi, te cachais à la foule,
　　Triste écho, réponds à ma voix.

Je ne viens pas traîner, dans vos rians asiles,
Les regrets du passé, les songes du futur :
J'y viens vivre, et, couché sous vos berceaux fertiles,
　　Abriter mon repos obscur.

S'éveiller le cœur pur, au réveil de l'aurore,
Pour bénir, au matin, le Dieu qui fait les jours ;
Voir les fleurs du vallon sous la rosée éclore
　　Comme pour fêter son retour ;

Respirer les parfums que la colline exhale,
Ou l'humide fraîcheur qui tombe des forêts ;
Voir onduler de loin l'haleine matinale
　　Sur le sein flottant des guérets ;

Conduire la génisse à la source qu'elle aime,
Ou suspendre la chèvre au cytise embaumé ;
Ou voir ses blancs taureaux venir tendre d'eux-même
　　Leur front au joug accoutumé ;

Guider un soc tremblant dans le sillon qui crie,
Du pampre domestique émonder les berceaux,

Ou creuser mollement, au sein de la prairie,
    Les lits murmurans des ruisseaux ;

Le soir, assis en paix au seuil de la chaumière,
Tendre au pauvre qui passe un morceau de son pain;
Et, fatigué du jour, y fermer sa paupière
    Loin des soucis du lendemain ;

Sentir, sans les compter, dans leur ordre paisible,
Les jours suivre les jours, sans faire plus de bruit
Que ce sable léger dont la fuite insensible
    Nous marque l'heure qui s'enfuit ;

Voir, de vos doux vergers, sur vos fronts les fruits pendre,
Les fruits d'un chaste amour dans vos bras accourir,
Et, sur eux appuyé, doucement redescendre :
    C'est assez pour qui doit mourir.

Le chant meurt, la voix tombe : adieu, divin Génie.
Remonte au vrai séjour de la pure harmonie :
Tes chants ont arrêté les larmes de mes yeux.
Je lui parlais encore... Il était dans les cieux.

XVI.

LA BRANCHE D'AMANDIER.

De l'amandier tige fleurie,
Symbole, hélas! de la beauté,
Comme toi, la fleur de la vie
Fleurit et tombe avant l'été.

Qu'on la néglige ou qu'on la cueille,
De nos fronts, des mains de l'Amour,
Elle s'échappe feuille à feuille,
Comme nos plaisirs jour à jour.

Savourons ses courtes délices;
Disputons-les même au zéphyr:
Épuisons les rians calices
De ces parfums qui vont mourir.

Souvent la beauté fugitive
Ressemble à la fleur du matin
Qui, du front glacé du convive,
Tombe avant l'heure du festin.

Un jour tombe, un autre se lève;
Le printemps va s'évanouir;

Chaque fleur que le vent enlève
Nous dit : Hâtez-vous d'en jouir.

Et puisqu'il faut qu'elles périssent,
Qu'elles périssent sans retour ;
Que les roses ne se flétrissent
Que sous les lèvres de l'Amour.

XVII.

L'ANGE.

FRAGMENT ÉPIQUE.

Dieu se lève ; et soudain sa voix terrible appelle
De ses ordres secrets un ministre fidèle,
Un de ces esprits purs qui sont chargés par lui
De servir aux humains de conseil et d'appui,
De lui porter leurs vœux sur leurs ailes de flamme,
De veiller sur leur vie, et de garder leur âme :
Tout mortel a le sien : cet ange protecteur,
Cet invisible ami veille autour de son cœur,
L'inspire, le conduit, le relève s'il tombe,
Le reçoit au berceau, l'accompagne à la tombe,
Et, portant dans les cieux son âme entre ses mains,
La présente en tremblant au juge des humains :
C'est ainsi qu'entre l'homme et Jéhova lui-même,
Entre le pur néant et la grandeur suprême,
D'êtres inaperçus une chaîne sans fin
Réunit l'homme à l'ange et l'ange au séraphin ;
C'est ainsi que, peuplant l'étendue infinie,
Dieu répandit partout l'esprit, l'âme et la vie.

Au son de cette voix qui fait trembler le ciel,
S'élance devant Dieu l'archange Ithuriel :

C'est lui qui du héros est le céleste guide,
Et qui pendant sa vie à ses destins préside :
Sur les marches du trône, où de la Trinité
Brille au plus haut des cieux la triple majesté,
L'Esprit, épouvanté de la splendeur divine,
Dans un saint tremblement soudain monte et s'incline,
Et du voile éclatant de ses deux ailes d'or
Du céleste regard s'ombrage, et tremble encor.
Mais Dieu, voilant pour lui sa clarté dévorante,
Modère les accens de sa voix éclatante,
Se penche sur son trône et lui parle : soudain
Tout le ciel, attentif au Verbe souverain,
Suspend les chants sacrés, et la cour immortelle
S'apprête à recueillir la parole éternelle.
Pour la première fois, sous la voûte des cieux,
Cessa des chérubins le chœur harmonieux :
On n'entendit alors, dans les saintes demeures,
Que le bruit cadencé du char léger des heures,
Qui, des jours éternels mesurant l'heureux cours,
Dans un cercle sans fin, fuit et revient toujours ;
On n'entendit alors que la sourde harmonie
Des sphères poursuivant leur course indéfinie,
Et des astres pieux le murmure d'amour
Qui vient mourir au seuil du céleste séjour.

Mais en vain dans le ciel les chœurs sacrés se turent ;
Autour du trône en vain tous les saints accoururent :
L'archange entendit seul les ordres du Très-Haut :
Il s'incline, il adore, il s'élance aussitôt.

Telle qu'au sein des nuits une étoile tombante,
Se détachant soudain de la voûte éclatante,
Glisse, et d'un trait de feu fendant l'obscurité,
Vient aux bords des marais éteindre sa clarté :
Tel, d'un vol lumineux et d'une aile assurée,
L'ardent Ithuriel fend la plaine azurée.
A peine il a franchi ces déserts enflammés
Que la main du Très-Haut de soleils a semés,
Il ralentit son vol, et, comme un aigle immense,
Sur son aile immobile un instant se balance :
Il craint que la clarté des célestes rayons
Ne trahisse son vol aux yeux des nations ;
Et, secouant trois fois ses ailes immortelles,
Trois fois en fait jaillir des gerbes d'étincelles.
Le nocturne pasteur, qui compte dans les cieux
Les astres tant de fois nommés par ses aïeux,
Se trouble, et croit que Dieu de nouvelles étoiles
A de l'antique nuit semé les sombres voiles.

Mais pour tromper les yeux, l'archange essaie en vain
De dépouiller l'éclat de ce reflet divin ;
L'immortelle clarté dont son aile est empreinte
L'accompagne au-delà de la céleste enceinte ;
Et ces rayons du ciel dont il est pénétré,
Se détachant de lui, pâlissent par degré.
Ainsi le globe ardent que l'ange des batailles
Inventa pour briser les tours et les murailles,
Sur ses ailes de feu projeté dans les airs,
Trace au sein de la nuit de sinistres éclairs :
Immobile un moment au haut de sa carrière,

Il pâlit, il retombe en perdant sa lumière :
Tous les yeux avec lui dans les airs suspendus
Le cherchent dans l'espace, et ne le trouvent plus.

. . . .

C'était l'heure où la nuit de ses paisibles mains
Répand le doux sommeil, ce nectar des humains.
Le fleuve, déroulant ses vagues fugitives,
Réfléchissait les feux allumés sur ses rives,
Ces feux abandonnés, dont les débris mouvans
Pâlissaient, renaissaient, mouraient au gré des vents ;
D'une antique forêt le ténébreux ombrage
Couvrait au loin la plaine et bordait le rivage :
Là, sous l'abri sacré du chêne aimé des Francs,
Clovis avait planté ses pavillons errans.
Les vents par intervalle agitant les armures,
En tiraient dans la nuit de belliqueux murmures ;
L'astre aux rayons d'argent, se levant dans les cieux,
Répandait sur le camp son jour mystérieux,
Et, se réfléchissant sur l'acier des trophées,
Jetait dans la forêt des lueurs étouffées :
Tels brillent dans la nuit, à travers les rameaux,
Les feux tremblans du ciel réfléchis dans les eaux.
Le messager divin s'avance vers la tente
Où Clovis, qu'entourait sa garde vigilante,
Commençait à goûter les nocturnes pavots :
Clodomir et Lisois, compagnons du héros,
Debout devant la tente, appuyés sur leur lance,
Gardaient l'auguste seuil, et veillaient en silence.
Mais de la palme d'or qui brille dans sa main

L'ange, en touchant leurs yeux, les assoupit soudain :
Ils tombent ; de leur main la lance échappe et roule,
Et sous son pied divin l'ange en passant les foule.

Du pavillon royal il franchit les degrés.
Sur la peau d'un lion, dont les ongles dorés
Retombaient aux deux bords de sa couche d'ivoire,
Clovis dormait, bercé par des songes de gloire.
L'ange, de sa beauté, de sa grâce étonné,
Contemple avec amour ce front prédestiné.
Il s'approche, il retient son haleine divine,
Et sur le lit du prince en souriant s'incline.
Telle une jeune mère, au milieu de la nuit,
De son lit nuptial sortant au moindre bruit,
Une lampe à la main, sur un pied suspendue,
Vole à son premier-né, tremblant d'être entendue,
Et, pour calmer l'effroi qui la faisait frémir,
En silence longtemps le regarde dormir :
Tel des ordres d'en haut l'exécuteur fidèle,
Se penchant sur Clovis, l'ombrageait de son aile.
Sur le front du héros il impose ses mains :
Soudain, par un pouvoir ignoré des humains,
Dénouant sans efforts les liens de la vie,
Des entraves des sens son âme se délie :
L'ange qui la reçoit dirige son essor,
Et le corps du héros paraît dormir encor.

Dans l'astre au front changeant, dont la forme inégale
Grandissant, décroissant, mourant par intervalle,
Prête ou retire aux nuits ses limpides rayons,

L'Éternel étendit d'immenses régions,
Où, des êtres réels images symboliques,
Les songes ont bâti leurs palais fantastiques.
Sortis demi-formés des mains du Tout-Puissant,
Ils tiennent à la fois de l'être et du néant :
Un souffle aérien est toute leur essence,
Et leur vie est à peine une ombre d'existence :
Aucune forme fixe, aucun contour précis,
N'indiquèrent jamais ces êtres indécis ;
Mais ils sont, aux regards du Dieu qui les fit naître,
L'image du possible, et les ombres de l'être.
La matière et le temps sont soumis à leurs lois.
Revêtus tour à tour de formes de leur choix,
Tantôt de ce qui fut ils rendent les images ;
Et tantôt, s'élançant dans le lointain des âges,
Tous les êtres futurs, au néant arrachés,
Apparaissent d'avance en leurs jeux ébauchés.

Quand la nuit des mortels a fermé la paupière,
Sur les pâles rayons de l'astre du mystère
Ils glissent en silence, et leurs nombreux essaims
Ravissent au sommeil les âmes des humains ;
Et les portant d'un trait à leurs palais magiques,
Font éclore à leurs yeux des mondes fantastiques.
De leur globe natal les divers élémens,
Subissant à leur voix d'éternels changemens,
Ne sont jamais fixés dans des formes prescrites,
Ne connaissent ni lois, ni repos, ni limites ;
Mais sans cesse en travail, l'un par l'autre pressés,
Séparés, confondus, attirés, repoussés,

Comme des flots mouvans d'une mer en furie
Leur forme insaisissable à chaque instant varie :
Où des fleuves coulaient, où mugissaient des mers,
Des sommets escarpés s'élancent dans les airs ;
Soudain dans les vallons les montagnes descendent,
Sur leurs flancs décharnés des champs féconds s'étendent,
Qui, changés aussitôt en immenses déserts,
S'abîment à grand bruit dans des gouffres ouverts.
Des cités, des palais et des temples superbes
S'élèvent, et soudain sont cachés sous les herbes ;
Tout change, et les cités, et les monts, et les eaux,
S'y déroulent sans terme en horizons nouveaux :
Tel roulait le chaos dans les déserts du vide,
Lorsque Dieu, séparant la terre du fluide,
De la confusion des élémens divers
Son regard créateur vit sortir l'univers.

C'est là qu'Ithuriel, sur son aile brillante,
Du héros endormi portait l'âme tremblante.
A peine il a touché ces bords mystérieux,
L'ombre de l'avenir éclôt devant ses yeux :
L'ange l'y précipite ; et son âme étonnée
Parcourt en un clin d'œil l'immense destinée.

XVIII.

L'APPARITION DE L'OMBRE DE SAMUEL

A SAÜL.

FRAGMENT DRAMATIQUE

SAÜL, LA PYTHONISSE D'ENDOR.

SAUL, seul.

Peut-être... puisqu'enfin je puis le consulter,
Le ciel peut-être est las de me persécuter !
A mes yeux dessillés la vérité va luire.
Mais au livre du sort, ô Dieu ! que vont-ils lire ?
De ce livre fatal, qui s'explique trop tôt,
Chaque jour, chaque instant, hélas ! révèle un mot.
Pourquoi donc devancer le temps qui nous l'apporte ?
Pourquoi, dans cet abîme, avant l'heure ?...N'importe !
C'est trop, c'est trop longtemps attendre dans la nuit
Les invisibles coups du bras qui me poursuit ;
J'aime mieux, déroulant la trame infortunée,
Y lire, d'un seul trait, toute ma destinée.

La Pythonisse d'Endor entre sur la scène.

Est-ce toi qui, portant l'avenir dans ton sein,
Viens au roi d'Israël annoncer son destin ?

LA PYTHONISSE.

C'est moi.

SAUL.

Qui donc es-tu?

LA PYTHONISSE.

La voix du Dieu suprême.

SAUL.

Tremble de me tromper!

LA PYTHONISSE.

Saül, tremble toi-même!

SAUL.

Eh bien! qu'apportes-tu?

LA PYTHONISSE.

Ton arrêt.

SAUL.

Parle.

LA PYTHONISSE.

O ciel!
Pourquoi m'as-tu choisie entre tout Israël?
Mon cœur est faible, ô ciel! et mon sexe est timide.
Choisis pour ton organe un sein plus intrépide;
Pour annoncer au roi tes divines fureurs,
Qui suis-je?

SAUL, étonné.

Ta main tremble! et tu verses des pleurs!
Quoi! ministre du ciel, tu n'es plus qu'une femme!

LA PYTHONISSE.

Détruis donc, ô mon Dieu, la pitié dans mon âme!

SAUL.

Par tes feintes terreurs penses-tu m'ébranler?

LA PYTHONISSE.

Mais ma bouche, ô mon roi, se refuse à parler.

SAUL, avec colère.

Tes lenteurs, à la fin, lassent ma patience :
Parle, si tu le peux, ou sors de ma présence !

LA PYTHONISSE.

Que ne puis-je sortir, emportant avec moi
Tout ce qu'ici je viens prophétiser sur toi !
Mais un Dieu me retient, me pousse, me ramène ;
Je ne puis résister à son bras qui m'entraîne.
Oui, je sens ta présence, ô Dieu persécuteur !
Et ta fureur divine a passé dans mon cœur.

Avec plus d'horreur.

Mais quel rayon sanglant vient frapper ma paupière !
Mon œil épouvanté cherche et fuit la lumière !
Silence !... l'avenir ouvre ses noirs secrets !
Quel chaos de malheurs, de vertus, de forfaits !
Dans la confusion je les vois tous ensemble !
Comment, comment saisir le fil qui les rassemble ?
Saül... Michol... David... Malheureux Jonathas !
Arrête ! arrête, ô roi ! ne m'interroge pas.

SAUL, tremblant.

Que dis-tu de David, de Jonathas ? achève !

LA PYTHONISSE, montrant une ombre du doigt.

Oui, l'ombre se dissipe et le voile se lève ;
C'est lui !

SAUL.

Qui donc ?

LA PYTHONISSE.

David !...

SAUL.

Eh bien?

LA PYTHONISSE.

Il est vainqueur !
Quel triomphe ! ô David ! que d'éclat t'environne !
Que vois-je sur ton front ?

SAUL.

Achève !

LA PYTHONISSE.

Une couronne !...

SAUL.

Perfide ! qu'as-tu dit ? lui, David, couronné ?

LA PYTHONISSE, avec tristesse.

Hélas ! et tu péris, jeune homme infortuné !
Et pour pleurer ton sort, belle et tendre victime,
Les palmiers de Cadès ont incliné leur cime !...
Grâce ! grâce, ô mon Dieu ! détourne tes fureurs !
Saül a bien assez de ses propres malheurs !...
Mais la mort l'a frappé, sans pitié pour ses charmes,
Hélas ! et David même en a versé des larmes !...

SAUL.

Silence ! c'est assez : j'en ai trop écouté.

LA PYTHONISSE.

Saül, pour tes forfaits ton fils est rejeté.
D'un prince condamné Dieu détourne sa face,
D'un souffle de sa bouche il dissipe sa race :
Le sceptre est arraché !...

SAUL, l'interrompant avec violence.

Tais-toi, dis-je, tais-toi !

LA PYTHONISSE.

Saül, Saül, écoute un Dieu plus fort que moi !
Le sceptre est arraché de tes mains sans défense ;
Le sceptre dans Juda passe avec ta puissance,
Et ces biens par Dieu même à ta race promis,
Transportés à David, passent tous à ses fils.
Que David est brillant ! que son triomphe est juste !
Qu'il sort de rejetons de cette tige auguste !
Que vois-je ? un Dieu lui-même !...O vierges du saint lieu,
Chantez, chantez David ! David enfante un Dieu !...

SAUL.

Ton audace, à la fin, a comblé la mesure :
Va, tout respire en toi la fourbe et l'imposture.
Dieu m'a promis le trône, et Dieu ne trompe pas.

LA PYTHONISSE.

Dieu promet ses fureurs à des princes ingrats.

SAUL.

Crois-tu qu'impunément ta bouche ici m'outrage ?

LA PYTHONISSE.

Crois-tu faire d'un Dieu varier le langage ?

SAUL.

Sais-tu quel sort t'attend ? sais-tu...

LA PYTHONISSE.

       Ce que je sais,
C'est que ton propre bras va punir tes forfaits ;
Et qu'avant que des cieux le flambeau se retire,
Un Dieu justifiera tout ce qu'un Dieu m'inspire.
Adieu, malheureux père ! adieu malheureux roi !

   Elle se retire, Saül la retient par force.

SAUL.

Non, non, perfide, arrête ; écoute, et réponds-moi.
C'est souffrir trop longtemps l'insolence et l'injure :
Je veux convaincre ici ta bouche d'imposture.
Si le ciel à tes yeux a su les révéler,
Quels sont donc ces forfaits dont tu m'oses parler?

LA PYTHONISSE.

L'ombre les a couverts, l'ombre les couvre encore,
Saül ; mais le ciel voit ce que la terre ignore.
Ne tente pas le ciel.

SAUL.

Non : parle si tu sais.

LA PYTHONISSE.

L'ombre de Samuel te dira ces forfaits...

SAUL.

Samuel! Samuel! Eh quoi, que veux-tu dire?

LA PYTHONISSE.

Toi-même, en traits de sang, ne peux-tu pas le lire?

SAUL.

Eh bien, qu'a de commun ce Samuel et moi?

LA PYTHONISSE.

Qui plongea dans son sein ce fer sanglant?

SAUL.

Qui?

LA PYTHONISSE.

Toi!

SAUL, furieux, se précipitant sur elle avec sa lance.

Monstre, qu'a trop longtemps épargné ma clémence,
Ton audace, à la fin, appelle ma vengeance!

Prêt à la frapper.

Tiens, va dire à ton Dieu, va dire à Samuel,
Comment Saül punit ton imposture...

<small>Au moment où il va frapper, il voit l'ombre de Samuel; il laisse tomber la lance, il recule.</small>

       O ciel!
Ciel! que vois-je? C'est toi! c'est ton ombre sanglante!
Quel regard!... Son aspect m'a glacé d'épouvante.
Pardonne, ombre fatale! oh! pardonne! Oui, c'est moi,
C'est moi qui t'ai porté tous ces coups que je voi!
Quoi! depuis si longtemps! quoi! ton sang coule encore!
Viens-tu pour le venger?... Tiens..

<small>Il découvre sa poitrine et tombe à genoux.</small>

       Mais il s'évapore!...

<small>La Pythonisse disparait pendant ces derniers mots.</small>

XIX.

STANCES.

Et j'ai dit dans mon cœur : Que faire de la vie ?
Irai-je encor, suivant ceux qui m'ont devancé,
Comme l'agneau qui passe où sa mère a passé,
Imiter des mortels l'immortelle folie ?

L'un cherche sur les mers les trésors de Memnon,
Et la vague engloutit ses vœux et son navire ;
Dans le sein de la gloire où son génie aspire,
L'autre meurt enivré par l'écho d'un vain nom.

Avec nos passions formant sa vaste trame,
Celui-là fonde un trône, et monte pour tomber ;
Dans des piéges plus doux aimant à succomber,
Celui-ci lit son sort dans les yeux d'une femme.

Le paresseux s'endort dans les bras de la faim ;
Le laboureur conduit sa fertile charrue ;
Le savant pense et lit ; le guerrier frappe et tue ;
Le mendiant s'assied sur le bord du chemin.

Où vont-ils cependant ? Ils vont où va la feuille
Que chasse devant lui le souffle des hivers.
Ainsi vont se flétrir dans leurs travaux divers
Ces générations que le temps sème et cueille.

Ils luttaient contre lui, mais le temps a vaincu :
Comme un fleuve engloutit le sable de ses rives,
Je l'ai vu dévorer leurs ombres fugitives.
Ils sont nés, ils sont morts : Seigneur, ont-ils vécu ?

Pour moi, je chanterai le maître que j'adore,
Dans le bruit des cités, dans la paix des déserts,
Couché sur le rivage, ou flottant sur les mers,
Au déclin du soleil, au réveil de l'aurore.

La terre m'a crié : Qui donc est le Seigneur?
— Celui dont l'âme immense est partout répandue,
Celui dont un seul pas mesure l'étendue,
Celui dont le soleil emprunte sa splendeur ;

Celui qui du néant a tiré la matière,
Celui qui sur le vide a fondé l'univers,
Celui qui sans rivage a renfermé les mers,
Celui qui d'un regard a lancé la lumière ;

Celui qui ne connaît ni jour, ni lendemain,
Celui qui de tout temps de soi-même s'enfante,
Qui vit dans l'avenir comme à l'heure présente,
Et rappelle les temps échappés de sa main :

C'est lui, c'est le Seigneur! Que ma langue redise
Les cent noms de sa gloire aux enfans des mortels :
Comme la lampe d'or pendue à ses autels,
Je chanterai pour lui jusqu'à ce qu'il me brise!..,

XX.

LA LIBERTÉ,

OU UNE NUIT A ROME.

A ÉLI. DUCH. DE DEV.

Comme l'astre adouci de l'antique Élysée,
Sur les murs dentelés du sacré Colisée,
L'astre des nuits, perçant des nuages épars,
Laisse dormir en paix ses longs et doux regards;
Le rayon qui blanchit ses vastes flancs de pierre,
En glissant à travers les pans flottans du lierre,
Dessine dans l'enceinte un lumineux sentier;
On dirait le tombeau d'un peuple tout entier,
Où la mémoire, errant après des jours sans nombre,
Dans la nuit du passé viendrait chercher une ombre.

Ici, de voûte en voûte élevé dans les cieux,
Le monument debout défie encor les yeux;
Le regard égaré dans ce dédale oblique,
De degrés en degrés, de portique en portique,
Parcourt en serpentant ce lugubre désert,
Fuit, monte, redescend, se retrouve et se perd.
Là, comme un front penché sous le poids des années,
La ruine, abaissant ces voûtes inclinées,
Tout à coup se déchire en immenses lambeaux,

Pend comme un noir rocher sur l'abîme des eaux;
Ou des vastes hauteurs de son faîte superbe
Descendant par degrés jusqu'au niveau de l'herbe,
Comme un coteau qui meurt sous les fleurs d'un vallon,
Vient mourir à nos pieds sur des lits de gazon.
Sur les flancs décharnés de ces sombres collines,
Des forêts dans les airs ont jeté leurs racines :
Là, le lierre jaloux de l'immortalité,
Triomphe en possédant ce que l'homme a quitté;
Et pareil à l'oubli, sur ces murs qu'il enlace,
Monte de siècle en siècle au sommet qu'il efface.
Le buis, l'if immobile, et l'arbre des tombeaux,
Dressent en frissonnant leurs funèbres rameaux,
Et l'humble giroflée, aux lambris suspendue,
Attachant ses pieds d'or dans la pierre fendue,
Et balançant dans l'air ses longs rameaux flétris,
Comme un doux souvenir fleurit sur des débris.
Aux sommets escarpés du fronton solitaire,
L'aigle à la frise étroite a suspendu son aire :
Au bruit sourd de mes pas, qui troublent son repos,
Il jette un cri d'effroi, grossi par mille échos,
S'élance dans le ciel, en redescend, s'arrête,
Et d'un vol menaçant plane autour de ma tête.
Du creux des monumens, de l'ombre des arceaux,
Sortent en gémissant de sinistres oiseaux :
Ouvrant en vain dans l'ombre une ardente prunelle,
L'aveugle amant des nuits bat les murs de son aile;
La colombe, inquiète à mes pas indiscrets,
Descend, vole et s'abat de cyprès en cyprès,
Et sur les bords brisés de quelque urne isolée,

Se pose en soupirant comme une âme exilée.

Les vents, en s'engouffrant sous ces vastes débris,
En tirent des soupirs, des hurlemens, des cris ;
On dirait qu'on entend le torrent des années
Rouler sous ces arceaux ses vagues déchaînées,
Renversant, emportant, minant de jours en jours
Tout ce que les mortels ont bâti sur son cours.
Les nuages flottant dans un ciel clair et sombre,
En passant sur l'enceinte y font courir leur ombre,
Et tantôt, nous cachant le rayon qui nous luit,
Couvrent le monument d'une profonde nuit ;
Tantôt, se déchirant sous un souffle rapide,
Laissent sur le gazon tomber un jour livide,
Qui, semblable à l'éclair, montre à l'œil ébloui
Ce fantôme debout du siècle évanoui ;
Dessine en serpentant ses formes mutilées,
Les cintres verdoyans des arches écroulées,
Ses larges fondemens sous nos pas entr'ouverts,
Ses frontons menaçans suspendus dans les airs,
Et l'éternelle croix qui, surmontant le faîte,
Incline comme un mât battu par la tempête.

Rome, te voilà donc ! O mère des Césars !
J'aime à fouler aux pieds tes monumens épars ;
J'aime à sentir le temps, plus fort que ta mémoire,
Effacer pas à pas les traces de ta gloire.
L'homme serait-il donc de ses œuvres jaloux ?
Nos monumens sont-ils plus immortels que nous ?
Égaux devant le temps, non, ta ruine immense

Nous console du moins de notre décadence.
J'aime, j'aime à venir rêver sur ce tombeau,
A l'heure où de la nuit le lugubre flambeau
Comme l'œil du passé, flottant sur des ruines,
D'un pâle demi-deuil revêt tes sept collines,
Et d'un ciel toujours jeune éclaircissant l'azur,
Fait briller les torrens sur les flancs de Tibur.
Ma harpe, qu'en passant l'oiseau des nuits effleure,
Sur tes propres débris te rappelle et te pleure,
Et jette aux flots du Tibre un cri de liberté,
Hélas! par l'écho même à peine répété.

« Liberté! nom sacré, profané par cet âge,
« J'ai toujours dans mon cœur adoré ton image,
« Telle qu'aux jours d'Émile et de Léonidas
« T'adorèrent jadis le Tibre et l'Eurotas;
« Quand, tes fils se levant contre la tyrannie,
« Tu teignais leurs drapeaux du sang de Virginie,
« Ou qu'à tes saintes lois glorieux d'obéir,
« Tes trois cents immortels s'embrassaient pour mourir;
« Telle enfin que d'Uri prenant ton vol sublime,
« Comme un rapide éclair qui court de cime en cime,
« Des rives du Léman aux rochers d'Appenzell,
« Volant avec la mort sur la flèche de Tell,
« Tu rassembles tes fils errans sur les montagnes,
« Et, semblable au torrent qui fond sur leurs campagnes,
« Tu purges à jamais d'un peuple d'oppresseurs
« Ces champs où tu fondas ton règne sur les mœurs!

« Alors... Mais aujourd'hui pardonne à mon silence!

« Quand ton nom, profané par l'infâme licence,
« Du Tage à l'Éridan épouvantant les rois,
« Fait crouler dans le sang les trônes et les lois ;
« Détournant leurs regards de ce culte adultère,
« Tes purs adorateurs, étrangers sur la terre,
« Voyant dans ces excès ton saint nom s'abolir,
« Ne le prononcent plus... de peur de l'avilir.
« Il fallait t'invoquer, quand un tyran superbe
« Sous ses pieds teints de sang nous foulait comme l'herbe,
« En pressant sur son cœur le poignard de Caton.
« Alors il était beau de confesser ton nom :
« La palme des martyrs couronnait tes victimes,
« Et jusqu'à leurs soupirs tout leur était des crimes.
« L'univers cependant, prosterné devant lui,
« Adorait ou tremblait !... L'univers aujourd'hui
« Au bruit des fers brisés en sursaut se réveille.
« Mais, qu'entends-je ? et quels cris ont frappé mon oreille ?
« Esclaves et tyrans, opprimés, oppresseurs,
« Quand tes droits ont vaincu, s'offrent pour tes vengeurs ;
« Insultant sans péril la tyrannie absente,
« Ils poursuivent partout son ombre renaissante ;
« Et, de la vérité couvrant la faible voix,
« Quand le peuple est tyran, ils insultent aux rois.

« Tu règnes cependant sur un siècle qui t'aime,
« Liberté ! tu n'as rien à craindre que toi-même.
« Sur la pente rapide où roule en paix ton char,
« Je vois mille Brutus... mais où donc est César ? »

XXI.

ADIEUX A LA MER.

Naples, 1822.

Murmure autour de ma nacelle,
Douce mer dont les flots chéris,
Ainsi qu'une amante fidèle,
Jettent une plainte éternelle
Sur ces poétiques débris.

Que j'aime à flotter sur ton onde,
A l'heure où du haut du rocher
L'oranger, la vigne féconde,
Versent sur ta vague profonde
Une ombre propice au nocher!

Souvent, dans ma barque sans rame,
Me confiant à ton amour,
Comme pour assoupir mon âme,
Je ferme au branle de ta lame
Mes regards fatigués du jour.

Comme un coursier souple et docile,
Dont on laisse flotter le mors,

Toujours, vers quelque frais asile,
Tu pousses ma barque fragile
Avec l'écume de tes bords.

Ah! berce, berce, berce encore,
Berce pour la dernière fois,
Berce cet enfant qui t'adore,
Et qui depuis sa tendre aurore
N'a rêvé que l'onde et les bois!

Le Dieu qui décora le monde
De ton élément gracieux,
Afin qu'ici tout se réponde,
Fit les cieux pour briller sur l'onde,
L'onde pour réfléchir les cieux.

Aussi pur que dans ma paupière,
Le jour pénètre ton flot pur,
Et dans ta brillante carrière
Tu sembles rouler la lumière
Avec tes flots d'or et d'azur.

Aussi libre que la pensée,
Tu brises le vaisseau des rois,
Et dans ta colère insensée,
Fidèle au Dieu qui t'a lancée,
Tu ne t'arrêtes qu'à sa voix.

De l'infini sublime image,
De flots en flots l'œil emporté

Te suit en vain de plage en plage,
L'esprit cherche en vain ton rivage,
Comme ceux de l'éternité.

Ta voix majestueuse et douce
Fait trembler l'écho de tes bords,
Ou sur l'herbe qui te repousse,
Comme le zéphyr dans la mousse,
Murmure de mourans accords.

Que je t'aime, ô vague assouplie,
Quand, sous mon timide vaisseau,
Comme un géant qui s'humilie,
Sous ce vain poids l'onde qui plie
Me creuse un liquide berceau !

Que je t'aime quand, le zéphyre
Endormi dans tes antres frais,
Ton rivage semble sourire
De voir dans ton sein qu'il admire
Flotter l'ombre de ses forêts !

Que je t'aime quand sur ma poupe
Des festons de mille couleurs,
Pendant au vent qui les découpe,
Te couronnent comme une coupe
Dont les bords sont voilés de fleurs !

Qu'il est doux, quand le vent caresse
Ton sein mollement agité,

De voir, sous ma main qui la presse,
Ta vague qui s'enfle et s'abaisse
Comme le sein de la beauté !

Viens à ma barque fugitive,
Viens donner le baiser d'adieux ;
Roule autour une voix plaintive,
Et de l'écume de ta rive
Mouille encor mon front et mes yeux.

Laisse sur ta plaine mobile
Flotter ma nacelle à son gré,
Et sous l'antre de la Sibylle,
Ou sur le tombeau de Virgile :
Chacun de tes flots m'est sacré.

Partout sur ta rive chérie,
Où l'amour éveilla mon cœur,
Mon âme, à sa vue attendrie,
Trouve un asile, une patrie,
Et des débris de son bonheur.

Flotte au hasard : sur quelque plage
Que tu me fasses dériver,
Chaque flot m'apporte une image :
Chaque rocher de ton rivage
Me fait souvenir ou rêver !

XXII.

LE CRUCIFIX.

Toi que j'ai recueilli sur sa bouche expirante
Avec son dernier souffle et son dernier adieu,
Symbole deux fois saint, don d'une main mourante,
    Image de mon Dieu !

Que de pleurs ont coulé sur tes pieds que j'adore,
Depuis l'heure sacrée où, du sein d'un martyr,
Dans mes tremblantes mains tu passas, tiède encore
    De son dernier soupir !

Les saints flambeaux jetaient une dernière flamme ;
Le prêtre murmurait ces doux chants de la mort,
Pareils aux chants plaintifs que murmure une femme
    A l'enfant qui s'endort.

De son pieux espoir son front gardait la trace,
Et sur ses traits frappés d'une auguste beauté
La douleur fugitive avait empreint sa grâce,
    La mort sa majesté.

Le vent qui caressait sa tête échevelée
Me montrait tour à tour ou me voilait ses traits,
Comme l'on voit flotter sur un blanc mausolée
    L'ombre des noirs cyprès.

Un de ses bras pendait de la funèbre couche ;
L'autre languissamment replié sur son cœur,
Semblait chercher encore et presser sur sa bouche
    L'image du Sauveur.

Ses lèvres s'entr'ouvraient pour l'embrasser encore ;
Mais son âme avait fui dans ce divin baiser,
Comme un léger parfum que la flamme dévore
    Avant de l'embraser.

Maintenant tout dormait sur sa bouche glacée,
Le souffle se taisait dans son sein endormi,
Et sur l'œil sans regard la paupière affaissée
    Retombait à demi.

Et moi, debout, saisi d'une terreur secrète,
Je n'osais m'approcher de ce reste adoré,
Comme si du trépas la majesté muette
    L'eût déjà consacré.

Je n'osais!... mais le prêtre entendit mon silence,
Et de ses doigts glacés prenant le crucifix :
« Voilà le souvenir et voilà l'espérance :
    « Emportez-les, mon fils. »

Oui, tu me resteras, ô funèbre héritage !
Sept fois, depuis ce jour, l'arbre que j'ai planté
Sur sa tombe sans nom a changé de feuillage :
    Tu ne m'as pas quitté.

Placé près de ce cœur, hélas ! où tout s'efface,
Tu l'as contre le temps défendu de l'oubli,
Et mes yeux goutte à goutte ont imprimé leur trace
    Sur l'ivoire amolli.

O dernier confident de l'âme qui s'envole,
Viens, reste sur mon cœur ! parle encore, et dis-moi
Ce qu'elle te disait quand sa faible parole
    N'arrivait plus qu'à toi ;

A cette heure douteuse, où l'âme recueillie,
Se cachant sous le voile épaissi sur nos yeux,
Hors de nos sens glacés pas à pas se replie,
    Sourde aux derniers adieux ;

Alors qu'entre la vie et la mort incertaine,
Comme un fruit par son poids détaché du rameau,
Notre âme est suspendue, et tremble à chaque haleine
    Sur la nuit du tombeau ;

Quand des chants, des sanglots la confuse harmonie,
N'éveille déjà plus notre esprit endormi,
Aux lèvres du mourant collé dans l'agonie,
    Comme un dernier ami :

Pour éclaircir l'horreur de cet étroit passage,
Pour relever vers Dieu son regard abattu,
Divin consolateur, dont nous baisons l'image,
　　　Réponds! Que lui dis-tu?

Tu sais, tu sais mourir! et tes larmes divines,
Dans cette nuit terrible où tu prias en vain,
De l'olivier sacré baignèrent les racines
　　　Du soir jusqu'au matin.

De la croix, où ton œil sonda ce grand mystère,
Tu vis ta mère en pleurs et la nature en deuil;
Tu laissas comme nous tes amis sur la terre,
　　　Et ton corps au cercueil!

Au nom de cette mort, que ma faiblesse obtienne
De rendre sur ton sein ce douloureux soupir:
Quand mon heure viendra, souviens-toi de la tienne,
　　　O toi qui sais mourir!

Je chercherai la place où sa bouche expirante
Exhala sur tes pieds l'irrévocable adieu,
Et son âme viendra guider mon âme errante
　　　Au sein du même Dieu.

Ah! puisse, puisse alors sur ma funèbre couche,
Triste et calme à la fois, comme un ange éploré,
Une figure en deuil recueillir sur ma bouche
　　　L'héritage sacré!

Soutiens ses derniers pas, charme sa dernière heure,
Et, gage consacré d'espérance et d'amour,
De celui qui s'éloigne à celui qui demeure
    Passe ainsi tour à tour !

Jusqu'au jour où, des morts perçant la voûte sombre,
Une voix dans le ciel les appelant sept fois,
Ensemble éveillera ceux qui dorment à l'ombre
    De l'éternelle croix !

XXIII.

APPARITION.

Toi qui du jour mourant consoles la nature,
Parais, flambeau des nuits, lève-toi dans les cieux;
Étends autour de moi, sur la pâle verdure,
Les douteuses clartés d'un jour mystérieux!
Tous les infortunés chérissent ta lumière;
L'éclat brillant du jour repousse leurs douleurs :
Aux regards du soleil ils ferment leur paupière,
Et rouvrent devant toi leurs yeux noyés de pleurs.

    Viens guider mes pas vers la tombe
    Où ton rayon s'est abaissé,
    Où chaque soir mon genou tombe
    Sur un saint nom presque effacé.
    Mais quoi! la pierre le repousse!...
    J'entends!... oui, des pas sur la mousse!
    Un léger souffle a murmuré;
    Mon œil se trouble, je chancelle;
    Non, non, ce n'est plus toi, c'est elle
    Dont le regard m'a pénétré.

    Est-ce bien toi, toi qui t'inclines

Sur celui qui fut ton amant?
Parle ; que tes lèvres divines
Prononcent un mot seulement;
Ce mot que murmurait ta bouche
Quand, planant sur ta sombre couche,
La mort interrompit ta voix.
Sa bouche commence... Ah! j'achève :
Oui, c'est toi; ce n'est point un rêve :
Anges du ciel, je la revois!...

Ainsi donc l'ardente prière
Perce le ciel et les enfers.
Ton âme a franchi la barrière
Qui sépare deux univers.
Béni soit le Dieu qui l'envoie!
Sa grâce a permis que je voie
Ce que mes yeux cherchaient toujours.
Que veux-tu? faut-il que je meure?
Tiens, je te donne pour cette heure
Toutes les heures de mes jours.

Mais quoi! sur ce rayon déjà l'ombre s'envole :
Pour un siècle de pleurs une seule parole!
Est-ce tout?... c'est assez!... Astre que j'ai chanté,
J'en bénirai toujours ta pieuse clarté,
Soit que dans nos climats, empire des orages,
Comme un vaisseau voguant sur la mer des nuages,
Tu perces rarement la triste obscurité :
Soit que sous ce beau ciel, propice à ta lumière,
Dans un limpide azur poursuivant ta carrière,

Des couleurs du matin tu dores les coteaux :
Ou que, te balançant sur une mer tranquille,
Et teignant de tes feux sa surface immobile,
Tes rayons argentés se brisent dans les eaux !

XXIV.

CHANT D'AMOUR.

Naples, 1822.

Si tu pouvais jamais égaler, ô ma lyre!
Le doux frémissement des ailes du zéphyre
  A travers les rameaux,
Ou l'onde qui murmure en caressant ces rives,
Ou le roucoulement des colombes plaintives
  Jouant aux bords des eaux;

Si, comme ce roseau qu'un souffle heureux anime,
Tes cordes exhalaient ce langage sublime,
  Divin secret des cieux,
Que, dans le pur séjour où l'esprit seul s'envole,
Les anges amoureux se parlent sans parole,
  Comme les yeux aux yeux;

Si de ta douce voix la flexible harmonie,
Caressant doucement une âme épanouie
  Au souffle de l'amour,
La berçait mollement sur de vagues images,

Comme le vent du ciel qui berce les nuages
  Dans la pourpre du jour :

Tandis que sur les fleurs mon amante sommeille,
Ma voix murmurerait tout bas à son oreille
  Des soupirs, des accords
Aussi purs que l'extase où son regard me plonge,
Aussi doux que le son que nous apporte un songe
  Des ineffables bords.

Ouvre les yeux, dirais-je, ô ma seule lumière !
Laisse-moi, laisse-moi lire dans ta paupière
  Ma vie et ton amour :
Ton regard languissant est plus cher à mon âme
Que le premier rayon de la céleste flamme
  Aux yeux privés du jour.

———

Un de ses bras fléchit sous son cou qui le presse,
L'autre sur son beau front retombe avec mollesse
  Et le couvre à demi :
Telle, pour sommeiller, la blanche tourterelle
Courbe son cou d'albâtre et ramène son aile
  Sur son œil endormi.

Le doux gémissement de son sein qui respire
Se mêle au bruit plaintif de l'onde qui soupire
  A flots harmonieux ;
Et l'ombre de ses cils, que le zéphyr soulève,

Flotte légèrement comme l'ombre d'un rêve
    Qui passe sur ses yeux.

———

Que ton sommeil est doux, ô vierge, ô ma colombe !
Comme d'un cours égal ton sein monte et retombe
    Avec un long soupir !
Deux vagues que blanchit le rayon de la lune,
D'un mouvement moins doux viennent l'une après l'une
    Murmurer ou mourir !

———

Laisse-moi respirer sur ces lèvres vermeilles
Ce souffle parfumé... Qu'ai-je fait? tu t'éveilles.
    L'azur voilé des cieux
Vient chercher doucement ta timide paupière ;
Mai toi... ton doux regard, en voyant la lumière,
    N'a cherché que mes yeux.

———

Ah ! que nos longs regards se suivent, se prolongent,
Comme deux purs rayons l'un dans l'autre se plongent,
    Et portent tour à tour
Dans le cœur l'un de l'autre une tremblante flamme,
Ce jour intérieur que donne seul à l'âme
    Le regard de l'amour !

Jusqu'à ce qu'une larme aux bords de ta paupière,
De son nuage errant te cachant la lumière,
    Vienne baigner tes yeux,
Comme on voit au réveil d'une charmante aurore
Les larmes du matin qu'elle attire et colore,
    L'ombrager dans les cieux.

Parle-moi, que ta voix me touche !
Chaque parole sur ta bouche
Est un écho mélodieux.
Quand ta voix meurt dans mon oreille,
Mon âme résonne et s'éveille,
Comme un temple à la voix des dieux.

Un souffle, un mot, puis un silence,
C'est assez : mon âme devance
Le sens interrompu des mots,
Et comprend ta voix fugitive,
Comme le gazon de la rive
Comprend le murmure des flots.

Un son qui sur ta bouche expire,
Une plainte, un demi-sourire,
Mon cœur entend tout sans effort :
Tel, en passant par une lyre,
Le souffle même du zéphyre
Devient un ravissant accord !

Pourquoi sous tes cheveux me cacher ton visage?
Laisse mes doigts jaloux écarter ce nuage :
Rougis-tu d'être belle, ô charme de mes yeux?
L'aurore, ainsi que toi, de ses roses s'ombrage.
Pudeur, honte céleste, instinct mystérieux,
Ce qui brille le plus se voile davantage;
Comme si la beauté, cette divine image,
  N'était faite que pour les cieux !

  Tes yeux sont deux sources vives
  Où vient se peindre un ciel pur,
  Quand les rameaux de leurs rives
  Leur découvrent son azur.
  Dans ce miroir retracées,
  Chacune de tes pensées
  Jette en passant son éclair;
  Comme on voit sur l'eau limpide
  Flotter l'image rapide
  Des cygnes qui fendent l'air.

  Ton front, que ton voile ombrage
  Et découvre tour à tour,
  Est une nuit sans nuage
  Prête à recevoir le jour ;
  Ta bouche, qui va sourire,
  Est l'onde qui se retire
  Au souffle errant du zéphyr,
  Et sur ces bords qu'elle quitte
  Laisse au regard qu'elle invite,
  Compter les perles d'Ophir.

Tes deux mains sont deux corbeilles
Qui laissent passer le jour;
Tes doigts de roses vermeilles
En couronnent le contour.
Sur le gazon qui l'embrasse
Ton pied se pose, et la grâce,
Comme un divin instrument,
Aux sons égaux d'une lyre
Semble accorder et conduire
Ton plus léger mouvement.

Pourquoi de tes regards percer ainsi mon âme?
Baisse, oh! baisse tes yeux pleins d'une chaste flamme:
  Baisse-les, ou je meurs.
Viens plutôt, lève-toi! Mets ta main dans la mienne;
Que mon bras arrondi t'entoure et te soutienne
  Sur ces tapis de fleurs.

Aux bords d'un lac d'azur il est une colline
Dont le front verdoyant légèrement s'incline
  Pour contempler les eaux;
Le regard du soleil tout le jour la caresse,
Et l'haleine de l'onde y fait flotter sans cesse
  Les ombres des rameaux.

Entourant de ses plis deux chênes qu'elle embrasse,
Une vigne sauvage à leurs rameaux s'enlace,
    Et, couronnant leurs fronts,
De sa pâle verdure éclaircit leur feuillage,
Puis sur des champs coupés de lumière et d'ombrage
    Court en rians festons.

Là, dans les flancs creusés d'un rocher qui surplombe,
S'ouvre une grotte obscure, un nid où la colombe
    Aime à gémir d'amour ;
La vigne, le figuier, la voilent, la tapissent ;
Et les rayons du ciel, qui lentement s'y glissent,
    Y mesurent le jour.

La nuit et la fraîcheur de ces ombres discrètes
Conservent plus longtemps aux pâles violettes
    Leurs timides couleurs ;
Une source plaintive en habite la voûte,
Et semble sur vos fronts distiller goutte à goutte
    Des accords et des pleurs.

Le regard, à travers ce rideau de verdure,
Ne voit rien que le ciel et l'onde qu'il azure ;
    Et sur le sein des eaux
Les voiles du pêcheur, qui, couvrant sa nacelle,
Fendent ce ciel limpide, et battent comme l'aile
    Des rapides oiseaux.

L'oreille n'entend rien qu'une vague plaintive
Qui, comme un long baiser, murmure sur sa rive,

Ou la voix des zéphyrs,
Ou les sons cadencés que gémit Philomèle,
Ou l'écho du rocher dont un soupir se mêle
A nos propres soupirs.

———

Viens, cherchons cette ombre propice
Jusqu'à l'heure où de ce séjour
Les fleurs fermeront leur calice
Aux regards languissans du jour.
Voilà ton ciel, ô mon étoile !
Soulève, oh ! soulève ce voile,
Éclaire la nuit de ces lieux ;
Parle, chante, rêve, soupire,
Pourvu que mon regard attire
Un regard errant de tes yeux.

Laisse-moi parsemer de roses
La tendre mousse où tu t'assieds,
Et près du lit où tu reposes
Laisse-moi m'asseoir à tes pieds.
Heureux le gazon que tu foules,
Et le bouton dont tu déroules
Sous tes doigts les fraîches couleurs !
Heureuses ces coupes vermeilles
Que pressent tes lèvres, pareilles
A l'abeille, amante des fleurs !

Si l'onde des lis qu'elle cueille

Roule les calices flétris,
Des tiges que sa bouche effeuille
Si le vent m'apporte un débris ;
Si la boucle qui se dénoue
Vient, en ondulant sur ma joue,
De ma lèvre effleurer le bord ;
Si son souffle léger résonne,
Je sens sur mon front qui frissonne
Passer les ailes de la mort.

Souviens-toi de l'heure bénie
Où les dieux d'une tendre main,
Te répandirent sur ma vie
Comme l'ombre sur le chemin.
Depuis cette heure fortunée,
Ma vie à ta vie enchaînée,
Qui s'écoule comme un seul jour,
Est une coupe toujours pleine,
Où mes lèvres à longue haleine
Puisent l'innocence et l'amour.

———

Un jour le temps jaloux, d'une haleine glacée,
Fanera tes couleurs comme une fleur passée
    Sur ces lits de gazon ;
Et sa main flétrira sur tes charmantes lèvres
Ces rapides baisers, hélas ! dont tu me sèvres
    Dans leur fraîche saison.

Mais quand tes yeux, voilés d'un nuage de larmes,
De ces jours écoulés qui t'ont ravi tes charmes
      Pleureront la rigueur;
Quand, dans ton souvenir, dans l'onde du rivage
Tu chercheras en vain ta ravissante image,
      Regarde dans mon cœur.

Là ta beauté fleurit pour des siècles sans nombre;
Là ton doux souvenir veille à jamais à l'ombre
      De ma fidélité,
Comme une lampe d'or dont une vierge sainte
Protége avec la main, en traversant l'enceinte,
      La tremblante clarté.

Et quand la mort viendra, d'un autre amour suivie,
Éteindre en souriant de notre double vie
      L'un et l'autre flambeau,
Qu'elle étende ma couche à côté de la tienne,
Et que ta main fidèle embrasse encor la mienne
      Dans le lit du tombeau.

Ou plutôt puissions-nous passer sur cette terre,
Comme on voit en automne un couple solitaire
      De cygnes amoureux
Partir, en s'embrassant, du nid qui les rassemble,
Et vers les doux climats qu'ils vont chercher ensemble
      S'envoler deux à deux!

XXV.

IMPROVISÉE A LA GRANDE CHARTREUSE.

Jéhova de la terre a consacré les cimes;
Elles sont de ses pas le divin marchepied;
C'est là qu'environné de ses foudres sublimes
  Il vole, il descend, il s'assied.

Sina, l'Olympe même, en conservent la trace;
L'Oreb, en tressaillant, s'inclina sous ses pas;
Thor entendit sa voix, Gelboé vit sa face;
  Golgotha pleura son trépas.

Dieu que l'Hébron connaît, Dieu que Cédar adore!
Ta gloire à ces rochers jadis se dévoila;
Sur le sommet des monts nous te cherchons encore;
  Seigneur, réponds-nous; es-tu là?

Paisibles habitans de ces saintes retraites,
Comme au pied de ces monts où priait Israël,
Dans le calme des nuits, des hauteurs où vous êtes
  N'entendez-vous donc rien du ciel?

Ne voyez-vous jamais les divines phalanges
Sur vos dômes sacrés descendre et se pencher?
N'entendez-vous jamais des doux concerts des anges
    Retentir l'écho du rocher?

Quoi! l'âme en vain regarde, aspire, implore, écoute;
Entre le ciel et nous est-il un mur d'airain?
Vos yeux toujours levés vers la céleste voûte,
    Vos yeux sont-ils levés en vain?

Pour s'élancer, Seigneur, où ta voix les appelle,
Les astres de la nuit ont des chars de saphirs;
Pour s'élever à toi, l'aigle au moins a son aile;
    Nous n'avons rien que nos soupirs.

Que la voix de tes saints s'élève et te désarme;
La prière du juste est l'encens des mortels;
Et nous, pécheurs, passons: nous n'avons qu'une larme
    A répandre sur tes autels.

XXVI.

ADIEUX A LA POÉSIE.

Il est une heure de silence
Où la solitude est sans voix,
Où tout dort, même l'espérance;
Où nul zéphyr ne se balance
Sous l'ombre immobile des bois.

Il est un âge où de la lyre
L'âme aussi semble s'endormir,
Où du poétique délire
Le souffle harmonieux expire
Dans le sein qu'il faisait frémir.

L'oiseau qui charme le bocage,
Hélas! ne chante pas toujours :
A midi, caché sous l'ombrage,
Il n'enchante de son ramage
Que l'aube et le déclin des jours.

Adieu donc, adieu, voici l'heure,
Lyre aux soupirs mélodieux !
En vain à la main qui t'effleure

Ta fibre encor répond et pleure :
Voici l'heure de nos adieux.

Reçois cette larme rebelle
Que mes yeux ne peuvent cacher.
Combien sur ta corde fidèle,
Mon âme, hélas! en versa-t-elle
Que tes soupirs n'ont pu sécher!

Sur cette terre infortunée,
Où tous les yeux versent des pleurs,
Toujours de cyprès couronnée,
La lyre ne nous fut donnée
Que pour endormir nos douleurs.

Tout ce qui chante ne répète
Que des regrets ou des désirs;
Du bonheur la corde est muette;
De Philomèle et du poëte
Les plus doux chants sont des soupirs.

Dans l'ombre auprès d'un mausolée,
O lyre, tu suivis mes pas;
Et des doux festins exilée
Jamais ta voix ne s'est mêlée
Aux chants des heureux d'ici-bas.

Pendue aux saules de la rive,
Libre comme l'oiseau des bois,
On n'a point vu ma main craintive

T'attacher comme une captive
Aux portes des palais des rois.

Des partis l'haleine glacée
Ne t'inspira pas tour à tour;
Aussi chaste que la pensée,
Nul souffle ne t'a caressée,
Hormis le souffle de l'Amour.

En quelque lieu qu'un sort sévère
Fit plier mon front sous ses lois,
Grâce à toi, mon âme étrangère
A trouvé partout sur la terre
Un céleste écho de sa voix.

Aux monts d'où le jour semble éclore,
Quand je t'emportais avec moi
Pour louer celui que j'adore,
Le premier rayon de l'aurore
Ne se réveillait qu'après toi.

Au bruit des flots et des cordages,
Aux feux livides des éclairs,
Tu jetais des accords sauvages,
Et comme l'oiseau des orages
Tu rasais l'écume des mers.

Celle dont le regard m'enchaîne
A tes soupirs mêlait sa voix,
Et souvent ses tresses d'ébène

Frissonnaient sous ma molle haleine,
Comme tes cordes sous mes doigts.

Peut-être à moi, lyre chérie,
Tu reviendras dans l'avenir,
Quand, de songes divins suivie,
La mort approche, et que la vie
S'éloigne comme un souvenir.

Dans cette seconde jeunesse
Qu'un doux oubli rend aux humains,
Souvent l'homme, dans sa tristesse,
Sur toi se penche et te caresse,
Et tu résonnes sous mes mains.

Ce vent qui sur nos âmes passe,
Souffle à l'aurore ou souffle tard ;
Il aime à jouer avec grâce
Dans les cheveux qu'un myrte enlace,
Ou dans la barbe du vieillard.

En vain une neige glacée
D'Homère ombrageait le menton :
Et le rayon de la pensée
Rendait la lumière éclipsée
Aux yeux aveugles de Milton.

Autour d'eux voltigeaient encore
L'amour, l'illusion, l'espoir,
Comme l'insecte amant de Flore,

Dont les ailes semblent éclore
Aux tardives lueurs du soir.

Peut-être ainsi !... mais avant l'âge
Où tu reviens nous visiter,
Flottant de rivage en rivage,
J'aurai péri dans un naufrage,
Loin des cieux que je vais quitter.

Depuis longtemps ma voix plaintive
Sera couverte par les flots,
Et, comme l'algue fugitive,
Sur quelque sable de la rive
La vague aura roulé mes os.

Mais toi, lyre mélodieuse,
Surnageant sur les flots amers,
Des cygnes la troupe envieuse
Suivra ta trace harmonieuse
Sur l'abîme roulant des mers.

LA CHUTE DU RHIN A LAUFFEN.

PAYSAGE.

C'était aux premiers feux de la naissante aurore,
Le jour dans les vallons ne plongeait pas encore,
Mais, planant dans les airs sur ses pâles rayons,
Ne touchait que le ciel et les crêtes des monts.
Sur les obscurs sentiers de la forêt profonde,
Au roulement lointain d'un tonnerre qui gronde,
J'avançais ; de l'orage imitant le fracas,
Le tonnerre des eaux redouble à chaque pas :
Déjà, comme battus par les coups d'un orage,
Les arbres ébranlés secouaient leur feuillage,
Et les rochers, minés sur leurs vieux fondemens,
Épouvantaient mes yeux de leurs longs tremblemens.
Enfin mon pied crispé touche au bord de l'abîme ;
Le voile humide, épars sur cette horreur sublime,
Tombe ; je jette un cri de surprise et d'effroi :
Le fleuve tout entier s'écroule devant moi !

Ah ! regarde, ô mon âme ! et demeure en silence !
Nature, ah ! qui pourrait parler en ta présence,
Quand sous ces traits divins, que ton Dieu t'a donnés,
Tu te montres sans voile à nos yeux étonnés ?

Le poids de ta grandeur accable la pensée ;
Le cœur fuit, l'œil se trouble, et la bouche oppressée,
Cherchant en vain le mot impossible à trouver,
O Dieu ! jette ton nom, et ne peut l'achever.

De rochers en rochers et d'abîme en abîme
Il tombe, il rebondit, il retombe, il s'abîme ;
Les débris mugissans roulent de toutes parts ;
Le Rhin sur tous ses bords sème ses flots épars ;
De leur choc redoublé le roc gémit et fume ;
Le flot pulvérisé roule en flocons d'écume,
Remonte, court, serpente ; aux noirs flancs du rocher
Semble avec ses cent bras chercher à s'accrocher,
Sur les bords de l'abîme accourt, hésite encore ;
Puis dans le gouffre ouvert, qui hurle et le dévore,
Réunissant enfin tous ses flots à la fois,
D'un bond majestueux tombe de tout son poids :
L'abîme en retentit, l'air siffle, le sol gronde ;
Le gouffre en bouillonnant s'enfle et revomit l'onde,
Le fleuve, épouvanté dans ses fougueux transports,
Retombe sur lui-même et déchire ses bords,
Et semble, en prolongeant un lugubre murmure,
De ses flots mutilés étaler la tonture,
Et, d'un cours insensé s'enfuyant au hasard,
En cent torrens brisés roule de toute part.
Tel un temple superbe, inondé par la foule,
Sur ses vieux fondemens tout à coup s'il s'écroule,
Un seul cri jusqu'au ciel s'élance ; tout s'enfuit ;
Le sol tremblant répond à cet horrible bruit ;
Les piliers ébranlés chancellent sur leur base ;

La voûte éclate et tombe ; et les murs qu'elle écrase
Roulant sur les parvis en immenses lambeaux,
De leurs débris fumans enfoncent les tombeaux ;
Sous un nuage épais de cendre et de poussière
L'astre du jour répand sa sinistre lumière ;
Et sur les champs voisins les décombres jetés
Laissent errer au loin les yeux épouvantés !

Tombe avec cette chute et rejaillis comme elle,
O ma pauvre pensée, et plonges-y ton aile,
Comme l'oiseau du ciel, qui vient en tournoyant
Enivrer son regard sur ce gouffre aboyant ;
Puis confonds dans l'horreur d'une extase muette
Ta faible voix au bruit que chaque flot lui jette,
Et que Dieu, qui là-haut écoute dans sa paix
L'écho majestueux des hymnes qu'il s'est faits,
Distingue avec bonté ton sourd et doux murmure
D'avec les mille voix de sa forte nature,
Entre ces éclats d'onde et ces orgues des bois
A son accent pieux reconnaisse ta voix,
Et dise, en écoutant cette lutte touchante :
Le fleuve me célèbre, et l'insecte me chante !

UNE JEUNE FILLE.

Elle était dans cet âge où, prête à se flétrir,
Cette fleur de beauté, qu'un printemps fait mûrir,
Semble inviter l'amour à cueillir ses délices
Avant qu'un jour de plus effeuille ses calices ;
Age heureux de la grâce et de la volupté,
Qui confond en un jour le printemps et l'été.
La jeunesse mêlait sur ses lèvres écloses
Une tendre pâleur à l'éclat de ses roses.
Ses traits formés dont l'ombre arrêtait les contours ;
Ses yeux bleus où, perçant et voilé tour à tour,
L'astre, dont le foyer est le cœur d'une femme,
Laissait en longs éclairs jaillir toute sa flamme ;
D'un sein plus arrondi les globes achevés
D'un souffle égal et pur abaissés, élevés ;
Et ses cheveux flottans dont les tresses moins blondes
Jusque sur le gazon glissaient en larges ondes,
Mais dont l'or brunissant de plus de feu frappé
Ressemblait à l'épi que la faux a coupé :
Tout en elle annonçait ces saisons de tempête,
Ce solstice éclatant où la beauté s'arrête.
Un voile blanc, tissu du poil de ses brebis,
Pressait ses chastes flancs, et, glissant à longs plis,
Dessinait les contours de sa taille superbe,
Et venait sous ses pieds se confondre avec l'herbe.

Aucun vain ornement, aucun luxe emprunté
N'altéraient la candeur de sa pure beauté ;
Dédaignant d'un faux art les trompeuses merveilles,
L'opale ou le corail n'ornaient pas ses oreilles,
Le rubis sur son front ne dardait pas ses feux,
L'or autour de son cou n'enlaçait point ses nœuds,
Et ces lourds bracelets, qu'un vain luxe idolâtre,
De ses bras arrondis ne foulaient point l'albâtre ;
Mais sur sa blanche épaule un ramier favori
Était venu chercher un amoureux abri,
Il ventilait son cou d'un frémissement d'aile ;
Et, broutant le gazon qui croissait autour d'elle,
Deux agneaux, par sa voix sous ses yeux retenus,
Folâtraient sur sa trace, et léchaient ses pieds nus :
Tels les plus doux objets qu'anima la nature
Suivaient Ève en Éden, et formaient sa parure.

RÉFLEXION.

Oui, parmi ces mortels dont les races pressées,
Par la race nouvelle aussitôt remplacées,
Traversent tour à tour ce séjour des vivans,
Comme ces tourbillons balayés par les vents ;
Toujours, partout, depuis la naissance des hommes
Jusqu'à l'épaisse nuit de l'époque où nous sommes,
Sur tous les horizons de ce vaste univers,
Mes yeux ont vu régner deux sentimens divers.
Les uns en avançant dans cette obscure voûte
Que le destin muet étend devant leur route,
Promenant autour d'eux un sinistre regard,
Ont dit : Qui sommes-nous ?... les enfans du hasard,
Des fruits nés d'un printemps et tombant à l'automne,
Que prodigue la vie et que la mort moissonne ;
Qui prenons pour l'esprit un instinct passager,
Un accord de nos sens qu'un choc peut déranger,
Et qui, pour s'élever à cet honneur suprême,
Emprunte tout du corps, tout, jusqu'à son nom même !
De nos propres désirs nous n'avons pas le choix,
Nos sens font nos besoins, nos besoins font nos lois ;
Et, poussés par ces lois où leur force nous guide,
Le crime et la vertu ne sont rien qu'un mot vide,
Par l'espoir ou la peur une fois inventé,
Et que l'écho des temps d'âge en âge a porté ;

Sur son Dieu l'homme en vain interroge le monde,
A sa voix suppliante il n'est rien qui réponde :
Prières sans vertu, vain soupir, vain effort !
Et qu'importe s'il est ? Ne vois-tu pas qu'il dort,
Et que trop loin de toi pour qu'il puisse t'entendre,
Il n'est pas pour celui qui ne peut le comprendre ?
Son être à nos regards ne s'est point révélé ;
En vain des bruits lointains disent qu'il a parlé,
Que du sommet des cieux ce roi de la nature,
D'un insecte rampant revêtant la figure,
Est descendu vers nous pour nous guider à lui :
S'il apparut jamais, pourquoi pas aujourd'hui ?
Sur ce globe lointain s'il eût daigné descendre,
Par la voix du tonnerre il se fût fait entendre,
L'évidence eût frappé le doute confondu ;
Si Dieu nous eût parlé, tout homme eût entendu.
Sous son doute écrasé l'esprit humain retombe ;
Sur notre sort futur interrogeons la tombe,
Un silence éternel nous répond : Ces débris,
Ce corps rongé de vers, ces ossemens flétris,
Ces élémens épars d'une vile matière
Que le temps décompose et réduit en poussière,
Proclament-ils la vie et l'immortalité ?
Tout me dit que la terre un moment m'a prêté
De ce feu qui l'anime une faible étincelle,
Que ma tombe lui rend ce que j'empruntai d'elle ;
Que ce souffle de vie, exhalé sans retour,
Dans des êtres sans fin circule tour à tour ;
Que, sans pouvoir jamais se joindre et se connaître,
De ce moi qui n'est plus d'autres moi vont renaître,

Qui, subissant ainsi l'unique loi du sort,
Passeront à jamais du néant à la mort.
Profitons donc du jour; vivons donc si c'est vivre,
Sans nous inquiéter de la nuit qui va suivre.
La nature à nos yeux voilant la vérité,
Dans nos sentiers du moins plaça la volupté;
Sous mille aspects divers sa main nous la présente.
Cueillons-la: tout notre être est dans l'heure présente.
Rien n'est mal, rien n'est bien; tout est peine ou plaisir,
Et la seule sagesse est de savoir choisir;
Sans remords, sans terreurs, buvons jusqu'à la lie
Ce nectar mélangé que nous verse la vie,
Et le soir, dans les bras de la sœur du sommeil,
Endormons-nous enfin sans songe et sans réveil!

Les autres, empruntant l'aile de l'espérance,
D'un monde harmonieux contemplant l'ordonnance,
Ces astres suspendus dans le vide des airs,
Croisant, sans se heurter, leurs orbites divers,
Et, comme aux sons marqués d'une sainte harmonie,
Dans tous leurs mouvemens révélant leur génie;
Ces élémens, rivaux dans leur contraire essor,
Enfantant par leur lutte un merveilleux accord;
Les jours et les saisons revenant à leur heure
Éclairer, féconder notre errante demeure,
Ordre, beauté, puissance, en tout temps, en tout lieu,
Ont dit: Voici la voix qui nous révèle un Dieu;
Son nom, partout écrit pour le regard des sages,
En vivant caractère éclate en ses ouvrages;
Avec les yeux du corps on le lit dans les cieux,

Avec les yeux de l'âme on le voit encor mieux ;
Ses divins attributs, réfléchis dans notre âme,
Sont un sublime instinct dont l'écho le proclame.
C'est lui qui dans nos cœurs parle et dicte ses lois ;
La juste conscience est sa seconde voix,
Et le remords rongeur, dont l'offense est vengée,
Est le cri qui trahit sa justice outragée ;
Il parla dans Éden au père des mortels ;
Chaque siècle en passant lui dressa des autels,
Où l'homme, le cherchant sous des formes sans nombre,
Dans sa pieuse erreur l'adora dans son ombre.
La sagesse en son nom dicta ses saintes lois,
Le prophète entendit et répéta sa voix,
Le passé fut partout sillonné de miracles,
L'avenir tout entier peuplé de ses oracles ;
Un vague et noble instinct en tout lieu l'attendit.
Que dis-je ! Au temps marqué son Verbe descendit,
Et de l'orgueil humain confondant l'espérance,
Vivant dans le travail, mourant dans la souffrance,
A l'univers déçu par son humilité
Enseigna la vertu plus que la vérité ;
Sa loi brille toujours sur l'océan des âges.
Cependant ce fanal entouré de nuages,
Ou d'un jour mêlé d'ombre éclairant l'horizon,
N'empêcha pas l'erreur d'obscurcir la raison.
Il est vrai : mais si Dieu de torrens de lumière
Eût de sa créature ébloui la paupière,
A ses yeux sans bandeau s'il s'était révélé,
Avec l'accent d'un Dieu s'il nous avait parlé,
Détruisant de nos cœurs l'admirable équilibre,

L'homme cessant d'être homme eût cessé d'être libre,
Notre âme avec nos sens n'aurait pas combattu ;
Et sans la liberté que serait la vertu ?
Exilés d'un moment sur la terre étrangère,
Pour combattre et mourir nous passons sur la terre.
Passons donc ; vivons donc comme ne vivant pas ;
Dans la fange du jour n'enfonçons point nos pas ;
Que nos biens passagers, que nos courtes délices,
Au Dieu qui nous les fit rendus en sacrifices,
D'un parfum de vertus embaument son autel.
Homme, le temps n'est rien pour un être immortel !
Malheur à qui l'épargne, insensé qui le pleure ;
Le temps est ton navire et non pas ta demeure.
Vers le terme sans fin hâtons-nous de courir,
Foulons au pied ce monde, et vivons pour mourir ;
La science, l'amour, la volupté, la vie,
Ces ombres des vrais biens que ton cœur sacrifie,
Comme un germe divin derrière toi jeté,
Refleuriront plus beaux, mais dans l'éternité !

Ainsi de siècle en siècle, ainsi parlent nos frères,
La nature comme eux nous parle en sens contraires ;
L'espérance dit : Oui ; la nature dit : Non.
Nous entendons deux voix, mais laquelle a raison ?
Je ne prononce pas sur ce sacré mystère ;
Quelle bouche dirait ce que Dieu voulut taire ?
L'esprit humain fendant la mer d'obscurité,
Trompé par chaque écueil, crie en vain : Vérité !
Sur ces bords ignorés plane une nuit divine ;

RÉFLEXION.

Ce monde est une énigme : heureux qui la devine !...
L'énigme a-t-elle un mot ? Pour moi, dussent mes yeux
N'en découvrir jamais le sens mystérieux,
Dussent, après mes jours, la tombe et son silence
De ce rêve divin confondre l'espérance,
En m'enlevant le prix pour qui j'ai combattu,
M'apprendre que j'étais dupe de la vertu,
Pour ce Dieu que mon cœur se crée et qu'il adore,
Dans ma sublime erreur j'immolerais encore
Et ce monde, et du temps la courte volupté,
A ce rêve doré de l'immortalité !

ÉPITRES.

A M. VICTOR HUGO.

Déjà la première hirondelle,
Seul être aux ruines fidèle,
Revient effleurer nos créneaux
Et des coups légers de son aile
Battre les gothiques vitraux
Où l'habitude la rappelle.
Déjà l'errante Philomèle,
Modulant son brillant soupir,
Trouve sur la tige nouvelle
Une feuille pour la couvrir ;
Et de sa retraite sonore
Où son chant seul peut la trahir,
Semble une voix qui vient d'éclore
Pour saluer avec l'aurore
Chaque rose qui va s'ouvrir.
L'air caresse, le ciel s'épure,
On entend la terre germer ;
Sur des océans de verdure
Le vent flotte pour s'embaumer ;

La source reprend son murmure ;
Tout semble dire à la nature :
Encore un printemps pour aimer !

Encore un degré vers la tombe
Où des ans aboutit le cours !
Encore une feuille qui tombe
De la couronne de nos jours,
Sans que ta main l'ait savourée,
Sans que ton cœur l'ait respirée !
Cependant nos printemps sont courts !
Épris de la seule nature,
Horace, ambitieux d'oubli,
Lui confiant sa vie obscure,
Écoutait l'éternel murmure
Des cascades de Tivoli.
Souvent, assis sur ces ruines
D'où je voyais mourir le jour
Sous l'ombre de ces deux collines
Qui cachaient son humble séjour,
J'allai, plein des mêmes pensées,
Chercher ses traces effacées
Aux lieux par son ombre habités ;
Et livrant ses vers au zéphyre
A leur écho faire redire
Les sons plaintifs de cette lyre
Qu'il a deux mille ans répétés !
Fuyant le tumulte des villes,
Aux lieux où les vagues tranquilles
Lavent les bords silencieux,

Virgile, assis sur le rivage,
Charmait les rochers de la plage,
De ses concerts mystérieux.
Dans la solitude qu'il aime,
Il marquait du doigt l'arbre même
Qui devait ombrager ses os,
Et voulait que dans ce lieu sombre
Le concert des mêmes échos
Berçât le sommeil de son ombre
Du doux bruit des vents et des flots !
J'ai vu la retraite enchantée
Où, las d'une vie agitée
Par les orages du malheur,
Le Tasse, suivi par l'envie,
Revêtait, pour cacher sa vie,
Les humbles habits d'un pasteur.
Au penchant du cap de Sorrente,
Au pied d'un agreste rocher,
Bords où la vague transparente
Berce le paisible nocher,
Sous l'oranger de la colline
On voit encor l'humble ruine
De ce poétique séjour ;
L'écho des vents et des cascades
Y roule à travers les arcades
Des sons de tristesse et d'amour !

Et toi, leur enfant, tu t'exiles
Des lieux par la musé habités,
Pour traîner des loisirs stériles

Dans l'air corrompu des cités !
Oiseau chantant parmi les hommes,
Ah ! reviens à l'ombre des bois ;
Il n'est qu'au désert où nous sommes
Des échos dignes de ta voix !
Viens respirer avant l'aurore
L'air embaumé qui semble éclore
Des baisers des fleurs et du jour,
Et mêlant ton âme encor pure
Avec le ciel et la nature,
Rêver et chanter tour à tour !

Non loin de la rive embellie,
Où la Saône aux flots assoupis
Retrouve sa pente, et l'oublie
Pour caresser les verts tapis
Où son cours cent fois se replie ;
Au pied des monts où l'on croit voir
La nuit s'enfuir, le jour éclore,
Dont les neiges que le ciel dore
Comme un majestueux miroir
Sur nos champs projettent encore
Les premiers reflets de l'aurore
Et l'ombre lointaine du soir ;
Entre deux étroites collines
Se creuse un oblique vallon,
Tel que Virgile ou Fénelon
L'auraient peint de leurs mains divines ;
Le double mont qui le domine
Et le défend de l'aquilon

Sous le poids des forêts s'incline,
Et de pente en pente décline
Jusqu'au lit bordé de gazon
Où notre humble ruisseau sans nom
Déroule sa nappe argentine
Et dans son onde cristalline
Aime à bercer le doux rayon
De la lune qui l'illumine.
Le tiède regard du soleil
Le colore dès son réveil
De ses lueurs les plus dorées,
Et le soir ses teintes pourprées
Peignent le nuage vermeil
Où nage son disque, pareil
A des roses décolorées;
Et grâce à l'aspect de ces lieux,
Tour à tour éclatant et sombre,
Chacun de ses pas dans les cieux,
Par un contraste harmonieux,
Y fait lutter le jour et l'ombre!
Les champs, les fleurs, les eaux, les bois,
L'émail ondoyant des prairies,
Semés sur ses pentes fleuries,
S'entrelacent comme par choix,
Et semblent se plier aux lois
Des plus riantes symétries.
Le saule, penché sur les eaux,
Y baigne ses tristes rameaux
D'où ses larmes tombent en pluie,
Et qu'en agitant ses berceaux

L'haleine du zéphyr essuie;
Sur le tronc mousseux des ormeaux
La vigne avec grâce s'appuie,
Et couvre de ses verts arceaux
La moisson par l'été jaunie.
L'onde amoureuse du rocher,
D'où l'entraîne un courant rapide,
En retombe en nappe limpide,
Y remonte en poussière humide,
Semble chercher à s'attacher
A ses flancs en perle liquide
Qu'un rayon du jour vient sécher;
Et, roulant sans bords sur sa pente
Que son écume au loin blanchit,
Bouillonne, fuit, dort ou serpente;
Gronde, murmure, et rafraîchit
L'air que charme sa plainte errante.
Suspendue aux flancs des coteaux,
L'humble chaumière des hameaux
Blanchit à travers le feuillage;
Le couchant dore ses vitraux,
Et du toit couvert de roseaux
La fumée en léger nuage
Monte et roule ses plis mouvans;
Et cède aux caprices des vents
Qui la bercent sur le bocage.

Au sommet d'un léger coteau
Qui seul interrompt ces vallées,
S'élèvent deux tours accouplées

Par la teinte des ans voilées,
Seul vestige d'un vieux château
Dont les ruines mutilées
Jettent de loin sur le hameau
Quelques ombres démantelées ;
Elles n'ont plus d'autres vassaux
Que les nids des joyeux oiseaux,
L'hirondelle et les passereaux
Qui peuplent leurs nefs dépeuplées ;
Le lierre, au lieu des vieux drapeaux,
Fait sur leurs cimes crénelées
Flotter ses touffes déroulées,
Et tapisse de verts manteaux
Les longues ogives moulées,
Où les vautours et les corbeaux,
Abattant leurs noires volées,
Couvrent seuls les sombres créneaux
De leurs sentinelles ailées.
Ce n'est plus qu'un débris des jours,
Une ombre, hélas ! qui s'évapore.
En vain à ces nobles séjours,
Comme le lierre aux vieilles tours,
Le souvenir s'attache encore ;
Minés par la vague des ans,
Sur le cours orageux du temps
Leur puissance s'en est allée ;
Ils font souffrir les passans,
Et n'ont plus d'autres courtisans
Que les pauvres de la vallée.
Autour de l'antique manoir,

Tu n'entendras d'autre murmure
Que les soupirs du vent du soir
Glissant à travers la verdure,
Les airs des rustiques pipeaux,
Ou la clochette des troupeaux
Regagnant leur étable obscure,
Et quelquefois les doux concerts
D'une harpe mélancolique
Dont une brise ossianique
Vient par momens ravir les airs,
A travers l'ogive gothique,
A l'écho de ces murs déserts.

C'est là que l'amitié t'appelle ;
C'est là que de tes heureux jours,
Par mille gracieux détours,
Sur une pente naturelle,
Tu laisseras errer le cours ;
C'est là que la Muse rêveuse,
Descendant du ciel sur tes pas,
Viendra, t'ouvrant ses chastes bras,
Comme une aile silencieuse,
T'enlever aux soins d'ici-bas !
Notre âme est une source errante
Qui, dans son onde transparente,
S'empreint de la couleur des lieux ;
De la nature elle est l'image :
Tantôt sombre comme un nuage,
Tantôt pure comme les cieux !
Si, quittant ses rives fleuries,

Ses flots, par leur pente emportés,
Vont laver ces plages flétries
Par l'ombre obscure des cités,
Elle perd la teinte azurée,
Et, ne conservant que son nom,
Elle traîne une onde altérée
Que souille un orageux limon;
Et le pasteur qui la vit naître
S'étonne et ne peut reconnaître
L'eau murmurante du vallon.
Mais, dès qu'abandonnant ces plages,
Et retrouvant son lit natal,
Sa pente sous de verts ombrages
Ramène son flot de cristal,
Sur le sable d'or qu'elle arrose,
En murmurant elle dépose
L'ombre qui ternit ses couleurs,
Et, dans son sein que le ciel dore,
Limpide, elle retrace encore
L'azur du soir ou de l'aurore,
Les bois, les astres et les fleurs !

A M. AMÉDÉE DE PARSEVAL.

  Du poëte de Stényclare
Si notre âge assoupi retrouvait les accords,
J'irais, je chanterais sur le luth de Pindare
Ou l'hymne du triomphe ou la gloire des morts.

Qu'il est beau de voler dans la noble carrière
  Sur la trace de nos soldats !
De suspendre sa lyre au bronze des combats,
Et, dans des tourbillons de flamme et de poussière,
  D'exciter leur vertu guerrière,
Ou de chanter la gloire en face du trépas !

La muse aime à planer sur les champs du carnage,
A fouler sous ses pieds des lambeaux d'étendards,
Les membres des héros sur la poussière épars,
Et les tronçons brisés des glaives que leur rage
Semble encor défier de ses derniers regards.

  Quel accompagnement sublime
Pour les chants inspirés du barde audacieux,
Que le bruit du canon roulant de cime en cime,
Ou le cri du coursier que la trompette anime,
Ou le fracas du pont qui gronde et qui s'abîme
  Sous la bombe tombant des cieux !

Fier alors du péril, le poëte partage
    La sainte gloire du guerrier,
Et cuéille, transporté de joie et de courage,
Quelques rameaux sanglans de son même laurier.

Mais mon génie obscur est loin de tant d'audace :
    Fuyant la scène des combats,
J'aime mieux, sur les pas de Virgile ou d'Horace,
Dans quelque humble Tibur, comme eux cachant ma trace,
    Égarer mollement mes pas.

J'aime mieux du penchant des collines prochaines
Entendre au loin monter le doux chant des pasteurs,
Ou bourdonner l'abeille autour du tronc des chênes,
    Ou de mes limpides fontaines
Les flots assoupissans murmurer sous les fleurs.

J'aime mieux, dans ces bois où l'oiseau seul m'écoute,
Cherchant dès le matin le silence et le frais,
D'un pas inattentif perdre et chercher ma route,
Et, soupirant mes vers dans leurs antres secrets,
Entendre mes pas seuls résonner sous leur voûte,
Ou les pleurs de la nuit distiller goutte à goutte
    Du dôme tremblant des forêts.

A M. CASIMIR DELAVIGNE.

Saint-Pont, près Mâcon, 9 février 1824.

Grâce aux vers enchanteurs que tout Paris répète,
Ton nom a retenti jusque dans ma retraite ;
Et le soir, pour charmer les ennuis des hivers,
Autour de mon foyer nous relisons ces vers
Où brille en se jouant ta muse familière,
Qu'eût enviés Térence, et qu'eût signés Molière.
Comment peux-tu passer, par quel don, par quel art,
De Syracuse au Havre, et du Gange à Bonnard ?
Puis, déployant soudain les ailes de Pindare,
Sur les bords profanés de Sparte et de Mégare
Aller d'un vers brûlant tout à coup rallumer
Ces feux dont leurs débris semblent encor fumer,
Ces feux de la vertu, de l'honneur, du courage,
Que recouvrent en vain dix siècles d'esclavage ?
Comment, redescendu de ce brillant séjour,
Dans les bois de Meudon viens-tu chanter l'amour ?
Franchissant d'un seul trait tout l'empire céleste,
Le génie est un aigle, et ton vol nous l'atteste !

Relégué loin des bords où tout Paris charmé
Voit le fier Manlius en bourgeois transformé,

Obéissant aux cris d'un parterre idolâtre,
Livrer ton nom modeste aux bravos du théâtre,
Je n'ai point encor lu ces chants que par ta voix
Messène a soupirés pour la troisième fois.
En vain l'écho léger que chaque jour publie,
Oracle du matin que le soir on oublie,
A porté jusqu'à moi quelques lambeaux de vers,
Quelques sons décousus de tes brillans concerts :
Dans ma soif des beaux vers, que ton nom seul rallume,
J'ai dévoré la page, et j'attends le volume.
On dit que dans ces chants ton génie exalté
Prêche à des convertis l'antique liberté ;
On dit qu'après trente ans d'esclavage et de crimes
Cette divinité respire dans tes rimes
Les parfums épurés d'un chaste et noble encens ;
Que son nom dans ta bouche a repris son beau sens,
Et que, de trois pouvoirs lui formant un trophée,
De son bonnet sanglant ta main l'a décoiffée.
Ah ! j'en rends grâce à toi ! nous pourrons adorer
Celle qu'avant tes vers il nous fallait pleurer ;
Son culte entre tes mains est pur et légitime :
Tu renîrais tes dieux s'ils commandaient le crime.

Pour moi, tremblant encor du nom qu'elle a porté,
J'aborde ses autels avec timidité,
Craignant à chaque instant qu'arraché de sa base,
Le dieu mal affermi ne tombe et nous écrase.
Le siècle où je naquis excuse mes terreurs :
J'entendais au berceau le bruit de ses fureurs ;
Son arbre, dont le sang arrosait les racines,

Portait, au lieu de fruits, la mort et les rapines.
Pour la première fois quand j'invoquai son nom,
Ce fut sous les verrous d'une indigne prison,
Dans les étroits guichets du cachot solitaire ;
Elle me disputait aux baisers de mon père,
Qui, caressant son fils à travers les barreaux,
Payait d'un reste d'or la pitié des bourreaux.
Je vis, en grandissant, je vis sa main sanglante
Arracher des autels la prière tremblante,
Souiller, jeter au vent la cendre des tombeaux,
Des temples avilis disperser les lambeaux,
Et, le pied chancelant des suites d'une orgie,
Couvrant ses cheveux plats du bonnet de Phrygie,
Au long cri de la mort, à sa voix renaissant,
Danser sous l'échafaud qui ruisselait de sang.
Oui, voilà sous quels traits, dans ma sombre pensée,
Par la main du malheur son image est tracée.
Pardonne, ô Liberté ! pour effacer ces traits,
Il faut, il faut au moins un siècle de bienfaits.

Hâte ces jours heureux, toi qui chantes sa gloire !
Mêle une page blanche à sa funèbre histoire :
Qu'on la voie en tes vers, vierge de sang humain,
Rejeter ce poignard qui ruisselle en sa main ;
Devant un sceptre juste incliner un front libre ;
De la force et du droit maintenir l'équilibre ;
Nous couvrir d'une main du bouclier des lois,
Et de l'autre affermir la majesté des rois.

Mais c'est assez parler de nos vaines querelles ;

Le temps emportera ce siècle sur ses ailes,
Et laissera tomber dans l'éternelle nuit
De nos dissensions le misérable bruit.
D'autres siècles viendront, chargés d'autres promesses;
Ils tromperont encor nos trompeuses sagesses ;
Sur leurs cours orageux l'homme encore emporté
Dans ses rêves nouveaux verra la vérité !
C'est la loi des esprits : tout cherche, et tout travaille.
Ce monde, cher Lavigne, est un champ de bataille
Où des ombres d'un jour passent en combattant :
Pour qui? pour un fantôme, un système, un néant;
Et, quand ils sont tout près de saisir leur idole,
C'est un ballon qui crève, et du vent qui s'envole.

Émule harmonieux des cygnes d'Eurotas,
Ne prêtons point la lyre à ces tristes combats.
Laissons d'un siècle vain l'impuissante sagesse
Soulever ces rochers qui retombent sans cesse ;
Dans la coupe d'Hébé ne versons point de fiel ;
Ne mêlons point les voix de ces filles du ciel,
Ne mêlons pas les sons des lyres profanées
Aux cris des passions de nos jours déchaînées :
Mais demandons ensemble, à la nature, aux dieux,
Ces chants modérateurs, sereins, mélodieux,
Ces chants de la vertu, dont la sainte harmonie
Ressemble quelquefois à la voix du génie,
Qui calment les partis, adoucissent les mœurs,
S'élèvent au-dessus des terrestres clameurs,
Et, sur l'aile du temps traversant tous les âges,
Brillent comme l'iris sur les flancs des nuages.

Mais, adieu ; de l'Épître osant braver les lois,
Ma muse inattentive élève trop la voix.
D'un ton plus familier, d'une voix plus touchante,
Je voulais te parler, et voilà que je chante.

Ainsi, quand sur les bords du lac qui m'est sacré,
Séduit par la douceur de son flot azuré,
Ouvrant d'un doigt distrait l'anneau qui la captive,
J'abandonne ma barque à l'onde qui dérive,
Je ne veux que raser dans mon timide cours
De ses golfes rians les flexibles contours,
Et, sous le vert rideau des saules du rivage,
Glisser, en dérobant quelques fleurs au bocage ;
Mais du vent qui s'élève un souffle inaperçu
Badine avec ma voile, et l'enfle à mon insu ;
Le flot silencieux sur la liquide plaine
Pousse insensiblement la barque qui m'entraîne,
L'onde fuit, le jour tombe ; et, réveillé trop tard,
Je vois le bord lointain fuir devant mon regard.

A M. A. DE LAMARTINE.

PAR M. CASIMIR DELAVIGNE.

SUR LA LIBERTÉ.

Captif sous mes rideaux, dont la double barrière
Enfermait avec moi la fièvre meurtrière,
J'humectais vainement mes poumons irrités
Des sirops onctueux par Charlard inventés;
Mon rhume s'obstinait, et ma bruyante haleine
Par secousse, en sifflant, s'exhalait avec peine.
Tes vers, qui m'ont sauvé, m'ont appris, un peu tard,
Qu'Apollon, pour guérir, vaut son docte bâtard;
Et je crois, plein du dieu qu'en te lisant j'adore,
Que l'oracle du Pinde est celui d'Épidaure.

Oui, tu m'as bien compris; oui, cette liberté
Qui séduit ma raison à sa mâle beauté,
Que ma muse poursuit de son ardent hommage,
Et dont mes fleurs d'un jour ont couronné l'image,
Propice à l'innocent, redoutable au pervers,
Est celle que Socrate invoque dans tes vers.
Messène l'adorait au pied du mont Ithôme,

Venise n'embrassa que son sanglant fantôme;
Son arc de l'Helvétie a chassé les Germains,
Et la flèche de Tell étincelle en ses mains.

Créé pour commander, l'homme naquit sans maître,
Et, chef-d'œuvre imparfait du Dieu qui le fit naître,
Avec l'instinct du bien vers le mal emporté,
Pour choisir la vertu, reçut la liberté.
La licence est en lui l'abus d'un droit sublime :
La liberté gouverne, et la licence opprime.
Elle seule, à nos yeux, de son front sans pudeur
Sous un masque romain déguisa sa laideur,
Et de la liberté simulacre infidèle,
Lui ravit nos respects en se donnant pour elle.
L'excès de la raison comme un autre est fatal,
Et l'abus d'un grand bien le change en un grand mal.
Pour détrôner l'abus proscrirons-nous l'usage?
Mais quel bienfait si grand, ou quelle loi si sage,
Hors la tendre amitié, quel sentiment si beau,
Dont l'abus dangereux n'ait pas fait un fléau?
Du soupçon à l'œil faux la prudence est suivie,
Et l'émulation traîne après soi l'envie!
Pour la philosophie, un jour on m'a conté
Que son front se gonfla d'avoir trop médité;
Son cerveau douloureux s'ouvrit, et le sophisme
En sortit tout armé d'un double syllogisme;
Entre Euclide et Pascal; de l'excès du savoir
Naît le doute effaré, qui regarde sans voir;
La faiblesse pour mère a l'extrême indulgence,
Et l'extrême justice est presque la vengeance;

En punissant la faute, elle insulte au malheur :
La torture, à sa voix, fit mentir la douleur.
Thémis moins rigoureuse est aujourd'hui plus juste ;
Mais on la trompe encore, et sa balance auguste
N'incline pas toujours du côté du bon droit ;
Son glaive tombe à faux, et frappe en maladroit.
La chicane au teint jaune, aux doigts longs et difformes,
Entoure son palais du dédale des formes,
Et dans l'obscurité, les plaideurs aux abois
Sont par leurs défenseurs pillés au fond du bois.
J'ôte à ce parvenu la toge qui le pare,
Et je découvre un sot caché sous la simarre !
Que faire ? De Thémis briser les tribunaux ?
Mettre sa toque en cendre, et sa robe en lambeaux ?
Mais je vois un bandit qui ne craint plus l'enquête,
A ma bourse, en plein jour, adresser sa requête ;
Et deux plaideurs manceaux, de colère animés,
En champ clos pour leurs droits plaider à poings fermés.

Noble chevalerie, autrefois ta bannière
De l'Orient pour nous rapporta la lumière :
J'aime avec l'Arioste à vanter tes exploits,
Dont la justice errante a devancé les lois ;
A voir tes jeux guerriers, ton amoureux servage,
Adoucir de nos mœurs l'âspérité sauvage.
Mais dans leurs jeux parfois tes preux moins innocens
Ont, la lance en arrêt, détroussé les passans,
Ont levé sur l'hymen des dîmes peu morales,
Et, possesseurs armés de leurs jeunes vassales,
Opposant aux maris des remparts crénelés,

Ont plus fait d'orphelins qu'ils n'en ont consolés.
Eh bien, de nos romans bannirons-nous les fées?
Irons-nous, de l'histoire arrachant tes trophées,
Des excès féodaux d'un fougueux châtelain,
Flétrir Clisson, Roland, Bayard et Duguesclin?

Le saint amour des rois dans sa ferveur antique
Des plus beaux dévoûmens fut la source héroïque.
Mais cet amour outré mène au mépris des lois,
Foule à pieds joints l'honneur, le bon sens et nos droits,
Sous le joug du pouvoir se jette avec furie,
Compte un homme pour tout, et pour rien la patrie.
J'en conclus qu'en tous lieux, surtout chez les Français,
L'incertaine raison marche entre deux excès,
Et court, dès qu'un faux pas l'écarte de sa route,
Du bonheur qu'on espère au malheur qu'on redoute ;
Ainsi qu'un clair ruisseau, captif entre ses bords,
Qui sans les inonder leur verse ses trésors,
Gonflé par un orage, en un torrent se change,
Et roule sur les fleurs les débris et la fange.
Si les lois, si les arts, le bon droit, le bon goût,
Si tout admet l'excès, si l'excès flétrit tout,
Ami, la liberté n'en est pas plus complice
Que toute autre vertu dont l'abus est un vice.
A son front virginal ma main n'a pas ôté
Le bonnet phrygien qu'il n'a jamais porté.
Pourquoi donc, trop séduit d'une fausse apparence,
Nommer la liberté quand tu peins la licence?

Eh! que répondrais-tu, si quelque noir censeur,

Trompé par tes accords, et sourd à leur douceur,
Dans la Vierge immortelle à qui tu rends hommage,
Voulait voir cet esprit d'imposture et de rage
Qui, sur les bancs dorés d'un concile romain,
Présida dans Constance un brandon à la main ;
De Jean Hus, en priant, signa l'arrêt barbare ;
Au front d'un Alexandre égara la tiare ;
Qui, le doigt sur la bouche, au fond du Louvre assis,
Attisait les complots que soufflait Médicis,
Et poussait Charles-Neuf, quand ses mains frénétiques
Frappaient d'un plomb dévot des sujets hérétiques ;
Qui se signant le front, l'air contrit, l'œil fervent,
Pour immoler Henri s'échappait d'un couvent ;
Dont partout aujourd'hui la tortueuse audace
Se mêle en habit court au nouveaux fils d'Ignace ;
Qui prêche sous le frac, rampe sous le surplis,
Cache son embonpoint sous sa robe à longs plis,
Malgré ses trois mentons vante ses abstinences,
Se glisse incognito de la chaire aux finances,
Résigné, s'il le faut, à sauter du saint lieu
Dans le fauteuil royal où s'assit Richelieu ?
Mais non, ce fanatisme est l'abus que je blâme ;
Il n'a pas allumé ces traits de vive flamme
Qui, par l'aigle de Meaux à ta muse inspirés,
Brillent comme un reflet de ses foudres sacrés.
Il n'a pas modulé ces sons dont l'harmonie
Semble un écho pieux des concerts d'Athalie.
Non, non, ce n'est pas lui que ta lyre a chanté ;
C'est la religion, sœur de la liberté !
Un flambeau dans les mains, les ailes étendues,

Des bras du roi des cieux toutes deux descendues,
Chez les rois de la terre ont voulu s'exiler
Pour affranchir l'esclave ou pour le consoler.
Toutes deux ont ensemble erré parmi les tombes,
Toutes deux, s'élançant du fond des catacombes,
Sous un même drapeau marchaient d'un même pas,
Répandaient la lumière et ne l'étouffaient pas.
L'une, le front paré des palmes du martyre,
Présente l'espérance aux humains qu'elle attire ;
Clémente, elle pardonne avec Guise expirant,
Embrasse Fénelon d'un amour tolérant,
Guide Vincent de Paul, ensevelit Voltaire,
Brûle de chastes feux ces anges de la terre
Qui sans faste et sans crainte à la mort vont s'offrir,
Pour sauver un malade ou l'aider à mourir.
L'autre, le casque en tête, et le pied sur des chaînes,
Sourit à Miltiade, inspire Démosthènes,
Joue avec le laurier cueilli par Washington,
Et l'offre aux dignes fils des Grecs de Marathon,
Libres s'ils sont vainqueurs, et libres s'ils périssent,
Qu'un poëte secourt et que des rois trahissent.
Viens, et sans condamner nos cultes différens,
Viens aux pieds des deux sœurs échanger nos sermens.
Éclairés par leurs yeux, réchauffés sous leurs ailes,
Pour les mieux adorer, unissons-nous comme elles ;
Et, dans un même temple, à deux autels voisins,
Offrons nos dons divers sans désunir nos mains.

Que j'aime le tableau de ta barque incertaine
Cédant en vers si doux au souffle qui l'entraîne !

Au gré des flots mouvans, par la brise effleurés,
Sous nos deux pavillons nous voguons séparés ;
Mais, quel que soit le bord où tende notre audace,
Pour nous montrer du doigt l'écueil qui nous menace,
Nous saluer d'un signe ou d'un regard ami,
Laissons tomber la rame élevée à demi.
Demandons l'un pour l'autre une mer sans orage,
Un ciel d'azur, un port au terme du voyage,
Un vent qui nous y mène, et, propice à tous deux,
M'apportant tes souhaits, te reporte mes vœux.

A M. LÉON BRUYS D'OUILLY [1].

Paris, 8 avril 1856.

Enfans de la même colline,
Abreuvés au même ruisseau,
Comme deux nids sur l'aubépine,
Près du mien Dieu mit ton berceau !

De nos toits voisins les fumées
Se perdaient dans le même ciel,
Et de tes herbes parfumées
Mes abeilles volaient le miel ;

Souvent je vis ta douce mère,
De mes prés foulant le chemin,
Te mener, comme un jeune frère,
A moi, tout petit, par la main ;

Et te soulevant vers ma lyre
Sur ses bras qui tremblaient un peu,
Dans mes vers t'enseigner à lire,
Enfant qui joue avec le feu !

[1] Cette pièce est placée en tête d'un roman en vers intitulé *Thérèse*, et dont M. Bruys d'Ouilly est l'auteur.

Et je pensais par aventure,
En contemplant cet or mouvant
De ta soyeuse chevelure
Où les baisers pleuvaient souvent :

« Charmant visage ! enfance heureuse,
« Sans prévoyance et sans oubli !
« Que jamais la gloire ne creuse
« Sur ce front blanc le moindre pli !

« Que jamais son flambeau n'allume
« D'un feu sombre ces yeux si beaux,
« Ainsi qu'une torche qui fume
« Et se réfléchit dans les eaux !

« Que jamais ses serres de proie
« N'éclaircissent avant le temps
« Ces cheveux où ma main se noie,
« Feuillage épais de ses printemps !

« Que jamais cette main, qui vibre
« Dans ma poitrine à tout moment,
« N'arrache à son cœur une fibre,
« Comme une corde à l'instrument !

« Si quelque voix chante en son âme,
« Que son écho mélodieux
« Soit dans l'oreille d'une femme
« Et sa gloire dans deux beaux yeux ! »

Je partis; j'errai des années...
Quand je revins au vert vallon
Chercher nos jeunesses fanées,
Je ne trouvai plus que ton nom :

L'éclair qui m'avait fait poëte,
Jaloux de tes jours de repos,
S'était abattu sur ta tête
Comme un aiglon sur deux troupeaux.

L'astre naissant de ta carrière,
Sur ton front venant ondoyer,
Dardait des reflets de lumière
Qui te présageaient son foyer.

Plein d'ivresse et d'inquiétude,
En écoutant grandir ta voix,
Je repense à ta solitude,
A ton enfance au fond des bois :

Pleure ton fils, ô ma vallée !
Il saura ce que vaut trop tard
Une heure à ton ombre écoulée,
Un rêve qu'on berce à l'écart,

Le vol de la brise éphémère,
Au bruit de l'onde un pur sommeil,
Et ces voix de sœur et de mère
Qui nous appelaient au réveil !

A M. A. DE LAMARTINE.

PAR M. L. BRUYS D'OUILLY.

Paris, 1836.

En causant vers le soir à ton foyer gothique,
Deux mots étaient sortis de l'urne poétique :
Tu les roulais en toi comme sur le billard
La bille que ta main lançait dans le hasard :
Tu parlais du curé, tu parlais du poëte,
Déjà pour les chanter ta parole était prête.
Le premier de ces noms avec l'amour et Dieu
Fit rayonner ton œil d'une gerbe de feu,
Et la nuit vint bientôt, avec tout son délire,
Faire chanter ton cœur comme vibre une lyre.
A peine en ton vallon l'aube était de retour,
Qu'une voix me disait : « Ami, voici le jour ! »
Et déjà près du seuil une crinière grise
Flottait en hennissant au souffle de la brise ;
Et bientôt tous les deux dans les sentiers épars,
Gravissant la montagne et fuyant les regards,
Tandis que l'émondeur ébranlait les vieux frênes,
Que la grive chantait sur le sommet des chênes,
Nous nous entretenions de ce sujet sacré
Dont la lave couvait sous ton front inspiré.

Puis ta poitrine enfin, comme un large cratère
Qui s'entr'ouvre et remplit les échos de la terre,
Fit retentir au loin les voûtes de tes bois
Sous les nombres brillans dont s'animait ta voix.

Ces vers, nous les verrons au grand jour apparaître :
Le monde les attend ! Moi qui les ai vus naître,
Je leur donne en passant le salut d'avenir ;
Mais la foule à l'envi viendra pour les bénir,
Et s'enivrer au chant de ton gosier sonore.
Comme l'oiseau des cieux, chaque jour à l'aurore,
S'élève de nouveau vers le flambeau du jour
L'œil rayonnant de joie et le cœur plein d'amour,
Ainsi quand de ton sein le flambeau du génie
Lancera ce rayon d'une nuit d'insomnie,
Chaque être qui respire et porte un cœur en soi
A son réveil aussi s'écrira : « Gloire à toi ! »

Combien j'aime tes bois, tes monts et ta vallée,
De ses vieux châtaigniers au loin toute voilée,
Et ces toits enfumés, ces chaumes, ces hameaux
Épars dans les taillis au penchant des coteaux !
Le soir, quand je suis seul sur les bords de la Grôsne,
De même que ses flots s'élancent vers la Saône,
Ainsi vont mes pensers sous le toit où tu dors,
Ainsi ma voix se mêle au bruit de tes accords.
Je gravis en rêvant le mont qui nous sépare,
Et, tandis que mon œil sur le vallon s'égare,
Toujours un souvenir me ramène au sentier
De ces bois que mon cœur ne pourrait oublier.

De même qu'en ce jour je crois te voir encore,
Peut-être que pour moi jamais plus belle aurore
N'a brillé sous le ciel de ton riant vallon :
C'était durant l'automne, et pourtant l'horizon
Étalait à nos yeux, dès l'aube matinale,
Une pompe de feu vraiment orientale ;
Ton cheval au flanc gris bondissait sous ta main,
Et ton blanc lévrier volait sur le chemin,
Comme un oiseau du ciel égaré sur la plage ;
Tout semblait s'animer au loin sur ton passage,
Et je te vois toujours sur ton noble coursier,
Quand le feu jaillissait sous sa corne d'acier,
L'arrêter tout à coup pour verser dans mon âme
Un flot étincelant de ces torrens de flamme
Qui battaient dans ton sein, écho mystérieux
Où tout vibre plus haut, même la voix des cieux.

Mais déjà loin, bien loin, tu laissais en arrière
L'écho qui redisait à l'écho ta prière,
Et comme sous tes pas grandissaient le chemin,
Et les bois, et les prés, et le lit du moulin,
Ainsi, dans ta pensée, à cette heure suprême,
Se déroulait déjà tout le plan du poëme ;
Et ta voix et tes yeux, d'un air inspirateur,
En versaient le secret dans l'ombre de mon cœur.
Puis, d'un regard aimant et plein d'un saint délire,
« Pour chanter mon héros, ami, saisis ta lyre ! »
Mais je sentis trop bien que de mes faibles doigts
Le luth qu'on me tendait tomberait et sans voix ;
Puis, aussi, je sus voir sur ce front de poëte

Une épopée entière à jaillir déjà prête.
Crois donc que j'aimais trop à t'entendre chanter
Pour vouloir dans ta course un moment t'arrêter.

Cependant à Saint-Point, dans la même soirée,
Quand nous suivions de l'œil, sous la voûte éthérée,
L'étoile qui du ciel vers la terre s'enfuit
Comme un long fil d'argent que déroule la nuit,
Un autre nom sortit aussi de la même urne,
Un nom doux et brillant comme l'astre nocturne,
Ou comme cette étoile étincelant encor,
Un nom que sur ton front je lis en lettres d'or,
Un nom que l'on chérit chaque fois qu'on te nomme,
Toi qui sus faire aimer le poëte dans l'homme !

Mais ton choix était fait, car toi-même, en tes vers,
Tu ne voulais chanter ta gloire à l'univers.
Pourtant, en remontant au jour de ta naissance,
De quels divins secrets, poëte par essence,
Tu nous aurais dotés dans une heure d'amour,
En laissant tout ton cœur s'exhaler au grand jour !
Mais, hélas ! ce sujet vaste comme le monde,
Cette mer de pensers en orages féconde,
C'est moi, dans ce moment, que le sort vint choisir
Pour y jeter ma barque au risque d'y périr.

Ami, sur cette mer où l'orage respire,
Si tu la vois chercher les eaux de ton navire,
Pour lui porter secours n'attends pas de signaux ;
Songe qu'elle est sans voile et sans mât sur les eaux :

Du plus loin que tes yeux la verront dans l'orage,
Jette-lui de ta main la corde du naufrage,
Ou tu ne verras plus bientôt sous tes regards,
Au premier coup de vent, que des débris épars,
Que des rames au loin par les vagues roulées,
Car ses planches déjà sont si mal assemblées
Qu'on dirait un enfant qui voulut les unir.
Mais ton vaisseau s'enfuit si loin dans l'avenir,
Que l'œil ne verrait plus ta voile de poëte
Si j'avais attendu que la barque fût prête.

Un jour, à mon réveil, sur le sombre élément,
Comme un oiseau de mer, les deux ailes au vent,
Si je la vois voguer dans ton sillon de gloire,
Si je chante pour elle un hymne de victoire,
C'est à toi que ces chants s'adresseront encor;
Car enfant, c'est aux sons de cette harpe d'or
Qui vibre sous ta main, que je prêtai l'oreille,
Et c'est ta sainte voix aujourd'hui qui m'éveille.

Ah! si j'avais au cœur des sons assez puissans,
Dans quels divins transports, sous quels brûlans accens,
Le monde qui t'écoute écouterait encore
Ce torrent de pensers que mon cœur élabore,
Qui se presse sur moi, qui brûle et bat mon sein,
Comme dans son clocher palpite le tocsin!
Tes vers, je les ai lus : non, j'ai voulu les lire;
Mais dès les premiers sons des élans de ta lyre,
J'ai senti remonter, de ce feuillet des cieux,
De ces larmes sans nom dans mon cœur et mes yeux;

Et comme le nuage obscurcirait l'étoile,
Ces pleurs se sont sur moi déroulés comme un voile.
Mais c'est la goutte d'eau du mystique arrosoir
Que le jardinier verse aux calices le soir.
La fleur qui les reçoit, comme l'eau de la vie
Qu'un doux rayon du ciel sur l'étamine essuie,
De son rameau plié redresse, aux feux du jour,
Sa coupe débordant de parfums et d'amour.

FIN DU TOME PREMIER.

TABLE

DU TOME PREMIER.

	Pages.
ADIEUX A BELLEY.	1
DISCOURS DE RÉCEPTION A L'ACADÉMIE FRANÇAISE.	5
RÉPONSE DE M. LE BARON CUVIER, directeur de l'Académie Française, au discours de M. de Lamartine, prononcé dans la séance du 1er avril 1830.	51
DES DESTINÉES DE LA POÉSIE.	45

PREMIÈRES MÉDITATIONS POÉTIQUES.

PREMIÈRE MÉDITATION. — L'Isolement.	93
DEUXIÈME MÉDITATION. — L'Homme.	96
TROISIÈME MÉDITATION. — A Elvire.	107
QUATRIÈME MÉDITATION. — Le Soir.	109
CINQUIÈME MÉDITATION. — L'Immortalité.	112
SIXIÈME MÉDITATION. — Le Vallon.	118
SEPTIÈME MÉDITATION. — Le Désespoir.	121
HUITIÈME MÉDITATION. — La Providence à l'homme.	126
NEUVIÈME MÉDITATION. — Souvenir.	131
DIXIÈME MÉDITATION. — Ode.	134
ONZIÈME MÉDITATION. — L'Enthousiasme.	139
DOUZIÈME MÉDITATION. — La Retraite.	145
TREIZIÈME MÉDITATION. — Le Lac.	146
QUATORZIÈME MÉDITATION. — La Gloire.	149

Quinzième méditation. — La Naissance du duc de Bordeaux.	152
Seizième méditation. — La Prière.	157
Dix-septième méditation. — Invocation.	161
Dix-huitième méditation. — La Foi.	162
Dix-neuvième méditation. — Le Génie.	169
Vingtième méditation. — Philosophie.	174
Vingt-unième méditation. — Le Golfe de Baïa.	179
Vingt-deuxième méditation. — Le Temple.	185
Vingt-troisième méditation. — Chants lyriques de Saül.	185
Vingt-quatrième méditation. — Hymne au Soleil.	190
Vingt-cinquième méditation. — Adieu.	195
Vingt-sixième méditation. — La Semaine Sainte.	196
Vingt-septième méditation. — Le Chrétien mourant.	199
Vingt-huitième méditation. — Dieu.	204
Vingt-neuvième méditation. — L'Automne.	208
Trentième méditation. — La Poésie sacrée.	210

NOUVELLES MÉDITATIONS POÉTIQUES.

Première méditation. — Le Passé. A M. A. de V***.	224
Deuxième méditation. — Ischia.	230
Troisième méditation. — Sapho, élégie antique.	235
Quatrième méditation. — La Sagesse.	242
Cinquième méditation. — Le Poëte mourant.	245
Sixième méditation. — L'Esprit de Dieu, A L. de V***.	252
Septième méditation. — Bonaparte.	256
Huitième méditation. — Les Étoiles, A madame de P***.	264
Neuvième méditation. — Le Papillon.	270
Dixième méditation. — A El***.	271
Onzième méditation. — Élégie.	273
Douzième méditation. — Tristesse.	275
Treizième méditation. — La Solitude.	277
Quatorzième méditation. — Consolation.	282
Qinzième méditation. — Les Préludes. A M. Victor Hugo.	285
Seizième méditation. — La Branche d'amandier.	300
Dix-septième méditation. — L'Ange. Fragment épique.	302

TABLE DES MATIÈRES.

Dix-huitième méditation. — L'apparition de l'ombre de Samuel à Saül. Fragment dramatique. 309
Dix-neuvième méditation. — Stances. 316
Vingtième méditation. — La Liberté, ou une Nuit à Rome. A Éli. duch. de Dev. 318
Vingt-unième méditation. — Adieux à la Mer. 325
Vingt-deuxième méditation. — Le Crucifix. 327
Vingt-troisième méditation. — Apparition. 332
Vingt-quatrième méditation. — Chant d'Amour. . . . 335
Vingt-cinquième méditation. — Improvisée à la Grande Chartreuse. 345
Vingt-sixième méditation. — Adieux à la Poésie. . . . 347

La Chute du Rhin à Laüffen. — Paysage. 355
Une jeune Fille. 356
Réflexion. 358

ÉPITRES.

A M. Victor Hugo. 365
A M. Amédée de Parseval. 374
A M. Casimir Delavigne. 376
A M. A. de Lamartine, par M. Casimir Delavigne. . . . 381
A M. Léon Bruys d'Ouilly. 388
A M. A. de Lamartine, par M. L. Bruys d'Ouilly. . . . 394

FIN DE LA TABLE.

www.ingramcontent.com/pod-product-compliance
Lightning Source LLC
Chambersburg PA
CBHW051827230426
43671CB00008B/863